除了野蛮国家，整个世界都被书统治着。

司母戊工作室

觉世与传世

阅读梁启超

夏晓虹 著

人民东方出版传媒

东方出版社

目　录

总　序

　　自从 1983 年开始阅读《饮冰室合集》，梁启超即成为我关注最久、投入最多的研究对象。迄今为止，我出版过三本有关梁启超的研究著作，即 1991 年由上海人民出版社首印、中华书局 2006 年再版的《觉世与传世——梁启超的文学道路》，2006 年由三联书店印行的《阅读梁启超》，以及 2014 年由东方出版社刊发的《梁启超：在政治与学术之间》。此外，我还编选过《梁启超文选》（上下册，中国广播电视出版社 1992 年版）、《梁启超学术文化随笔》（中国青年出版社 1996 年版）、《中国现代学术经典·梁启超卷》（河北教育出版社 1996 年版）与《大家国学·梁启超》（天津人民出版社 2008 年版），校勘过梁启超的《论中国学术思想变迁之大势》（上海古籍出版社 2001 年版）、《中国近三百年学术史》（商务印书馆 2011 年版）与《国学小史》（商务印书馆 2014 年版），后二种系与陆胤合作，辑录过《追忆梁启超》（中国广播电视出版社 1997 年版）。其中规模最大的则是三册、一百四十多万字的梁氏佚作汇编《〈饮冰室合集〉集外文》（北京大学出版社 2005 年版），书序收入三联版的《阅读梁启超》时，我补拟的标题颇为感慨地用了《十年一剑？》。

　　愿意为一个研究对象付出如此多的时间与精力，可想而知，此人之于我必定意义重大或魅力十足。仔细想来，梁启超有如下三方面优长对我深具吸引力：

首先，我做近代文学研究，是从梁启超起步的。日后回想，我一直很庆幸这一选择的正确，甚至可以说是英明。因为从哪里入手，很大程度上会决定一个学者将来的研究格局。我非常欣赏梁启超关于"理想专传"的构想："以一个伟大人物对于时代有特殊关系者为中心"。此处的"伟大"不单指"人格的伟大"，也包括"关系的伟大"，后者甚至更重要。因此，传主应是"可以做某个时代的政治中心"或"某种学问的思想中心"一类人物，亦即"一时代的代表人物，或一种学问一种艺术的代表人物"（《中国历史研究法补编》分论一《人的专史》）。如果倒转此一借人物写时代的角度，而从观照一个时代的政治、学术以至文学的流变着眼，那么，这些处在关系网络中心的人物，无疑会带给研究者更开阔的视野，展现更精确的图景。在我看来，梁启超正是这样的伟大人物。近代中国所经历的文学变革、学术思潮更迭、社会政治改良，梁启超不仅身历，且均为引领潮流的中坚。追随梁启超，也使我的研究不再局限于文学，得以进入更为广大的史学领域，让我因此能够走得更远。

其次，很多曾经处于时代中心的人物，已被掩埋在历史深处，不再引起今人的兴趣与关心。但梁启超不同，学术论著不必说，即使影视作品中，也不时可见其身影。起码，到现在为止，梁启超并没有离我们远去。探求个中原因，可以发现，世人对梁启超尽管有多种概括，诸如政治家、思想家、宣传家、教育家、史学家、文学家等等，不过，若从根本而言，实在只有"启蒙者"的称号对其最适切。无论前期的从政、办报，还是后期的讲学、著述，也不管面对士绅抑或面对学子，"开通民智"始终是其一贯不变的追求。其所启悟的思想、学理固然不乏专门，却多为现代国民所应了解与实践。何况，与其师康有为的治学三十岁后即"不复有进"不同，梁启超"数十年日在旁皇求索中"（梁启超《清代学术概论》二十六节）。谓之"善变"也罢，"与时俱进"也好，直到去世，梁启超留在时人印象中的"仍是一位活泼泼的足轻力健，紧跟着时间走的壮汉"（郑振铎《梁任公先生》）。他所写下的带有启蒙气息的巨量文字，今日读来照样新鲜感人。其年轻时的自我期待"著论求为百世师"（《自励二首》其二），也大可如愿以偿。

最后，在为时代写照而挑选作传人物时，"人格的伟大"虽不及"关系的伟大"更获优待，但若要长期保持关注，则此一研究对象在品格、性情上，必定应有使人感佩或愿意亲近之处。梁启超虽也投身政治活动，并一度进入官场，却绝少此间常见的恶习。胡适眼中的梁启超，"为人最和蔼可爱，全无城府，一团孩子气。人家说他是阴谋家，真是恰得其反"（1929年1月20日胡适日记），此说最传神。而能够拥有林长民、蒋百里、张东荪、张君劢、丁文江、徐志摩等一班俊彦爱戴的梁氏，其人格之光明磊落亦可想见。而其"善变"虽也会遭人诟病，但在梁启超本人，都是出以真诚，"无不有他的最强固的理由，最透澈的见解，最不得已的苦衷"，非如政客的投机逢迎、朝三暮四。况且，即或在变中，梁氏也自有其不变的坚持在，如郑振铎指出的"爱国"宗旨（《梁任公先生》），如我前面提及的启蒙立场。梁启超又自称"我是个主张趣味主义的人"（《学问之趣味》），这让他做起事来总是兴会淋漓，富有感染力。其爱家人，爱朋友，爱文学，爱书法，爱生活中所有新奇美好的事物，当然也使人乐于与之长久盘桓。

与这样一位时代伟人、启蒙先驱、可爱长者相遇，结缘三十多年，至今仍不厌不弃，并且，这一缘分还会继续下去，实为本人学术生涯中最大的幸事。

而由于持续的关注与话题的延伸，本人的研究也获得了国内外学界相当的重视。东方出版社精明能干的女编辑姚恋在做过《梁启超：在政治与学术之间》的责编后，一直惦记将我的三本著作集合起来，一并推出，以集束的效应进行展示，这一建议让我颇为动心。此事从去年说起，中经家事波折，延搁到今年6月，方才正式启动。

此次重新编排，按照三书为一整体的原则，除《觉世与传世》保留原貌外，其他两本著作都做了少量调整，具体情况在各书的"附记"中已有交代。同时，为配合成套出版的整齐、美观，书名也经过了统一修改：以"阅读梁启超"为总题，《觉世与传世——梁启超的文学道路》易名为《阅读梁启超：觉世与传世》，《阅读梁启超》扩充为《阅读梁启超：文章与性情》，《梁启超：在政治与学术之间》改题为《阅读梁启超：政治与学术》。

明年1月恰逢梁启超去世90周年，谨以拙作向前贤致敬。

2018年11月22日于京西圆明园花园

附　记

　　本书先后有两个版本，首次是作为"文化：中国与世界"编委会主编的"人文研究丛书"第二辑中的一种，由上海人民出版社于 1991 年 8 月印行；至 2006 年 1 月，又在中华书局出版了修订版。中华本乃是放在"名家讲现代中国"丛书，增加了《梁启超学术年表》与《梁启超著述要目》两篇作为附录，并应编辑的要求，添加了图片，期望提升阅读趣味。

　　此次整理即以中华版为底本，只是因为脱离了原有的丛书，其中的各"讲"已相应改回为上海人民版的各"章"，两个附录也随着近年研究的深入与见识的增长而稍有改订。不过，总的原则是，尽可能保持原貌。这毕竟是本人的第一部学术著作，对我有特殊意义，即使不完美，比如注释相对简略，也希望其素面朝天。为此，连后来添补的图像，这回也省略了。

　　重新修整的过程中，得到了张广海和郭道平两位博士的帮助。前者为我将全书转化为可以编辑的 word 文档，后者则仔细校对了全书引文，发现与改正了不少错误，在此谨致谢忱。

2018 年 8 月 24 日于京西圆明园花园

中华书局版序

　　在我的学术履历中，《觉世与传世——梁启超的文学道路》有着特别的意义，因为这是我的第一本专著。

　　1982年，当我跟随导师季镇淮先生开始研习近代文学时，梁启超研究在国内学界还相当寂寥。孟祥才编著的《梁启超传》（北京出版社1980年初版），今日读来虽觉保守、陈旧，却是其时国内出版的唯一一本最为详细且最具学术性的梁启超研究著作。因此，我在1984年6月完成的硕士论文《梁启超的"文界革命"论与"新文体"》里，所能参考的文献便极其有限。

　　至今还清楚地记得，1983年8月，实藤惠秀的《中国人留学日本史》与丁文江、赵丰田编撰的《梁启超年谱长编》分别由北京的三联书店与上海人民出版社同时推出时，那份"天助我也"的喜悦。虽然两书印数均有五六千册，可放在1980年代，这个数字实属微不足道。为确保捷足先登，我不仅动用了已从人民出版社（北京三联书店当时为人民出版社的副牌）退休的妈妈的关系，劳动其先前的同事直接从内部购书；并且恳请刚刚从王府井书店转了两三次公共汽车归来的哥哥立时再走一遭，替我抢买下那部厚重的年谱。如果说，学术研究不只需要勤奋，也需要机遇，那么，当年我选择这样的论题也还算是适逢其时。在勾勒梁启超的

"文界革命"论与"新文体"所受日本明治文学的影响时，这两部及时到手的书无疑对我大有助益。

毕业留校，一向关照提携我的张少康老师，又先后两次约我以梁启超的文学思想为题撰写论文，使我得以在刚刚起步的方向上继续用力，并在反复阅读与写作中，不断推进与完善对于梁启超文论的理解与论述。其中稍晚完成却出版在先的一篇，即收入《中国古代文论家评传》（中州古籍出版社1988年版）中的《梁启超》一文，显然比早些时候写出的《梁启超文艺思想刍议》论说更为成熟。此文因而直接成为本书的第二章。

关于梁启超"文界革命"论的考察既已拓展到其整体文学观，追索前后期思想的演变，梁启超对传统文学观念从反叛到复归的内在理路，以及其前期与日本明治文化、文学的深层关系，便相应地进入我的视野。其间，北京大学图书馆丰富的日文本收藏，特别是其中的《近代文学评论大系》《日本近代文学大系》以及《现代日本文学全集》三套大书，为我的研究在资料搜集与思路落实上提供了特殊的便利。阅读中时时涌起的"发现"的惊喜，使原本相当艰辛的论文写作也充满了快感。

"好风凭借力"，我仍然要感谢这期间出版界的眼光与识断。李国俊所编《梁启超著述系年》1986年由复旦大学出版社及时印行，我很快就在琉璃厂的中国书店购买到一册。在其中，我查出了梁启超曾给德富苏峰写过两次信，联系到梁氏提出"文界革命"时，正是以德富苏峰为楷模，声称其著作"余甚爱之"，则这一线索意义之重大可想而知。而在1981年中华书局作为"内部发行"读物出版的冯自由著《革命逸史》第四集中，我又意外地看到《日人德富苏峰与梁启超》一文。如此，依据梁启超的自白与同时代人的证言，梁之"新文体"与德富苏峰的"欧文直译体"之间的关联于是在我的眼中清晰呈现。

为了论著的相对完整，其后，我又补写了关于梁启超的小说与诗歌研究的两章，最后完稿的是"导言"与"结语"。1988年4月，我终于可以为我的第一本书画上句号了。书名确定为"觉世与传世"，自以为对于凸显论述主线，颇具画龙点睛之效，而此则有赖于平原君的一锤定音。

此书当年即列入"文化：中国与世界"编委会主编的"人文研究丛书"第二批书目中，原以为出版会很顺利。殊不料1989年春夏间的一场风波，使这套书也受到牵连，暂时搁浅。经历了一波三折，总算在交稿三年以后，拙著才得以在原先落户的上海人民出版社原样印出。而政治之足以左右学术的命运，令人慨叹。彼时尚不时兴编辑在版权页留名，我只记得责编与我同姓，工作认真负责，我对他十分感激与尊敬。

1991年8月，《觉世与传世——梁启超的文学道路》出版以后，在国内研究界受到相当关注。而更大的反响来自日本。书中以将近一半篇幅讨论明治日本对于梁启超的深刻影响，引起了日本中国学研究者的极大兴趣。东京大学教授藤井省三接连在《北海道新闻》与《东方》月刊发表书评，以"探寻近代起源的实证比较文学研究"（《东方》1992年10月号）为题，揭示本书的独特价值。紧接着，1993年4月，以共同研究闻名的京都大学人文研究所，也在狭间直树教授的倡导下，组成了"梁启超研究班"。这一共同体的研究结晶，即是1999年在日本出版的《梁啓超：西洋近代思想受容と明治日本》。关于该项研究的缘起，狭间直树教授自陈是接续包括拙著在内的"深入挖掘日本与中国之间文化影响关系层面"的研究成果而展开："共同研究以'梁启超研究——以日本为媒介认识近代西方'为题，将视点设置在梁启超与日本的关系上。"(《序文》)应该说，能够引发日本多学科学者对梁启超进行深入研究，自然使得刚刚踏进学术研究之门的笔者备感鼓舞。此外，神户大学的山田敬三教授也在研究生课程中，对本书做了专门研读，参与此课的学生逐章译注的细节虽不能详知，但相信对于拙著必定补益良多。

实际上，在本书新版的修订中，狭间直树教授主编的《梁启超·明治日本·西方》(即上述日文著作的中译本，社会科学文献出版社 2001 年出版)最有参考价值。特别是笔者于第五章论述梁启超的新体传记文时，原先直接引录了《罗兰夫人传》中"河出伏流"一节文字，以为梁文中"有些议论甚至是作为全传的核心思想提出的"之范例。而参与"梁启超研究班"的松尾洋二先生，则在其提交的《梁启超与史传》一文中指出："夏晓虹所引用的地方，是《罗兰夫人传》的高潮之处，同时也是全传的核心部分，反映了传记的中心思想。但是，夏晓虹未曾提到这里的内容其实是梁启超翻译德富芦花所编传记而来的。"松尾的文章以翔实的史料梳理出梁启超如何取材于《(世界古今)名妇鉴》的《法国革命之花》，其有所删改而隐去翻译痕迹的《罗兰夫人传》后来又如何流传到朝鲜，出现了朝文译本，并由此钩稽出一条近代东亚精神的历史交流渠道。此一梁文原始出处的揭示足以纠正笔者先前的误会，这次整理时，便依据其说做了相应改订。

不过，因为此书整体上仍属于旧作重印，对书稿正文的修整因而仅限于个别字句。即使如松尾洋二先生的指正，由于并未影响到主要结论，故也只放在注释中加以说明。大体而言，我的工作主要是核对引文，补充注释，以使之更加准确与详明。

遵照编辑的意见，我选择了一些相关图片配置书中，希望能够有助于理解历史场景与增加阅读兴味。毕竟梁启超所生活的时代，距离今日已经有一个世纪。

2005 年 5 月 27 日于京西圆明园花园

第一章

导言:"觉世之文"与"传世之文"

一

在《三十自述》①中,梁启超曾这样记述他的出生:

> 余生同治癸酉正月二十六日,实太平国亡于金陵后
> 十年,清大学士曾国藩卒后一年,普法战争后三年,而
> 意大利建国罗马之岁也。

把自己的出生时间与中国以及世界历史上的重大事件联系在一起,
既有炫耀新知识之心,更有一种自觉处于国内外风云交汇之际,
因而负有重大历史使命的庄严意识。的确,时代给予梁启超以机
会,而梁启超也没有辜负这个时代。

梁启超出生在一个乡村知识者家庭,十八岁以前,接受的是中
国传统文化教育。沿着前代读书人的老路走下去,他的前途不外科

---

① 《饮冰室合集·文集》第 4 册,上海:中华书局 1936 年版。以下全书简称《文集》。

举仕宦或积学能文二途。然而，梁启超是幸运的，他躬逢良时，又躬逢得风气之先的良师康有为，再加上他个人的聪慧异常与生性喜新，所以走上了一条与出将入相、宿儒才子完全不同的路。

这个玉成梁启超的时代，对于中华民族来说却充满了苦难。鸦片战争以后，中国与世界的关系发生了变化。处在列强势力包围中的中国，面临着弱肉强食的瓜分危险；腐朽势力的倒行逆施，也加速了清王朝的衰败。而伴随着西方列强的入侵而出现的"西学东渐"，则为近代中国知识分子打开了通向世界的大门。不学习西方进行变革，就要亡国，是当时有识之士的共同认识。

生当中国历史上这个重大的转折时期，梁启超顺应时代的要求，以报刊为阵地，大声疾呼变法图强，猛烈攻击顽固守旧派，宣传西方文明与资产阶级的政治、经济、法律学说及其他科学思想，给沉闷闭塞的中国带来了新生气。无论其说是否粗疏浅陋甚至多有错误，也无论其人的政治立场为保皇、改良抑或其他，梁启超大量著述的实际效果却是激发起人们对清政府的仇视与反抗情绪，加速了新思想在国内的传播，从而为政治上、文化上的革命准备了必要的条件。

和封建社会同样悠久的封建文学，到晚清也失去了光辉，具有近代意识与近代色彩的改良文学随之兴起。作为这一文学运动领袖的梁启超，以日本明治文学为榜样，利用手中刊物《清议报》《新民丛报》与《新小说》，为改良文学提供了切实的理论指导与专门的发表园地，团结了大批作者，造成了强大声势，终于使改良文学成为晚清文学的主流。虽然文学改良运动是与政治改良运动相辅而行的，但两者的命运很不相同。梁启超所从事的政治改良运动因落后于中国革命形势的发展而未获成功，而他所发起、领导的文学改良运动作为五四文学革命的先声，自有其不容低估的历史价值。

由于梁启超在中国近代文学史乃至文化史上具有无所不在的影响，研究这一段的文学或文化，便不可能越过梁启超。梁启超又是近代中国知识分子群体最完满的典型代表[1]，其内心的矛盾与困惑也缠绕着整整这一代人，并由这种共同的文化心态塑造出了中国近代文学史乃至文化史的基本面貌。揭示梁启超的矛盾与困惑，因而成为本书的重点。

二

梁启超参加过科举考试，却成为一个长期流亡海外的改良派政治家；他出身旧学，却以新学家而闻名。这种并非偶然的命运安排，使他的矛盾与困惑也带有某种时代的必然性。

还在《时务报》时期，梁启超便与中国第一个介绍西方近代思想的古文翻译家严复发生过一场很有意义的争论，这场争论一直延续到《新民丛报》时期。

严复 1897 年的原信现在未发现，不过，据其后来自述及梁启超复信中所述，是他以为梁启超发论草率，因而"劝其无易由言，致成他日之海［悔］"[2]。梁启超私下虽然承认严复所说未尝无理[3]，但在回信中仍然申明了自己的不同看法：

---

① 就其随时进步而言，梁启超的兴奋点始终与时代的兴奋点保持一致，故可以完整反映近代知识分子群体的思想历程。而康有为、严复、林纾、章太炎等人便不具备这种完整性。

② 严复：《与熊纯如书》（39），《严复集》第 3 册，第 648 页，北京：中华书局 1986 年版。

③《致康有为书》（1897 年 4 月 4 日）："严幼陵有书来，相规甚至，其所规者，皆愚所知也。然此人之学实精深，彼书中言，有感动超之脑气筋者。"（丁文江、赵丰田编《梁启超年谱长编》，第 77 页，上海人民出版社 1983 年版）

然启超常持一论，谓凡任天下事者，宜自求为陈胜、吴广，无自求为汉高，则百事可办。故创此报（按：指《时务报》）之意，亦不过为椎轮，为土阶，为天下驱除难，以俟继起者之发挥光大之。……因不复自束，徒纵其笔端之所至，以求振动已冻之脑官。①

　　到《新民丛报》创刊，第1号便发表了梁启超为严复的《原富》译本所写书评，极称其"精善"，同时也中肯地指出了此书的不足：

　　　　但吾辈所犹有憾者，其文笔太务渊雅，刻意摹仿先秦文体，非多读古书之人，一翻殆难索解。

梁启超认为：

　　　　著译之业，将以播文明思想于国民也，非为藏山不朽之名誉也。

据此，他批评严复的译笔古奥，不能使学童受益，而主张进行"文界革命"②，改变这种状况。严复私下也表示对梁启超的批评十分感佩③，不过，在复信中仍固执己见，声称：

---

　　①《与严幼陵先生书》，《文集》第1册。
　　②《绍介新著·原富》，《新民丛报》第1号，1902年2月。原文未署名，应为梁启超所作。
　　③《与张元济书》（14）："《丛报》于拙作《原富》颇有微词，然甚佩其语。"（《严复集》第3册，第551页）

若徒为近俗之辞，以取便市井乡僻之不学，此于文界，乃所谓陵迟，非革命也。且不佞之所从事者，学理邃赜之书也，非以饷学僮而望其受益也，吾译正以待多读中国古书之人。使其目未睹中国之古书，而欲稗贩吾译者，此其过在读者，而译者不任受责也。[1]

参加这场争论的还有黄遵宪，他在致严复的信中，与梁启超相呼应，针对严复"且文界复何革命之与有"的观点提出：

公以为文界无革命。弟以为无革命而有维新。……文字一道，至于人人遵用之、乐观之，足矣。[2]

概括而言，这场由当时几位著名人士参加的论争，并非个人间的意气之争，而是一场意义深刻的严肃讨论，其基本论题即为作"觉世之文"还是作"传世之文"。这不仅反映了两种不同的作文态度，而且集中表现出近代中国知识分子的困惑与追求。

梁启超的一生大体可以 1917 年底脱离政界为界，划分为前、后两期：前期以政治家而兼事文学创作与学术研究，后期则以文学及其他学科的专门学者而兼评时事。与严复的论争尽管发生在前期，却正可以作为考察其文学观念变迁的重要线索。

这是一个动荡时代的重要课题。甲午战争使改良派取代洋务派走上了历史舞台，梁启超作为著名的改良派政治家、思想家与

---

① 《与梁启超书》（2），《严复集》第 3 册，第 516—517 页。此信原载 1902 年 5 月《新民丛报》第 7 号，题为《与〈新民丛报〉论所译〈原富〉书》。

② 《致严复书》（1902 年），《严复集》第 5 册，第 1573 页。

宣传家，也开始了他长达二十馀年的政治生涯。由洋务派的"从器物上感觉不足"到改良派的"从制度上感觉不足"①，改良派已认识到国民是政治制度的基础，从而把"新民"放在首位，而以开通民智、变法图强为基本政纲。因此，从投身政治活动起，梁启超即自觉地以"觉世"为责；即使治学，也念念不忘"学者以觉天下为任"②。有"思易天下之心"③，作"觉世之文"而不作"传世之文"，可以说是梁启超前期著述的宗旨。

在梁启超看来：

> 传世之文，或务渊懿古茂，或务沉博绝丽，或务瑰奇奥诡，无之不可；觉世之文，则辞达而已矣，当以条理细备、词笔锐达为上，不必求工也。④

梁文受人称赞处，恰在流畅锐达、条理明晰，正是标准的"觉世之文"。而在近代报业兴起的背景下，"觉世之文"又以载于报刊功效最著，于是报章文体便与著作文体有了明显区别。用梁启超的话说：

> 著书者规久远、明全义者也，报馆者救一时、明一义者也。⑤

---

① 《五十年中国进化概论》，《文集》第14册。
② 《湖南时务学堂学约》，《文集》第2册。
③ 《清议报一百册祝辞并论报馆之责任及本馆之经历》，《文集》第3册。
④ 《湖南时务学堂学约》，《文集》第2册。
⑤ 《敬告我同业诸君》，《文集》第4册。

梁启超自称其为文乃"应于时势，发其胸中所欲言"，而时势"变异之速"，使"今之为文，只能以被之报章，供一岁数月之逍铎而已"①。他为"一时"、"一义"所发之论因而随时变迁。《时务报》创办未及一年，梁启超已觉得，"就今日而自观前此之文，其欲有所更端者，盖不啻数十百事矣"②；1902年为《饮冰室文集》作序，他也承认因思想变化流转之速，"每数月前之文，阅数月后读之，已自觉期期以为不可；况乃丙申、丁酉间之作，至今偶一检视，辄欲作呕，否亦汗流浃背矣"。从报章文体的"觉世"特性看，梁文为人诟病的"持论屡变"也很容易理解了。

既然说读先前之文屡"欲有所更端"，"欲作呕"，以常理推断，梁启超应当是就此觉悟，对转瞬即逝的"觉世之文"悔而弃之，而转向以著书体作期于久远的"传世之文"了。但其实不然。与扬雄为求藏山传世而"悔其少作"的创作态度完全相反，梁启超断然宣称：

> 若鄙人者，无藏山传世之志，行吾心之所安，固靡所云悔。③

此话精彩之至。处在近代中国社会，像梁启超这样一位启蒙思想家，对自己有如此清醒、透彻的认识，实在难能可贵。"以觉天下为任"，只求即时生效，为当时人所理解；而不企望名垂千古，被后代人持为轨范，甚至很快为历史遗忘亦在所不惜，这是一种与

---

① 《〈饮冰室文集〉自序》，《文集》第1册。题为《原序》。
② 《与严幼陵先生书》，《文集》第1册。
③ 《〈饮冰室文集〉自序》，《文集》第1册。

传统截然不同的价值观。中国古代一向把"文"看得很重，"盖文章者，经国之大业，不朽之盛事"（曹丕《典论·论文》）。凡有著述，即使当世不传，也要"藏之名山，传之其人"（司马迁《报任安书》），以求流芳百世。文人作文，也抱定一个以"立言"求不朽的念头，必期"垂诸文而为后世法"（韩愈《答李翊书》）。只有到了近代，启蒙意识出现，这种观念才有所改变。"虽泰西鸿哲之著述"，梁启超也认为，"过其时，则以覆瓿焉可也"[①]。"觉世之文"的价值不体现于文字，而表现在启蒙功效上。启蒙的目的既已达到，用作手段的报章文字自不妨速朽，不妨丢弃。

有了这种认识，无论是作政论文，还是从事文学创作，梁启超首先考虑的必然是社会效果，而不是写作艺术。借鉴外国文学，也以此为选择标准。日本明治前期的"政治小说"艺术上虽然粗劣，在日本文学界也已过时，梁启超却看中其以小说体宣传政治主张的便利，便检选出来，引进中国，大加提倡，取为中国新小说的范本。而对当时在日本最活跃、艺术更成熟的浪漫派作家，梁启超却视而不见。不独于一国文学的取舍如此，即如德富苏峰这位梁启超当年最敬重的日本作家，梁启超可以仿效其"欧文直译体"而创造出"新文体"，可对德富苏峰激烈批评"政治小说"艺术拙劣的意见[②]则置之不理，其《新中国未来记》也重复着日本政治小说的弊病。

贯穿梁启超前期的强烈的"觉世"意识，随着其政治生涯的结束、学者生涯的开始，而被"传世"的愿望所取代。梁启超后

[①]《〈饮冰室文集〉自序》，《文集》第 1 册。

[②] 见德富苏峰《评近来流行之政治小说》，载明治二十年（1887）《国民之友》第 6 号，收入吉田精一、浅井清编《近代文学评论大系》第 1 卷，第 41-46 页，日本东京：角川书店 1978 年版。

期采取了一种"为而不有"的"趣味主义"，因而主张"为学问而学问"①，批评包括自己在内的"新学家"说：

> 而一切所谓"新学家"者，其所以失败，更有一总根原，曰：不以学问为目的而以为手段。……殊不知凡学问之为物，实应离"致用"之意味而独立生存，真所谓"正其谊不谋其利，明其道不计其功"。质言之，则有"书呆子"然后有学问也。②

这时，反观晚清新学的成绩，他甚至说：

> 故光、宣之交，只能谓为清学衰落期，并新思想启蒙之名，亦未敢轻许也。③

这种说法未免责之过苛，却正显现出其观念的巨大转变。

作文的目的不在致用，治学的目的只在学问，这是一个纯粹的学者应取的态度。以政治或其他功利考虑为出发点，必然会影响到学术研究的科学性。从古代文化中，发掘具有永久性的价值，无疑是梁启超后期从事学术研究的目的。当他说"情感是不受进化法则支配的，不能说现代人的情感一定比古人优美，所以不能说现代人的艺术一定比古人进步"④时，不仅展现出其研究对象具

---

① 参见梁启超《"知不可而为"主义与"为而不有"主义》（《文集》第13册）与《学问之趣味》（《文集》第14册）二文。
②《清代学术概论》第29节，《饮冰室合集·专集》第9册。以下全书简称《专集》。
③ 同上。
④《情圣杜甫》，《文集》第13册。

有永久的魅力，而且显示出他对于艺术的灵魂——情感的研究，本身也具有传世的价值。

三

上文勾勒出了梁启超文学观念变迁的基本轨迹，即前期作为一位政治家，注重现实功利，故志在觉世；而后期作为一名学问家，注重历史价值，故志在传世。不过，这也只是就其大体而言，梁启超的思想绝非如此单纯。

1921 年，他分析自己说：

> 我的学问兴味、政治兴味都甚浓，两样比较，学问兴味更为浓些。我常常梦想能够在稍为清明点子的政治之下，容我专作学者生涯。但又常常感觉，我若不管政治，便是我逃避责任。①

实际上，"觉世"还是"传世"的矛盾，从前期到后期始终困扰着梁启超，只是随其由政治趋于学问兴趣的转移，而或隐或显，此长彼伏。

在梁启超倾心于"觉世之文"时，他也未尝不在追求其文的传世价值，自称"著论求为百世师"，"十年以后当思我"②，正是最明白的表示。这原因便在于，他已经意识到，"觉世"之中有"传世"的因子："先知有责，觉后是任；后者终必觉，但其觉匪

---

① 《外交欤？内政欤？》，《文集》第 13 册。
② 《自励二首》其二，《文集》第 16 册。

今。十年以前之大敌，十年以后皆知音。"[1] 不仅十年以后，觉醒者当感激梁启超的启蒙功德；而且即使几十年、几百年后，梁启超具体的论点早已过时，不足为法，而其当初所开启的方向却昭示着时代发展的大趋势。后来者可以迅速越过梁启超，不过，这总是在他所打开的道路上继续前进。当年梁启超曾经充满悲壮感地宣告：

> 故欲以身救国者不可不牺牲其性命，欲以言救国者不可不牺牲其名誉。甘以一身，为万矢的，曾不于悔，然后所志所事，乃庶有济。[2]

而最终，历史总会以其特有的方式给予启蒙者的"牺牲一身觉天下"[3] 以应有的补偿。

梁启超后期转向"传世之文"时，也并未完全放弃觉世的意识，其学术论文仍以大众为读者对象。在对中国史学的批判中，他既反对孔子、司马光备帝王及其臣僚取法的著书目的，也反对司马迁"藏之名山，传之其人"，供少数学者研读的著作态度，尖锐地指责他们：

> 质而言之，旧史中无论何体何家，总不离贵族性，其读客皆限于少数特别阶级——或官阀阶级，或智识阶级。[4]

---

① 《举国皆我敌》，《文集》第 16 册。
② 《敬告我同业诸君》，《文集》第 4 册。
③ 《举国皆我敌》，《文集》第 16 册。
④ 《中国历史研究法》第三章《史之改造》，《专集》第 16 册。

这与他前期批评严复倾慕"藏山不朽之名誉"、将著述看成少数人的事业是一以贯之的。尽管梁启超后期注目于永久价值，可是他所作的研究仍属于文化普及工作，内中也含有"觉世"的因子，不过不限于政治思想上的启蒙而已。

说到底，梁启超本质上还是个文人型的政治家。在"觉世"与"传世"之间，其前后期的侧重点虽有变化，但从政时不能忘情于文学，创作时又不能忘怀政治。前期以觉天下为己任，可在其"小说界革命"论中，仍有关于"熏""浸""刺""提"四种力的论述，在"诗界革命"论中，也出现了保留"旧风格"①的主张，凡此均可见梁启超并非单纯的政治宣传家，而确有艺术鉴赏力。只是政治家的责任与文学家的良心常常冲突，使梁启超的文学理论与创作呈现出矛盾状态。至于后期"为学问而学问"时，他也还是关心现实，政见文字始终不能绝迹。并且，在他的古代文化研究中，也透出对社会现实的感慨以及古为今用的用心。

梁启超的矛盾心态在近代中国知识分子中相当典型，它反映出传统文学观念在近代的投影。对于中国文人来说，"文以载道"的观念可谓源远流长、根深蒂固。孔子关于《诗》可以"兴""观""群""怨"、可以"事父""事君"（《论语·阳货》）的教诲，明显表露出文学政治化的倾向，对后代文人影响至深。近代启蒙意识与救亡图存的社会责任感，更使梁启超们经常自觉或不自觉地放弃文学，越俎代庖，直接干预政治，把文学简单地当作政治斗争的工具。但是，同样悠久的诗文传统的熏陶，又养成了中国文人高雅的艺术趣味。在具体作品的品评中，他们对艺术

---

① 参见《论小说与群治之关系》（《文集》第4册）及《饮冰室诗话》（《文集》第16册）。

的优劣精粗有精细的分辨与敏锐的反应。梁启超们不妨在理智上推崇"文学救国"，可在趣味上则更倾心于艺术精美之作。前者是为别人而作，目的在启蒙；后者是为自己而作，主旨在陶情。于是，无论在现实生活还是在艺术创作中，他们常常不自觉地"自我分裂"——即如情趣与旧诗词更相投的梁启超，却偏要提倡新小说——因为他们真诚地相信，只有这样，才能同时承担起作为国民与作为文人的双重责任。

梁启超的不断趋新、观念屡变，固然由于时局发展迅速，有策略的考虑，但也与他总在觉世与传世、政治家与文学家、责任与良心、启蒙功效与艺术价值等之间徘徊有关。这使他无论作为一名政治家或作为一名文学家都显得脆弱、芜杂，甚至自相矛盾。然而，这也正是梁启超的可爱之处。从文学家来要求，梁启超有很多缺陷，够不上大家；可也得承认，他是个典型的中国文人。在他身上深刻地体现了中国文学观念内在的矛盾——既把文学当作"经国之大业"，就很可能成不了"不朽之盛事"；同时，在他身上更缩影式地反映出转折时期中国文学的历史命运。

川端康成评论日本明治文学的一段话，对于与明治文学处于同一历史阶段并深受其影响的梁启超同样适用：

> 我总认为，明治以后，随着国家的开化和勃兴，虽然出现了一些大文学家，但许多人在西洋文学的学习和移植上花费了青春和力量，为启蒙事业消耗了半生，而在以东方和日本为基础、进行自我创造方面，却未能达到成熟的境地。他们是时代的牺牲者。[1]

---

[1] 《美的存在与发现》，《日本文学》1985 年第 2 期。

不过，这还是从文学史角度而言，作家的艺术才华未能充分、得当地发挥，也可以说是令人遗憾之事。而从文化史来评价，则梁启超当年所作的传世诗文未必真能传之久远，而他自以为速朽的觉世之文反而不断为人记忆乃至诵读。近代这个激烈动荡的转折时代，牺牲了却也成全了梁启超们。当年多少一心吟诗、不问世事的纯文人早已被人遗忘，多少叱咤风云的政治人物也已烟消云散，只成为历史家的研究对象；可是，充满矛盾的梁启超还活着，起码他的追求、他的苦恼和欢乐仍萦绕在今天的文学家心中。也许，梁启超的时代并没有真正过去？也许，文学本来就该这样徘徊于觉世与传世的十字路口？

梁启超毕竟是幸运者，他开启了一个时代，提出了许多值得后人深思的命题。为了今天，也为了明天，我们不能不面对梁启超，面对他自觉提出或无意中透露的若干文学问题（其实不止于此）。当然，这里所作的多半是历史考察，进一步的理论阐述与发挥则有待来日。

第二章

从"文学救国"到"情感中心"

——梁启超文学思想研究

　　大概不会有人否认，十九世纪末到二十世纪初，梁启超在中国文学思想史上的重要地位是无可替代的。尽管五四以后，他已不再是领导时代新潮流的核心人物，而作为著名学者，却仍在文学研究界发生着重大影响。实际上，从作"觉世之文"转向作"传世之文"，梁启超文学观的发展，既是这一时期中国文学思潮变迁的缩影，也是处在近、现代之交的中国知识分子思想历程的一种颇为典型的反映。因而窥此一隅，便可以收概见全局之效。

　　对梁启超文学思想的考察，可以从小说理论、诗歌理论、散文理论三方面分别进行，也可以对中心论题的转移倾向做综合描述。二者结合，对于全面的研究是必要的。

一

　　梁启超关于小说问题的论述，集中在《译印政治小说序》（1898）、《论小说与群治之关系》（1902）和《告小说家》（1915

年）三篇文章中，其他如《变法通议》《小说丛话》等也有零散议论。

《译印政治小说序》是梁启超为鼓吹"政治小说"而写的一篇专论，发表于《清议报》第 1 册。他在文章中肯定了小说具有娱乐性与通俗性，因而读者面很广，可以因势利导，借用作社会教育的手段；并对中国旧小说作了总体批判，提倡翻译"外国名儒所撰述，而有关切于今日中国时局者"的"政治小说"①。

《论小说与群治之关系》发表于《新小说》创刊号，它一向被视为"小说界革命"的宣言书，其中心内容为论证"中国小说界革命之必要"②。该文对《译印政治小说序》做了补充和发挥。梁启超觉察到，单从娱乐性与通俗性两方面解释小说社会影响的广泛是"有所未尽"，于是又着重从小说的艺术感染力立论。在此基础上，通过对小说社会作用的历史考察，得出了"小说界革命"乃是当务之急、必须先行的结论。梁启超还接受了西方文学理论的影响，根据小说创作方法的不同，把各种各样的小说区分为"理想派"与"写实派"③两大类，为中国文学批评引进了两个新概念，这对于小说研究的科学化很有意义。

《告小说家》最晚发表。因该文写于倡导"小说界革命"十几年后，所以，文中除重复先前关于小说的社会教育作用与艺术感染力的论点外，还对"小说界革命"以来的创作情况做了总结：一则肯定小说创作的繁荣景象，"自馀凡百述作之业，殆为所侵蚀以尽"；一则批评"新小说"已形成流弊，产生了恶劣的社会影响，"其什九则诲盗与诲淫而已，或则尖酸轻薄毫无取义之游戏文

① 见《译印政治小说序》，《清议报》第 1 册，1898 年 12 月。
② 新小说报社《中国唯一之文学报〈新小说〉》，《新民丛报》第 14 号广告，1902 年 8 月。
③ 见《论小说与群治之关系》，《新小说》第 1 号，1902 年 11 月。原文未署名。

也"①。这些分析还是相当中肯。梁启超要求小说家加强社会责任感，在当时也有针砭作用。

由于梁启超的小说论文集中发表于他作为政治家而活动的前期，其理论具有明确的为改良政治服务的意图，因此，根据他所论述的内容，我们大体可以将其划分为小说的社会教育功能与小说的艺术感染力两部分。但前者显然是他注意的中心，是文学创作的目的；后者则仅仅是作为为达到目的不得不采用的手段才给予一定注意。明白这一点，才能正确理解和评价梁启超的小说理论。

早在戊戌前著《变法通议》时，梁启超已很看重小说的教育作用。《论幼学》②一篇，就把"说部书"与"识字书""文法书"等并列，作为蒙学教材必不可少的一部分。他看到了"今人文字与语言离"、"故妇孺农氓，靡不以读书为难事"的弊病，鉴于通俗小说"读者反多于六经"的事实，于是提倡：

> 今宜专用俚语，广著群书：上之可以借阐圣教，下之可以杂述史事，近之可以激发国耻，远之可以旁及彝情，乃至宦途丑态，试场恶趣，鸦片顽癖，缠足虐刑，皆可穷极异形，振厉末俗。其为补益岂有量耶！

也就是说，小说可以宣扬孔教，给人历史知识，激发爱国思想，了解外国情况，改变恶劣的社会风气。梁启超要求小说承担这样

① 见《告小说家》，《中华小说界》第2卷第1期，1915年1月。
② 原题《论学校五·幼学》（《变法通议》三之五），《时务报》第16—19册，1897年1—3月。以下引文见《时务报》第18册，1897年2月。

重大的社会教育职责，说明他从一开始，就没有把小说当作纯粹的文学作品，而指望小说对现实的社会政治改革有所补益。这一思想在他后来的论文中也多次表述过。而究其来源，则不能不叙述其师康有为的观点。

《变法通议·论幼学》一文，其实是对康有为幼学思想的阐述和发挥。康有为受他所收集的日本明治维新以后编行的小学课本启示，在 1897 年付印的《日本书目志》识语中，专门讲到了幼学教育的重要性，并"告其门人曰：吾中国小学无书，无以为天下之才计也"，乃决意率弟子们"编《幼学》一书"，先定其体例为幼学名物、幼歌、幼学南音、幼学小说、幼学捷字、幼学文字、幼学文法、幼雅、幼学问答、习学津逮十项。康有为的幼学教育思想在甲午中日战争以前即已形成，据梁启超《论幼学》中所说，"南海康先生草定凡例，命启超等编之，已五年矣"，即可知。梁启超又将其幼学教育的内容择要合并，分为七项，即识字书、文法书、歌诀书、问答书、说部书、门径书和名物书，并未超出康有为划定的范围。康有为在"幼学小说"项下说：

> 吾问上海点石者曰：何书宜售也？曰：书经不如八股，八股不如小说。宋开此体，通于俚俗，故天下读小说者最多也。启童蒙之知识，引之以正道，俾其欢欣乐读，莫小说若也。①

梁启超文中关于说部书的论述，明显是对康说的具体阐发。在

---

① 《日本书目志》卷十"教育门"，上海：大同译书局 1898 年版。

《日本书目志》公开问世之际，他还写下了《读〈日本书目志〉书后》，全文录入康有为为该书所作自序，以示对师说的极度尊重。对书中的其他议论，梁启超也深有领会，并铭记不忘。

而且，直到写作《译印政治小说序》，康有为的影响仍强烈地显示出来。文中对小说的基本认识，大体还是出自《日本书目志》一书。与《论幼学》不同，这一次是采用引述的形式。在"善夫南海先生之言也"的一句赞语后，梁启超引录了一大段康有为以小说代替六经、正史、语录、律例行教育之责的名论。经过梁启超的转述，这段话已广为人知。可很少人知道，它的原出处是康有为的《日本书目志》：

> 易逮于民治，善入于愚俗，可增七略为八、四部为五，蔚为大国，直隶王风者，今日急务，其小说乎！仅识字之人，有不读经，无有不读小说者。故六经不能教，当以小说教之；正史不能入，当以小说入之；语录不能谕，当以小说谕之；律例不能治，当以小说治之。天下通人少而愚人多，深于文学之人少，而粗识之无之人多。六经虽美，不通其义，不识其字，则如明珠夜投，按剑而怒矣。孔子失马，子贡求之不得，圉人求之而得。岂子贡之智不若圉人哉？物各有群，人各有等。以龙伯大人与僬侥 [僬侥] 语，则不闻也。今中国识字人寡，深通文学之人尤寡，经义史故，亟宜译小说而讲通之。泰西尤隆小说学哉！日人尚未及是，其《通俗教育记》《通俗政治记》亦其意矣。

这是康有为为该书卷十四"小说门"所写的识语，除个别字句略作调整、删节外，均被梁启超抄入《译印政治小说序》，几占全文三分之一的篇幅，成为立论的核心。

梁启超大段称引师说，赞同康有为关于小说可以作为启蒙的百科全书，一切知识都应包容在小说中的观点，表明他之所以重视小说，与其师康有为一样，完全是出于改良派开通民智以改革政治的考虑。他们还是以先知先觉者自视，居高临下地启迪蒙昧众生，才找到小说这一适合广大民众欣赏水平和欣赏习惯的文学体裁。当然，抛弃文人偏见，愿意为下层人民撰述，这在创作观念上已是一个很大的进步。

正是看到了小说拥有广大的读者群，可以造成广泛的社会影响，产生普遍的社会教育作用，梁启超才对"小说界革命"寄予最大期望，把改良社会政治的重任赋予小说。他论述"小说界革命"的必要性时说：

> 欲新一国之民，不可不先新一国之小说。故欲新道德，必新小说；欲新宗教，必新小说；欲新政治，必新小说；欲新风俗，必新小说；欲新学艺，必新小说；乃至欲新人心，欲新人格，必新小说。

> 故今日欲改良群治，必自小说界革命始；欲新民必自新小说始。①

小说的改革关系到社会政治变革的成败，小说的崇高地位由此显现出来。而从改良社会政治出发，在各类题材的小说中，自然又

---

① 《论小说与群治之关系》，《新小说》第 1 号，1902 年 11 月。原作未署名。

以政治小说与政治的关系最密切、功效最高，梁启超因而对政治小说格外器重，将其地位置于小说之冠。在《译印政治小说序》中，他有意无意夸大了政治小说的作用，指称：

> 彼美、英、德、法、奥、意、日本各国政界之日进，则政治小说为功最高焉。

此说虽然有违事实，但强调政治小说可以推进政治改良，却是当时提高小说地位必要的第一步。

梁启超对小说尤其是政治小说的推崇，显然是以之为政治斗争的手段，这种强烈的功利性使其理论与创作潜伏着危机。文学终究不是政治思想的传声筒，它虽然会产生宣传的效果，却不以此为唯一目的。文学创作首先是一项艺术活动，要创造出具有审美价值的艺术形象。功利主义地利用文学，只会损害文学，使它因失去艺术性而减弱了感染力，结果反而离本来的目标更远。但梁启超关于"小说界革命"的思想，在当时还是产生了巨大的积极影响。要求小说承担起改良社会政治的重任，这在一个救亡图存的时代，是完全可以理解的。梁启超强调文学的功利性，也有助于增强作家的社会责任感，用严肃的态度从事创作，关心作品的社会效果。只要不是狭隘地把文学当作政治的附庸，而是从提倡文学与社会、人生发生联系方面来理解，梁启超的思想还有其可取之处。

在梁启超的小说论述中，肯定与批判又往往联系在一起。"小说界革命"的必要性正是从历史的批判中发现、提炼出来的。梁启超对旧小说的否定采取了绝对化的表现形式，这也是从政治教化的角度观察小说的社会效果必然得出的结论。

早期著《变法通议》批判封建主义旧学时，梁启超便把旧小说算在旧学之内，认定它们"诲盗诲淫，不出二者，故天下之风气，鱼烂于此间而莫或知"①。作《译印政治小说序》时，他仍持这一观点，对旧小说一言以蔽之曰：

> 述英雄则规画《水浒》，道男女则步武《红楼》。综
> 其大较，不出诲盗诲淫两端。

到发表《论小说与群治之关系》，他更进一步指出，中国的国民思想是由旧小说造成的："状元宰相之思想"，"佳人才子之思想"，"江湖盗贼之思想"，"妖巫狐鬼之思想"，——皆来自小说。由此产生出中国社会的种种恶现状，诸如阻碍实业发展，消耗国力，热衷功名利禄，寡廉鲜耻，不讲信义，好弄权术，沉溺声色，伤风败俗，绿林豪杰，遍地皆是。总之，中国衰弱不振，旧小说该当首罪。于是，梁启超断然宣布：旧小说为"吾中国群治腐败之总根原"。

很明显，梁启超对中国古代小说的一概抹杀不能视为公正的评价，对于生活与艺术、存在与意识的先后关系，他也弄颠倒了。同时参加《小说丛话》撰写的梁启超的弟弟梁启勋②，对此即表示了不同意见。他认为："小说者，'今社会'之见本也。无论何种小说，其思想总不能出当时社会之范围，此殆如形之于模，影之于物矣。"据此，他指出："今之痛祖国社会之腐败者，每归罪于吾国

---

① 《变法通议·论幼学》，《时务报》第18册。
② 署名曼殊。《小说丛话》中曼殊论《金瓶梅》一节文字，后复见于梁启勋的《曼殊室随笔（初集）》（北京：京城印书局1936年版），并自承为作者。据此可确定《小说丛话》的作者"曼殊"即是梁启勋。

无佳小说。其果今之恶社会为劣小说之果乎？抑劣社会为恶小说之因乎？"①梁启勋把小说看作社会现实的反映，无疑比其兄正确。然而梁启超夸大旧小说恶劣的社会作用，也有其值得注意的用心。尽力贬毁旧事物，正是为建立新事物清除地基。而以小说为突破口，把文学作为政治改革的有力武器，正是这一历史批判顺理成章的发展。

梁启超之所以选中小说作为改良社会政治最锐利的武器，也是因为他看到了小说具有"易感人"的伟大力量，"小说有不可思议之力支配人道"。为此，他专门分析了小说的四种感染力。一曰"熏"，即是熏陶，"如入云烟中而为其所烘，如近墨朱处而为其所染"，从而产生潜移默化、连锁反应式的普遍影响。二曰"浸"，即是"入而与之俱化"，长久沉浸在作品所带来的情感氛围中不能自拔，达到与作品情境的交融。三曰"刺"，即"刺激之义也"，"刺之力在使感受者骤觉"，受到突然的震动。四曰"提"，即是情感的升华，"提之力自内而脱之使出"，读者达到一种忘我的境界，"自化其身焉，入于书中，而为其书之主人翁"，引发出模仿书中人物行动的强烈欲望②。

梁启超对小说移情作用的具体描述未必精确，却是发前人所未发，揭开了小说所以感人的奥秘，在当时便大受重视。有人作诗赞曰："高论千言出胸臆，有如天马无羁勒。稗官小说能移情，不信但看四种力。"③而利用小说的艺术感化力，以收移易人心、改造社会之效，才是梁启超的最终目的。经过他的鼓吹，这也成为不少新小说家自觉的创作追求。如《黄绣球》的评点者

① 《小说丛话》中曼殊语，《新小说》第 13 号，1905 年 2 月。
② 《论小说与群治之关系》，《新小说》第 1 号，1902 年 11 月。原作未署名。
③ 《〈新小说〉第一号题词十首·论说》，《新小说》第 5 号，1903 年 7 月。原作未署名。

即标举："论小说位置家之言曰：小说者，觉世之文也，宁繁无简；又小说有熏、浸、刺、提四诀。作者本此意以述之，期乎不背其说。"[①]

小说的"移情"作用，还须从读者方面进行考察。梁启超从若以赏心乐事为目的，悲惨小说为何反更受欢迎的现象入手，接触到这个问题，由此得出的结论也很有意义。他把读者的心理需要作为分析的前提，指出："凡人之性，常非能以现境界而自满足者也。"又说："人之恒情，于其所怀抱之想像，所经阅之境界，往往有行之不知、习矣不察者；无论为哀为乐，为怨为怒，为恋为骇，为忧为惭，常若知其然而不知其所以然；欲摹写其情状，而心不能自喻，口不能自宣，笔不能自传。"而小说恰恰能弥补读者的这两种缺憾。"小说者，常导人游于他境界，而变换其常触常受之空气者也。"即小说能够满足人们对于理想世界的向往，由此便产生出"理想派小说"。小说又可以把人们未察觉、不明白或无法表达的情境"和盘托出，彻底而发露之"。即是说，小说能够满足人们认识生活与再现生活的需要，由此便产生出"写实派小说"[②]。不管是"理想派"小说，还是"写实派"小说，都因能满足人们某种感情需求而具有"感染力"。

梁启超关于小说艺术感染力的论述已经触及艺术美感的发生、作用问题，其中也不乏真知灼见，可这些论说终归还是从"利用"的角度出发，仍然属于小说社会影响的研究。不过梁启超出于政治原因推崇小说作者可以成为"文圣"[③]，这对于改变传统的小说观念，还是切实起了作用。

---

① 二我《黄绣球》第一回批语，《新小说》第 15 号，1905 年 4 月。

② 《论小说与群治之关系》，《新小说》第 1 号，1902 年 11 月。原作未署名。

③ 同上。

二

梁启超的诗歌理论在政治活动时期和学术研究时期有前后不同的侧重点，因而比其小说理论研究深入、内容丰富。

梁启超前期诗论的代表作是《饮冰室诗话》[1]，《夏威夷游记》[2]中也有许多重要的意见。和他的小说理论相同，这些诗论也表现出鲜明的政治倾向。最早在《变法通议·论幼学》中，梁启超提出"歌诀书"与"说部书"都应作为启蒙教材，便已提倡编写"爱国歌""变法自全歌""戒鸦片歌""戒缠足歌"等含有一定政治内容的歌谣。到1899年底写作《夏威夷游记》，首次提出"诗界革命"口号，其思想的发展是一脉相承的。

在《夏威夷游记》论及诗歌问题的一大段议论中，梁启超首先以全面批判的态度否定了中国一千多年来的诗歌创作，认为其毫无新意，"诗之境界，被千馀年来鹦鹉名士（余尝戏名词章家为鹦鹉名士，自觉过于尖刻）占尽矣。虽有佳章佳句，一读之，似在某集中曾相见者，是最可恨也"。中国古代诗歌的陈陈相因，造成了创作与时代脱节。于是，梁启超认为："故今日不作诗则已，若作诗，必为诗界之哥仑布、玛赛郎然后可。"为此，他提出了另辟新境的新诗人所必须具备的条件：

> 欲为诗界之哥仑布、玛赛郎，不可不备三长：第一
> 要新意境，第二要新语句，而又须以古人之风格入之，

---

① 《新民丛报》第4—95号，1902年3月—1907年11月。其中前174则采用舒芜校点本（北京：人民文学出版社1959年版），此本只收录至1905年底刊出者，尚馀30则未辑入。

② 《清议报》第35—36、38册，1900年2—3月。原题《汗漫录》。

然后成其为诗。

这"三长"也是"诗界革命"的三项具体要求。所谓"新意境""新语句",据梁启超本人解释,即是"欧洲之意境、语句",推崇它们"甚繁富而玮异,得之可以陵轹千古,涵盖一切"。从诗歌革新"不可不求之于欧洲"的说法可以明显看出,西方文化是"诗界革命"之魂。梁启超不仅期望输入西方的政治思想改变中国的封建专制政体,而且期望引进西方的文化精神改造中国的旧文学。这是一个非常重要的文学思想,具有实践价值。

接着,梁启超又分别举出黄遵宪等人的创作,而以"新意境""新语句"与"古风格"为评论标准,特别集中地检讨了戊戌以前他与夏曾佑、谭嗣同一起创作"新诗"的失败教训。"新诗"又名"新学之诗",其特点一如梁启超后来所总结的:"盖当时所谓新诗者,颇喜掎扯新名词以自表异。"①"新名词"主要指从外文翻译的自然科学、社会科学用语以及宗教词汇。梁启超在《夏威夷游记》中也指出,夏曾佑、谭嗣同的"新体"诗"皆善选新语句,其语句则经子生涩语、佛典语、欧洲语杂用"。很明显,"新诗"是用诗歌的形式表现"新学"的内容,它反映了近代中国先进的知识分子对西方文化的渴求。但是,由于"新诗"使用了大量生疏甚至是生造的词语、典故,有的诗竟要"注至二百馀字,乃能解",或"虽十日思不能索其解",造成了"新诗"的晦涩难懂;再加上过多地使用"新语句",破坏了"古风格",使得"新诗""已渐成七字句之语录,不甚肖诗矣"。所以,"新诗"在创作上并不成功,影响也很小。尽管如此,这次尝试毕竟为梁启超提出

---

① 《饮冰室诗话》第 60 则。

"诗界革命"做了实践准备。

既然"新诗"的失败在于语言内容与形式、风格的不协调，"诗界革命"便有意识地加入"古风格"以为补救。并且，当时梁启超已发觉，"新语句与古风格，常相背驰"，因而后来在《饮冰室诗话》中，他又将三项要求合并为"旧风格"与"新意境"两项。从尊重中国古典诗歌的艺术性与诗歌独特的创作规律看，梁启超的退步是有道理的。可是问题在于旧体诗的形式是可以打破的，梁启超也未尝没有感到旧形式的束缚，作为变通的办法，他很赞成创作"新乐府"①，还只向前迈进了半步。当然，如果从内容的变化往往先于形式的改变来考虑，倒也不能苛求于梁启超。

总起来看，梁启超对当时的诗歌创作很不满意，可供标举的"三长兼备"的诗句寥寥无几，"且其所谓欧洲意境、语句，多物质上琐碎粗疏者，于精神思想上未有之也"。这自然与前此新学界偏重西方物质文明的倾向有关。梁启超责无旁贷地负起了补缺的责任，谦称："吾虽不能诗，惟将竭力输入欧洲之精神思想，以供来者之诗料可乎？"的确，诗歌中"新意境""新语句"从物质到精神的转移，与新学的发展趋向是一致的，然而梁启超率先提出这个问题，仍然是独具只眼。单从中国古典诗歌的特性考虑，为了保留其独特韵味，也应着意于表现物质表层下潜在的西方思想精神。

经过缜密的考察与分析，梁启超看出中国诗歌发展已经到了

---

① 《中国唯一之文学报〈新小说〉》关于"新乐府"一栏的设想为："专取泰西史事或现今风俗可法可戒者，用白香山《秦中》《乐府》、尤西堂《明史乐府》之例，长言永叹之，以资观感。"此文极可能为梁启超所作。其《饮冰室诗话》中也有"香山、西堂不是过也"（第 34 则）的评语。《新小说》此栏目刊出时，改题"杂歌谣"，是接受了黄遵宪的意见，"易乐府之名，而曰杂歌谣"（1902 年 9 月 23 日《与梁任公书》）。

生死存亡的关头，势必发生变革，从而得出了"支那非有诗界革命，则诗运殆将绝"的结论；并且指出，"今日者革命之机渐熟，而哥仑布、玛赛郎之出世必不远矣"。从他所摘引的黄遵宪等当代诗人的诗作中，梁启超已看到"革命军月晕楚润之征"。他见机而作，及时发出"诗界革命"的号召，正体现出不失时机、顺应潮流的主动精神。

随后，在连载于《新民丛报》的《饮冰室诗话》中，梁启超又继续阐发"诗界革命"论，明确提出：

> 过渡时代，必有革命。然革命者，当革其精神，非革其形式。吾党近好言"诗界革命"。虽然，若以堆积满纸新名词为革命，是又满洲政府变法维新之类也。能以旧风格含新意境，斯可以举革命之实矣。

他以进化论的文艺观为出发点，批评"中国结习，薄今爱古，无论学问、文章、事业，皆以古人为不可几及。余生平最恶闻此言。窃谓自今以往，其进步之远轶前代，固不待蓍龟；即并世人物，亦何遽让于古所云哉！"[1] 本着"薄古爱今"的精神，梁启超在《诗话》中热情评介了众多新诗人的新诗作，尤其推许黄遵宪的"新派诗"[2]，为"诗界革命"提供了创作典范。从这些具体的评点中，进一步阐发了"诗界革命"所涉及的一系列问题。

此时，梁启超特别看重"新意境"与"旧风格"。他评谭嗣

---

① 《饮冰室诗话》第63、8则。
② 黄遵宪《酬曾重伯编修》（其二）中，自称所作为"新派诗"。

同"其诗亦独辟新界而渊含古声";评黄遵宪诗"能镕铸新理想以入旧风格";评陈三立"其诗不用新异之语,而境界自与时流异,酝深俊微";评杨惟徽诗"其理想、风格,皆茹今而孕古";评自署"瀚华"者之诗"以新理想入古风格,佳诗也"①。无论作者熟识与否,"新意境"(或曰"新理想")与"旧风格"(或曰"古风格")都是好诗必备的两项基本条件,"新语句"(或曰"新名词")则已排除在外。

"诗界革命"在题材内容上,要求诗歌反映近代社会现实,为改良派的政治斗争服务。在这个意义上,梁启超称赞黄遵宪之诗为"诗史",并专门选录了其表现亡国惨况的《朝鲜叹》《越南篇》《流球歌》《台湾行》等篇入《诗话》;又称扬黄遵宪的《军歌》二十四章为"诗界革命之能事至斯而极矣",而黄诗各章最后一字连缀起来,正好组成"鼓勇同行,敢战必胜,死战向前,纵横莫抗,旋师定约,张我国权"的政治鼓动口号。在诗歌的语言形式方面,梁启超提倡通俗化与诗乐合一。他认为:"盖欲改造国民之品质,则诗歌音乐为精神教育之一要件。"对中国诗、乐分离的现象,他提出了严厉的批评:"若中国之词章家,则于国民岂有丝毫之影响耶?推原其故,不得不谓诗与乐分之所致也。"②这是因为借助歌曲的传唱,诗歌的内容才可以普及、深入民间。梁启超在《诗话》中大量推介新歌词,并附有曲谱③,鼓励诗作者将"近日时局可惊可怛可哭可笑之事"用

---

① 《饮冰室诗话》第2、4、10、109、130则。

② 《饮冰室诗话》第79、90、113、54、77则。

③ 梁启超在《饮冰室诗话》中介绍的歌词有黄遵宪的《军歌》二十四章与《小学校学生相和歌》十九章,曾志忞的《老鸦》《马蚁》与《黄河》等。康有为的《演孔歌》,梁启超的《爱国歌》《黄帝歌》《终业式》及《从军乐》等则并录其词与谱。

"《西涯乐府》之笔写之"，表现出把歌词创作视为开通民智的有效工具而加以利用的高度自觉。主张诗乐合一，势必要求诗歌语言通俗易懂。比如在日本学习音乐的曾志忞即写有《告诗人》一文，专门讨论歌词写作问题，声言：歌曲创作应"以最浅之文字，存以深意"。该文被梁启超认作"足为文学家下一针砭而增其价值"，特录入《诗话》。梁启超本人对丘逢甲诗歌极为赞赏的一个重要原因，也是丘逢甲"以民间流行最俗最不经之语入诗，而能雅驯温厚乃尔，得不谓诗界革命一巨子耶"[1]。诗歌的通俗化作为与改良派政治目的相关联的手段，于是成为"诗界革命"的一项基本目标。

从《夏威夷游记》到《饮冰室诗话》，梁启超关于"诗界革命"的理论虽有所修正和补充，但致力于诗歌革新的决心却是始终不变。"诗界革命"论所倡导的新诗风对当时的创作也起了指导作用，在诗歌近代化的进程中发生过积极影响。

与前期的"诗界革命"论贯彻政治改良的精神，侧重内容的革新明显不同，梁启超后期诗论集中探讨了诗歌的艺术价值问题。这时，对于中国传统诗歌的研究已成为其文学研究的重心。他围绕"艺术是情感的表现"[2]这个中心命题，写了一系列诗歌研究论著，其中重要的有《中国韵文里头所表现的情感》《情圣杜甫》《屈原研究》与《陶渊明》一书中的《陶渊明之文艺及其品格》。

在《中国韵文里头所表现的情感》一文中，梁启超研究了诗歌的表情艺术，将其分为六类："奔迸的表情法""回荡的表情

---

[1]《饮冰室诗话》第58、97、39则。
[2]《情圣杜甫》，《晨报副镌》，1922年5月28—29日。引文见5月28日。

法""蕴藉的表情法""象征派的表情法""浪漫派的表情法"与"写实派的表情法"。除象征派后未作专论，并入"蕴藉的表情法"，其他各部分都作了详细分析，对同一种表情法中的不同类型也细加区分。如"回荡的表情法"就分成"螺旋式""引曼式""堆垒式""吞咽式"四种。对每一种类的表情方法，梁启超都首先界定概念，撮述主要特征，然后举作品为例以证实之。如"回荡的表情法"特点是"专从热烈方面尽量发挥"，"曲线式或多角式的表现"。属于这类表情法的"螺旋式"，写法是"一层深过一层"，"堆垒式"则"专用'语无伦次'的样子，一句话说过又说，忽然说到这处，忽然又说到那处"等等。而举例加以分析的作品，也大多是中国古典诗歌中的名篇。在带有总论性质的《导言》部分，梁启超论说了情感的作用力与情感教育的必要性及其方法，集中体现了其后期的文艺观念：

> 天下最神圣的莫过于情感：用理解来引导人，顶多能叫人知道那件事应该做，那件事怎样做法，却是被引导的人到底去做不去做，没有什么关系；有时所知的越发多，所做的倒越发少。用情感来激发人，好像磁力吸铁一般，有多大分量的磁，便引多大分量的铁，丝毫容不得躲闪，所以情感这样东西，可以说是一种催眠术，是人类一切动作的原动力。

梁启超既然认为情感对人的影响力远在理智之上，如何引导情感便显得极为重要，他也确实是"把情感教育放在第一位"。梁启超承认情感有好有坏，主张通过"情感教育"发扬美、善，去除丑、恶。而"情感教育最大的利器，就是艺术"，"所以艺术家的责任很重"①。重视情感在文学创作、社会教育中的作用，并不是梁启超的发明；不过，他还是很有眼光。他以明确、极端的语言强调感情的力量，确是掌握了艺术的一把入门钥匙。

在《屈原研究》《陶渊明之文艺及其品格》与《情圣杜甫》中，梁启超选取了三位古代诗人为例证，展开具体研究，以证实情感是艺术创作的灵魂。屈原、陶渊明与杜甫在中国诗歌史上的地位很高，前人的论述也很多，这既为研究增加了权威性，也带来了一定难度。梁启超从情感切入，就使他的论说与众不同。他研究屈原，"拿他的自杀做出发点"，结论是："他是一位有洁癖的人为情而死。"② 他研究陶渊明，着眼点在"作者个性"，也发现"他是一位缠绵悱恻最多情的人"③。他研究杜甫，否定了历来称杜甫为"诗圣"的说法，而从"情感的内容"与"表情的方法"考虑，认定："中国文学界写情圣手，没有人比得上他，所以我叫他做情圣。"④ 也即是说，梁启超发现他们都是多情人。三位诗人创作风格的相异，在他看来并不重要，只不过是他们采用了不同的表情方法而已。

从这些论说可以看出，梁启超视为优秀诗作的必备要素至少有两点，即"优美的情感"与"美妙的技术"，两者缺一不可。他对艺术家的要求是：

① 《中国韵文里头所表现的情感》。初刊《改造》第4卷第6、8号，1922年2、4月，未完；全本收入《文集》第13册，上海：中华书局1936年版。本书采用《文集》本。引文见第4节、第1节。

② 《屈原研究》，《时事新报·学灯》，1922年11月9—15日。在《老孔墨以后学派概观》（1920年）中，梁启超已先说过意思相近的话："质言之，则屈子盖对于世界而失恋者也。彼捧其万斛爱情以向世界，而竟不见答，无可奈何而以身殉也。屈子盖天下古今唯一之'情死者'也。"（《专集》第11册）

③ 《陶渊明之文艺及其品格》，《陶渊明》，上海：商务印书馆1923年版。

④ 《情圣杜甫》，《晨报副镌》，1922年5月28日。

　　　　自己腔子里那一团优美的情感养足了，再用美妙的
技术把他表现出来，这才不辱没了艺术的价值。①

这种认识统贯于梁启超后期的文学创作论。在《晚清两大家诗钞
题辞》中，他也讲道：

　　　　因为文学是一种"技术"，语言文字是一种"工具"。
要善用这工具，才能有精良的技术；要有精良的技术，
才能将高尚的情感和理想传达出来。②

他尊杜甫为"情圣"，原因便在于"他的情感的内容，是极丰富
的，极真实的，极深刻的。他表情的方法又极熟练，能鞭辟到最
深处，能将他全部完全反映不走样子，能像电气一般一振一荡的
打到别人的心弦上"③。他主张艺术家要表现自我，把个性鲜明作
为很高的艺术标准，据此肯定陶渊明："古代作家能够在作品中把
他的个性活现出来的，屈原以后，我便数陶渊明。"而"个性"就
是属于自己特有的真情实感。梁启超认为，只有"把作者的实感，
赤裸裸地全盘表现"，才是"真文艺"④。真情与艺术价值是成正比
的，它对作品的成功有决定意义。有了这份真情，还要讲究表现
技术，否则反映出来也会走样。于是，梁启超不仅在作家论中分
别探讨了这个问题，而且做了专门研究，写成《中国韵文里头所

---

① 《中国韵文里头所表现的情感》第 1 节，《文集》第 13 册。

② 《晚清两大家诗钞题辞》，《文集》第 15 册。

③ 《情圣杜甫》，《晨报副镌》，1922 年 5 月 28 日。

④ 《陶渊明之文艺及其品格》，《陶渊明》，上海：商务印书馆 1923 年版。

表现的情感》一篇通论，足见他对写作技巧的重视。梁启超还认为，每一类表情法只适于表现某种特定的感情，比如"奔迸的表情法"适合表现热烈的感情，"蕴藉的表情法"适合表现含蓄的感情。他批评中国文学史上著名的十七八女孩儿执红牙拍板唱柳词与关西大汉执铁板唱苏词的故事，"有人拿着卿的'晓风残月'和东坡的'大江东去'比较，估算两家品格的高下，其实不对。我们应该问那一种情感该用那一种方式"[①]。显然，梁启超认为，只有选用合适的表情方法，才能准确地传写出作者的感情。

梁启超关于中国古代诗歌的论著除上述诸篇外，尚有一部未完成的中国诗歌发展史《中国之美文及其历史》。这些专著既各自独立，又互相补充，看得出有一个整体构想。他对于中国诗歌表情艺术的总结具有开创意义，把过去要靠各自的悟性去体味的诗趣，从技法方面用清晰的语言描述出来，同时也把历来诗评中片断的感受，梳理、归纳成系统的分类研究，揭示出古典诗歌创作的奥秘，有利于欣赏的普及。

但在本质上，梁启超还是个现实感很强的人。他的旧学研究尽管不再为单一的政治任务服务，可仍然着眼于当时的文化建设。对现实的创作，梁启超也很关心。他曾经打算选编近人金和与黄遵宪的诗，题名《晚清两大家诗钞》，在《题辞》中即谈到了他对白话诗的意见。他并不反对白话诗，并且说白话诗古代已有，"那些老先生忽然把他当洪水猛兽看待起来，只好算少见多怪"。可是他也不赞成"主张白话为唯一的新文学"，认为文言、白话都可以作出好诗。梁启超没有看出"白话诗之争"背后所包含的新、旧文学的殊死斗争，所以把现代白话诗与古代白话诗混为一谈，发

---

① 《中国韵文里头所表现的情感》第 5 节，《文集》第 13 册。

出文、白兼存的泛泛之论。不过，他从语言方面分析白话诗在现代的不成熟，不乏值得重视的意见。他感觉到，言、文分离使文言中许多意思高深的字没有对应的白话词汇，"字不够用"，而"文以词约义丰为美妙"，"美文贵含蓄"，白话却比文言冗长、寡味，这就使"纯白话诗"难于成功。这种语言限制本是客观存在，早期许多白话诗也确有浅薄、无馀味、不精练的毛病。梁启超能够指出这一点，是以他在"诗界革命"时期提倡新乐府、注意诗歌语言通俗化的个人体验为基础的。他寄希望于未来，说："我想白话诗将来总有大成功的希望"，其中最重要的条件，就是"要等到国语进化之后，许多文言，都成了'白话化'"[①]。这是看得很准的。正因如此，人们才不能放弃现在的努力，必须大力提倡"白话诗"，加速文言向白话的转化与白话自身的丰富。而恰恰在这一点上，梁启超采取的"自由主义"态度是消极的，犯了与前期对待"新语句"问题相同的错误。

三

关于"诗界革命"和"小说界革命"，梁启超都做过专门的论述，只有"文界革命"是例外。没有专论，并不意味着梁启超的"文界革命"思想不成形，相反，从他片断的论述和全力以赴的写作实践中，倒可以准确、直接地把握其内涵。

"文界革命"的要求首先发生在文章的内容方面。伴随着"西学东渐"，产生了带有资本主义性质的新学，与封建主义旧学形成尖锐对立。旧学在传统散文中根基深固，比起其他文学体裁，散

---

① 《晚清两大家诗钞题辞》，《文集》第 15 册。

文也最容易被利用作宣传工具，新学家势必要在散文领域与旧学一决雌雄。这样，散文内容的革新便成为亟待解决的首要问题。

在提出"诗界革命"同时，梁启超也注意到"文界革命"问题。《夏威夷游记》中便记述了他读日本政论家德富苏峰著作的感想：

> 其文雄放隽快，善以欧西文思入日本文，实为文界别开一生面者，余甚爱之。中国若有文界革命，当亦不可不起点于是也。

此时，"文界革命"虽然还处于设想阶段，但它的发生乃是输入西方文化的需要这一起因还是表现得十分明显。所以，梁启超最看重的是德富苏峰著作中的"欧西文思"，赞赏他能在用日文写成的文章中，流畅自如地表达西方的文化精神；最引起他重视的是改造、充实文章内容，使它成为输入、传播西学的得力工具，并把表现"欧西文思"作为"文界革命"的起点。他认为：

> 著译之业，将以播文明思想于国民也，非为藏山不朽之名誉也。①

而他所说的"文明思想"，就是指西方文化；要求为"播文明思想于国民"而写作，即是期望以西方文化开启民智。这是梁启超前期从事著译的目的。"欧西文思"（或曰"文明思想"）因此成为

---

① 《绍介新著·原富》，《新民丛报》第 1 号，1902 年 2 月。原文未署名，应为梁启超所作。

"文界革命"至关重要的一部分，作为先决问题，决定了"文界革命"具有思想启蒙的基本性质。

内容确定后，形式的问题随之产生。梁启超"文界革命"论在文章形式方面的主张，可以用"俗语文体"来概括。梁启超很早便认识到中国言、文分离这一问题的严重性。还在 1896 年，他就分析了中国语言的"多变"与中国文字的"不变"是"文、言相离之所由起也"，并对这种状况带来的恶果深表忧虑：

> 后之人弃今言不屑用，一宗于古，故文章尔雅，训词深厚，为五洲之冠；然颛门之士，或乃穷老尽气，不能通小学，而山海僻壤，百室之族，知书者往往而绝也。①

由此造成了民智不开。而通文者少国必弱，可见言、文分离危害之深。因此，梁启超作为一个启蒙思想家，便有意识地把文章写得浅白易懂；当他思考"文界革命"的形式要求时，也自然会以通俗化为方向。有感于严复译笔的"太务渊雅"，"非多读古书之人，一翻殆难索解"，梁启超发出了"夫文界之宜革命久矣"的慨叹。他认为：

> 欧美、日本诸国文体之变化，常与其文明程度成比例。况此等学理邃赜之书，非以流畅锐达之笔行之，安能使学僮受其益乎？②

---

① 《沈氏音书序》，《时务报》第 4 册，1896 年 9 月。
② 《绍介新著·原富》，《新民丛报》第 1 号，1902 年 2 月。原文未署名，应为梁启超所作。

严复对梁启超的批评并不服气，回信指责"文界革命""徒为近俗之辞，以取便市井乡僻之不学，此于文界，乃所谓陵迟，非革命也"①。可见，梁启超所说的"流畅锐达之笔"与严复所说的"近俗之辞"同义，不仅指文笔的顺畅，更重要的是指文字表达的浅显明白。这是严复对于"文界革命"根本不能同意之处，也正是梁启超"文界革命"理论的重要组成部分。

比较《变法通议》中提倡俚语著书以开民智的议论，这时梁启超已认识到，俗语的运用是文学进步的表现：

> 俗语文体之流行，实文学进步之最大关键也。②

从自己的翻译实践中，他也体会到，"纯用俗话"，"甚为困难"；"但因此亦可见语言、文字分离，为中国文学最不便之一端，而文界革命非易言也"③。找出了历史悠久的中国文学受病的根源，又深知采用"俗语文体"是"文界革命"最难措手之处，梁启超仍然坚信，文言向俗语转化、书面语向口语靠拢是大势所趋。他综观古今中外，以进化论的观点指出：

> 文学之进化有一大关键，即由古语之文学，变为俗
> 语之文学是也。各国文学史之开展，靡不循此轨道。……

---

① 《与〈新民丛报〉论所译〈原富〉书》，《新民丛报》第 7 号，1902 年 5 月。

② 楚卿（狄葆贤）《论文学上小说之位置》引梁启超语，《新小说》第 7 号，1903 年 9 月（实际出版日期延至 1904 年 1 月后）。又，《新民丛报》第 5 号（1902 年 4 月）《小慧解颐录》亦云："俗语文体之流行，文学进化之一征也。"该篇亦应出自梁手。

③ 《十五小豪杰》第四回批语，《新民丛报》第 6 号，1902 年 4 月。

> 自宋以后，实为祖国文学之大进化。何以故？俗语文学
> 大发达故。

这种看法与传统文人完全不同，高度肯定了俗语文学在推动文学发展中的伟大作用。认识及此，梁启超毅然号召：

> 苟欲思想之普及，则此体（按：指"俗语文体"）非
> 徒小说家当采用而已，凡百文章，莫不有然。①

为适应当时普及新思想的需要，梁启超迫切呼吁扩大"俗语文体"的领地，使之取代古语文体，成为唯一通行的文体。"欧西文思"与"俗语文体"于是在"文界革命"论中获得统一。

而作为"文界革命"内容与形式的统一物出现的则是"新名词"。梁启超在倡导"文界革命"时，不仅大力提倡使用"新名词"，而且努力实践，开创了堪称"文界革命"样板的"新文体"。"新文体"是梁启超东渡后接受日本明治维新文化的产物，对于传统古文是一次解放②。"新文体"最重要的新异之处，就是大量使用新名词。梁启超在《夏威夷游记》中谈到"文界革命""诗界革命"时，已明白说过：

> 吾近好以日本语句入文，见者已诧赞其新异。

所谓"日本语句"，主要指借自日文的"新名词"，即日本为翻译

---

① 《小说丛话》中饮冰语，《新小说》第 7 号，1903 年 9 月。

② 参见本书第五章。

西方自然科学与社会科学书籍，用汉语构词法自造出的汉字新词。梁启超利用"同文之便"，将其移用于自己的新体散文中。他还从主张言、文合一的角度，论述了"新名词"的出现及使用有其必然性：

> 社会之变迁日繁，其新现象、新名词必日出，或从积累而得，或从交换而来。故数千年前一乡一国之文字，必不能举数千年后万流汇沓、群族纷挐时代之名物、意境而尽载之、尽描之，此无可如何者也。言文合，则言增而文与之俱增。一新名物、新意境出，而即有一新文字以应之。新新相引，而日进焉。①

正是因为梁启超把新名词当作传播新思想、新知识（即所云"新意境""新名物"）的重要媒介，他才对输入、运用新名词有高度的自觉性与极大的热情。夹带大量新名词的"新文体"也确实扩大、丰富了汉语语汇，在中国现代汉语的诞生中起了不容忽视的作用。

实际上，由于采用了"新名词"，"新文体"与"俗语文体"之间是有区别的。"俗语文体"作为"文界革命"的普遍要求提出来，表现了梁启超对言文合一、向白话发展的方向确信不疑；"新文体"中也"杂以俚语"②，显示出梁启超为此所作的努力。但是，语言与文字分离和外来思想与原有语言的不协调毕竟是客观存在，"俗语文体"中如果出现太多还未进入口语的新名词，就

---

① 《新民说·论进步》，《新民丛报》第10号，1902年6月。
② 《清代学术概论》第25节论"新文体"语，《专集》第9册。

达不到通俗易懂、明白如话的效果。现实形势逼使输导新学的"新文体"不得不采用一种介乎文、白之间的语体，以便使许多文言词汇白话化，并使表达新思想、新事物的新名词日益为人们所熟悉和接受。因而，在梁启超的"文界革命"论中，更值得重视的是新名词。

梁启超后期转治国学，对古代散文的研究也很有兴趣，写过《中学以上作文教学法》（1922 年）、《要籍解题及其读法》（1923 年）、《国学入门书要目及其读法》（1923 年）等著作。后两部书是为初学者所作，对于历代著名散文家及其作品做了广泛、简要的评介，提出了一些值得注意的意见。《中学以上作文教学法》则选取历代优秀散文为例，研究、分析文章的写作方法，所作总结也很精辟，与研究诗歌表情法相同，都是用科学的方法做文学欣赏的普及工作。这一时期，他的散文研究注意力主要放在艺术价值和写作技巧上，也有新意，但在散文理论方面并没有系统的新见解。倒是作为佛学研究的副产品，梁启超运用比较的方法，分析了佛经翻译对中国语言、文体的影响，颇有独到之处。

这些论述集中见于《翻译文学与佛典》①的第六节《翻译文学之影响于一般文学》。与散文发展直接有关的，是"国语实质之扩大"与"语法及文体之变化"两节文字。前者论证了大批佛教新词语的输入即意味着大量新观念的引进。梁启超根据日本人所编《佛教大辞典》收录了三万五千条词语而断言："夫语也者所以表观念也；增加三万五千语，即增加三万五千个观念也。由此观之，则自译业勃兴后，我国语实质之扩大，其程度为何如者？"后者则剖析了佛经翻译文体的特点：独立于骈文与古文，不用

———————————————
① 《改造》第 3 卷第 11 号，1921 年 7 月。原题《中国古代之翻译事业》。

"之乎者也"等虚字，多倒装句和重复句，有解释性词句及长定语，韵散交错，文章分章分节分段等。并且，由于佛门弟子"皆以喻俗之辩才为尚"，因而出现了佛经翻译文体的俗语化倾向，最终产生出使用"语体文"的禅宗语录。这些都对中国散文的发展产生了深远影响。梁启超把两种不同文化的接触看作新文化产生的契机。他研究佛经翻译问题，目的是通过观察"翻译事业与一国文化关系之重大"，为当前"第二度之翻译时期"提供参考，从而表现出始终一贯的主动借鉴、吸收外来文化以创造中国新文学的态度。梁启超从佛经译文研究中得出的这一结论，其意义已不限于散文方面，而成为梁启超后期文学理论中最有价值的一部分。

四

梁启超的文学思想有一个发展、变化的过程，前期和后期明显不同。

前期，梁启超作为改良派政治家，专从政治的角度考虑文学问题。其文学活动是以政治活动为中心，带有明显的政治宣传性质，其文学思想也具有强烈的政治色彩。他从不单独肯定文学的艺术价值，总是自觉地把文学作为救国的一种手段。梁启超认为，当时的中国除了学习西方、改变封建专制政体外，别无出路。其文学活动便以开通民智、普及西学为目标，实现途径就是文学改良。在比较各类文学体裁的社会影响后，梁启超发现小说的读者面最广，于是选中小说，对它独加青睐。不仅赞同英人名言"小说为国民之魂"①，而且尊"小说为文学之最上乘"②，使小说从未入流的"小道"，一跃而身价百倍，远胜过一直属于文学正宗的诗文。

梁启超对小说的推崇是建立在小说的政治教化作用上，只把小说当作"改良群治"的有力武器。而以小说观念为核心，便形成了代表梁启超前期文学思想的"文学救国"论。这一理论成为晚清文学改良运动的指导思想。

文学改良运动是为政治改良运动服务的。当时的中国内忧外患，国势阽危，救亡图存成了每一个有觉悟的中国人意识的中心，一切力量都应集中到这一点，文学创作自然不能例外。因此，"文学救国"论的产生有其历史必然性与进步性。同时，梁启超的改良思想又使他认为，只有走政治改良道路，才能救中国；而政治改良要通过开通民智才能实现，这就需要输入西学，进行启蒙教育。于是，文学改良运动大体是在两个层面上展开的：在输入西方科学文化层面，它基本获得成功，为五四新文化运动的产生创造了必要的条件；而在语言形式的改革层面，则尚有欠缺。小说、散文采用"俗语文体"的主张，因受制于语言、文字的长期分离，在写作中只得"参用文言"，形成"文俗并用"③的格局，虽然浅白了，却终未跳出文言的藩篱。语言与形式风格的内在关联，又使新体诗歌走入两难的境地，为了保存"旧风格"，只好减少"新语句"，结果还是摆脱不了旧体诗的束缚。这种语言形式与内容的矛盾，直到五四文学革命兴起，才获得解决。

后期，梁启超作为一名从事古代文化研究的学者，已不去追

---

① 见《译印政治小说序》，《清议报》第 1 册，1898 年 12 月。

② 《论小说与群治之关系》，《新小说》第 1 号，1902 年 11 月。原作未署名。

③ 《十五小豪杰》第四回批语，《新民丛报》第 6 号，1902 年 4 月。

求文学的现时功利，而注目于文学的永久价值，其结果便是诗歌取代了小说的地位。他不再认为小说是最高等的文学，相反，在《国学入门书要目及其读法》[①] 中，他要求人们"熟读成诵"的"好文学"，便把小说排斥在外，而只开列出大批诗集与几部文人戏曲 [②]。梁启超对诗歌的推崇，主要是因为他把诗歌看作抒发个人情感的最佳艺术手段，认为"诗本为表情之具"[③]。在致力于中国传统诗歌的研究中，他以诗歌观念为核心，形成了代表其后期文学思想的"情感中心"说。

梁启超以表现真情为主的创作论，是依据"真即是美"、"真才是美"[④] 的审美原则，归根结底，是要求艺术品具备美的价值，这对于艺术实为一种本质的发现。而且，梁启超并不把"真"限定为某一种创作方法的专利，他不是根据外在描写是否逼真下判断，而是以作家内心情感的全部真实再现为衡量标准，也不失为一种有价值的见解。只是由于梁启超的观察立足于诗歌，他所谓"文学""美文"往往也限指诗歌，所以，其"情感中心"的艺术主张便不能通行于一切艺术领域，用来概括一切艺术创作。并且，梁启超宣扬情感至上，也会带来艺术创作中滥用感情的流弊，损害作品的艺术性。

总起来看，当梁启超作为一名政治家宣传启蒙思想时，便重视作品的内容，主张"文学救国"，强调文学的政治教育功能，偏重于接受外来文化；而当他作为一名学者研究古代文化遗产时，

---

① 《清华周刊》第 281 期之《书报介绍附刊》第 3 期，1923 年 5 月。

② 在梁启超看来，文人戏曲与诗歌概念有交叉。

③ 《要籍解题及其读法·诗经》，《清华周刊》第 302 期之《书报介绍副镌》第 8 期，1924 年 1 月。

④ 《美术与科学》，《晨报副镌》，1922 年 4 月 23 日。

又重视作品的艺术价值,倾向"情感中心",强调文学的感情净化力量,偏重于继承中国传统文化。其前期的"文学救国"论虽然粗糙、偏激,却因符合时代要求,产生了广泛的社会影响,更为后人所重视;而后期的"情感中心"说尽管更精致,更切合文学自身的艺术规律,但囿于纯粹的学术研究,对社会的影响不大,因而没有引起很多人的关注。

第三章

"新小说之意境"与"旧小说之体裁"

——梁启超小说研究

以一位影响全国舆论的政治风云人物，不但热衷于诗文的写作，而且迷恋于通俗文学的创作，郑重其事地写过若干小说、戏曲作品，对当时流行的主要文学体裁均曾染指，这在中国历史上确实是由梁启超首开风气。

梁启超之从事文学创作，一半是时势政治的需要，一半是个人情感的需求。为了实现改良政治、改良社会这个最终目标，不仅小说和戏曲，连诗歌也可以利用作宣传主张、树立楷模的工具；而为了抒发一腔郁勃之气、逞露才情，不仅诗歌，连小说和戏曲也可以借用作倾吐情怀、求新好胜的手段。前者多半是从开启民智考虑的，故以通俗易懂、喜闻乐见为追求方向；后者多半是基于文人习气，故以渊雅深微、新颖别致为追求目标。梁启超的文学创作被这两股相反的力撕扯着，又欲将其合而为一，于是，俗与雅、新与旧的矛盾和统一，便成为梁启超文学作品的基本形态，也成为研究者的关注中心。

一

　　研究梁启超的小说创作，听起来题目蛮大，然而落到实处，梁启超生平只写过一部仅成五回的小说《新中国未来记》，这未免有些令人扫兴。但梁启超之所以创办《新小说》杂志，自己说"其发愿专为此编也"①；这部小说又可以算作"小说界革命"的代表作，在当时颇受欢迎，影响了一批作家，因此，《新中国未来记》虽为断编，分量倒也不轻。

　　《新中国未来记》于1902年11月才在《新小说》上开始陆续刊出，但其酝酿时间已经很久了。梁启超在该小说《绪言》中说："余欲著此书，五年于兹矣，顾卒不能成一字。"推算起来，戊戌东渡到日本之初，梁启超即有意作此一部小说。他曾把这一打算告知康有为。在1900年康有为给邱炜萲的诗中，还对梁启超的延搁时日、未能动笔深表遗憾："去年卓如欲述作，荏苒不成失灵药。"②梁启超在《小说丛话》中专有一条记此事，称："吾《未来记》果能成，此亦一影事也。"③筹划了这许多年，终于开始动手写作，并且"限以报章，用自鞭策"，决心不可谓不大；但能否完成，却是连梁启超自己也无法肯定，不过是"得寸得尺，聊胜于无"④而已。事务丛杂，不能保证写作时间，固然是一个原因；而兴趣广泛多变，也是小说被腰斩的重要因素。

---

　　①《新中国未来记·绪言》，《新小说》第1号，1902年11月。
　　②《闻菽园欲为政变小说，诗以速之》，《清议报》第63册，1900年12月。
　　③《小说丛话》中饮冰语，《新小说》第7号，1903年9月。该期杂志实为1904年1月以后出版。
　　④《新中国未来记·绪言》，《新小说》第1号，1902年11月。

尽管《新中国未来记》并非完帙，我们根据早于《新小说》发刊前三个月发表在《新民丛报》的广告《中国唯一之文学报〈新小说〉》的介绍，仍大致可以知道其情节梗概：

> 其结构，先于南方有一省独立，举国豪杰同心协助之，建设共和立宪完全之政府，与全球各国结平等之约，通商修好。数年之后，各省皆应之，群起独立为共和政府者四五。复以诸豪杰之尽瘁，合为一联邦大共和国。东三省亦改为一立宪君主国，未几亦加入联邦。举国国民，戮力一心，从事于殖产兴业，文学之盛，国力之富，冠绝全球。寻以西藏、蒙古主权问题与俄罗斯开战端，用外交手段联结英、美、日三国，大破俄军。复有民间志士，以私人资格暗助俄罗斯虚无党，覆其专制政府。最后因英、美、荷兰诸国殖民地虐待黄人问题，几酿成人种战争，欧美各国合纵以谋我，黄种诸国连横以应之。中国为主盟，协同日本、非律宾等国，互整军备。战端将破裂，匈加利人出而调停，其事乃解。卒在中国京师开一万国平和会议，中国宰相为议长，议定黄、白两种人权利平等、互相亲睦种种条款，而此书亦以结局焉。[1]

已完成的五回不过刚刚讲到维新志士黄克强、李去病游学欧洲归来，联络同志，从情节上看，全部小说只是开了个头，要进入到构思中的第一个重大事件"一省独立"，尚需大量篇幅。由此可以推想，如果梁启超幸而终于写完全书，这部小说也够得上鸿篇巨

---

① 《中国唯一之文学报〈新小说〉》，《新民丛报》第 14 号广告，1902 年 8 月。

著的规模了。从仅存的一枝一节中，也已经使人感到这是一个庞然大物的遗蜕，架子搭得很大，拉得很开，作者是个大手笔，很有气魄。

可惜，酝酿已久、构思基本成熟的著作，写起来却未免过于匆忙，留下不少草率从事的痕迹。一开场"话表孔子降生后二千五百一十三年，即西历二千零六十二年，岁次壬寅"的时间便搞错了，因为接下来又说，孔觉民的讲演"就从光绪二十八年壬寅讲起，讲到今年壬寅，可不是刚足六十年吗"[①]，证实这一年的西历纪年应为1962年，梁启超多加了一百年。其他如叙事体例不统一等现象尚有一些。梁启超在开始写作时，就有"先见之明"，料定："计每月为此书属稿者，不过两三日，虽复殚虑，岂能完善？故结构之必凌乱，发言之常矛盾，自知其决不能免也。"[②]此话不幸而言中。

虽有这样一些不大不小的毛病，《新中国未来记》在中国小说史上毕竟是空前之作，是"新小说"的首批产品。在它身上，既反映了新小说的种种不成熟和弊病，也反映了新小说作者自觉的求新意识与探索勇气。求新与探索之中难免不成熟，难免出现弊病。由不成熟才会走向成熟，发现弊病才能有所改正。从这个意义说，以粗糙的形态保留下来的《新中国未来记》价值更大，更值得人们重视。特别是由于它毫无掩饰地展示了同类作品的特点，优点与缺点都发展到极端，把它作为新小说的标本来研究，无疑会得出一些带有普遍性的结论。

为了扩大影响，配合《新小说》的出版，在《新民丛报》"绍

---

① 《新中国未来记》第一回，《新小说》第1号，1902年11月。

② 《新中国未来记·绪言》第一回，《新小说》第1号，1902年11月。

介新刊"栏曾发表过一篇介绍文章，题为《〈新小说〉第一号》。该文未署名，但从文风和论点判断，很可能是出自梁启超之手。其中所提出的新小说创作的原则，起码可以认为是经过《新小说》社同人首肯的，我们也不妨以之代表梁启超的观点。文中谈到《新小说》的编撰、出版有五难，其中一难即为"新小说之意境，与旧小说之体裁，往往不能相容"[①]。这是困扰着包括梁启超在内的众多新小说家的一大难题。如何求解，可以有不同的方法，只是梁启超的做法仍然最富于典型意义。

二

所谓"新意境"，按照梁启超的一贯用法，即是指新思想、新知识。以"新小说报社"名义发表的《中国唯一之文学报〈新小说〉》中即已宣布："本报宗旨，专在借小说家言，以发起国民政治思想，激厉其爱国精神。"《〈新小说〉第一号》也重申此义："盖今日提倡小说之目的，务以振国民精神，开国民智识，非前此诲盗诲淫诸作可比。""政治小说""社会小说""历史小说""科学小说"因此成为《新小说》杂志最重要、最有特色的栏目。梁启超的注意点当然是在政治启蒙方面，他的小说创作也就毫不犹豫地挑选了"政治小说"的样式。《新中国未来记》分刊在《新小说》第1、2、3、7号的"政治小说"栏，梁启超在《绪言》中也明白宣称："兹编之作，专欲发表区区政见，以就正于爱国达识之君子。"表明"新小说之意境"具体落实到这部小说，是偏向于政治思想一端。

---

① 《〈新小说〉第一号》，《新民丛报》第20号，1902年11月。

既然梁启超创作小说的目的，不过是要借用小说的形式，发表他对于政治问题的见解，因而在写作中，大段政治议论便源源不绝出自笔下。梁启超虽然声明："编中于现在时流，绝不关涉，……读者幸勿比例揣测，谓此事为某人写照，此名为某人化身，致生种种党同伐异意见。"① 然而，既要讨论政治问题，便有明显的倾向性。于是梁启超常常情不自禁地进入角色，捉刀代笔，让书中人物代替他本人说话。比如，当时他正在《新民丛报》连续刊发《新民说》，研究"新民"问题，认为"民德、民智、民力，实为政治、学术、技艺之大原"②。三者之中，又首重"民德"，其《新民说》的重点便放在"新道德"的阐述上。在《新中国未来记》中，梁启超也没有放弃这个话题。第二回"孔觉民演说近世史"，一开口便转到这上面，说：

> 诸君啊，须知一国所以成立，皆由民德、民智、民气三者具备。但民智还容易开发，民气还容易鼓厉，独有民德一桩，最难养成。倘若无民德，则智、气两者，亦无从发达完满。就使有智，亦不过藉寇兵赍盗粮；就使有气，亦不过一团客气，稍遇挫折，便都消灭了。

大概是怕读者莫名其妙，梁启超便又通过孔觉民之口解释说："这话非是鄙人饶舌，其实我新中国之存亡绝续，皆在此一点。若除了这点，我这部六十年史亦无处讲起了。"③ 以下才"闲话休题"，进入正文。在这里，孔觉民显然做了梁启超的喉舌。因而在读

① 《新中国未来记·绪言》，《新小说》第1号，1902年11月。
② 《新民说·释新民之义》，《新民丛报》第1号，1902年2月。
③ 《新中国未来记》第二回，《新小说》第1号，1902年11月。

《新中国未来记》时，我们便随处可以听到作者的声音，而忘记他的嘱咐，直接把书中人物的许多议论，当作梁启超的意见加以评判。

不难看出，梁启超在小说中所要阐发的新思想，集中表现为改良思想。这和他在现实政治中的主张完全一致。他认为，中国维新的道路必须取法英国和日本，实行君主立宪；只能采用温和的方式循序渐进，不能采用激烈的手段躐等而进。在小说中，便以黄克强组织的"立宪期成同盟党"（简称"宪政党"）为政治革新的主导力量，称赞"那党是个最温和的，最公平的，最忍耐的"[①]。黄克强也表白自己，"我总是爱那平和的自由，爱那秩序的平等"；并明确表示赞成君主立宪，说："我想我中国今日若是能够一步升到民主的地位便罢，若还不能，这个君位，是总要一个人坐镇的。但使能够有国会、有政党、有民权，和那英国、日本一个样儿，那时这把交椅，谁人坐他不是一样呢？"[②] 甚至认为，中国必须经过一段极权干涉，才能进到民主自由阶段。这个结论是建立在梁启超对中国国情的分析判断上。梁启超认定中国民众愚昧落后，没有国家思想，缺乏做国民的资格。《新民说》中《论国家思想》一节，专门批判了中国人"知有天下而不知有国家"、"知有一己而不知有国家"的谬误。那么，如何把国家观念灌输到中国人头脑中呢？现实生活中的梁启超在《新民说》中并没有提出具体的办法，只是从理论上阐明"国家思想"的表现是："一曰对于一身而知有国家，二曰对于朝廷而知有国家，三曰对于外族而知有国家，四曰对于世界而知有国家。"[③] 划清了"国家"的概

---

① 《新中国未来记》第二回，《新小说》第 1 号，1902 年 11 月。
② 《新中国未来记》第三回，《新小说》第 2 号，1902 年 12 月。
③ 《新民说·论国家思想》，《新民丛报》第 4 号，1902 年 3 月。

念范畴，期待着理论被普遍接受。而小说中的黄克强则拿出了实际的推行方案，说出来正是一个悖论：要使中国人具有国家观念，非依靠国家观念的对立物、一般人所崇信的君权的力量不可。因为"当民智未开、民力未充的时候，却是像小孩儿一般，要做父母的着实管束教导他一番，将来才能成人"，所以，"中国数千年的君权，虽然是太过分了，却是今日正用得着他，拿来做末末了一着。若能有一位圣主，几个名臣，用着这权，大行干涉政策，风行雷厉，把这民间事业，整顿得件件整齐，桩桩发达，这岂不是事倍功半［事半功倍］吗？"梁启超后来退步到"开明专制"论，在此已有先声。除了君权干涉之外，黄克强认为还要依靠民间志士的平和运动，方法"总不外教育、著书、作报、演说、兴工商、养义勇这几件大事业；或者游说当道的人"，总而言之，即是进行"国民教育"。梁启超通过黄克强表达的"区区政见"便是：

      我想政治进化，是有个一定的阶级，万不能躐等而行。①

于是，他所设计的中国政治蓝图，是十年实现维新大业，"其理想的第一代大总统名曰罗在田，第二代大总统名曰黄克强"。"罗"为"爱新觉罗"的简称，"在田"取《易·乾》"见龙在田"之意，喻帝王不在君位。所以，"罗在田者，藏清德宗之名，言其逊位也；黄克强者，取黄帝子孙能自强立之意"②。原来光绪就是梁启超等改良派心目中可以为维新大业奠基的"圣主"，因而，《新中国未来

---

① 《新中国未来记》第三回，《新小说》第2号，1902年12月。
② 《鄙人对于言论界之过去及将来》，《文集》第11册，上海：中华书局1936年版。

记》倒是准确地预言了改良派从"保皇会"到"帝国宪政会"的发展过程。

但是，历史的进程并没有像梁启超期望的那样，经过君主立宪制过渡到联邦共和国，而是躐等求进，直接进行了资产阶级民主革命。梁启超毕竟不是个顽固不化的人，虽然遭康有为痛斥为"汝真一极流之质"，"望汝后勿再流而已"[1]，仍然不改其流质特性，对于中华民国也持欢迎态度，并很得意于自己在《新中国未来记》中早有先见之明，"今事实竟多相应"，不但"其理想之开国纪元"恰在中华民国成立的 1912 年，而且黄克强的虚构"乃至与革命伟人姓字暗合，若符谶然"[2]。梁启超对政敌的胜利不仅表示衷心的庆贺，而且视作自己政治预言的准确实现，这倒是提示我们有必要对书中另一人物李去病的思想作一番考察。

一般看法都以李去病代表革命派的观点。的确，李去病的言辞比起黄克强激烈得多。他主张革命，主张破坏，"用雷霆霹雳手段，做那西医治瘟疫虫的方法"。他的理论是：

> 今日的中国，破坏也破坏，不破坏也要破坏。所分别的，只看是民贼去破坏他，还是乱民去破坏他，还是仁人君子去破坏他。若是仁人君子去做那破坏事业，倒还可以一面破坏，一面建设，或者把中国回转得过来。不然，那些民贼、乱民，始终还是要破坏的，那却真不堪设想了。

---

[1] 《致梁启超书》（1910），上海市文物保管委员会编《康有为与保皇会》，第 363 页，上海人民出版社 1982 年版。

[2] 《鄙人对于言论界之过去及将来》，《文集》第 11 册，上海：中华书局 1936 年版。

他引用西方学说，强调"破坏"是进化的必经阶段："恶斯佛（按：即牛津）教授颉德先生说的：'人群进化之理，是要牺牲现在的利益以为将来。'又西人常说的：'文明者购之以血'"；并以黄克强最羡慕的英国和日本为例，说明所谓"无血革命"，"其实那里是无血，不过比法国少流几滴罢了"。他还打个比方说："寻常小孩子生几片牙，尚且要头痛身热几天，何况一国恁么大，他的文明进步，竟可以安然得来，天下那有这般便宜的事么？"他反对黄克强"革命引起外国干涉"的说法，反问："难道不革命，这瓜分就能免吗？"[①] 这些话确实很像当时革命派的议论，如胡汉民便据此推断梁启超的政治主张与革命派相近，说："余读《新民丛报》多册，久久莫知梁任公宗旨所在；及读《新小说》载梁著《新中国未来记》，中有假托激烈派李去病问答辞一则，可知任公宗旨仍在民族主义，与其师康有为根本不同。"[②] 这真是见仁见智，各不相同。究竟是黄克强更接近梁启超，还是李去病更接近梁启超？对于小说人物，本不该做这样现实的比附。然而，既然《新中国未来记》不是一般虚构的艺术创作，而是"专欲发表区区政见"的"政治小说"，小说中人物的政治思想也必有其现实来源，寻根究底因此不无意义。

如果仔细地推敲一下就会发现，李去病和黄克强对中国国情的认识基本相同。他们都认为中国国民性落后，思想不开化。李去病对"奴性"心理更是严词痛责。因此，尽管在改变现状的方法、步骤上二人有分歧，李去病却也承认，不仅是"现在中国人连可以谈革命的资格都没有"，而且"连立宪国民的资格都没

---

① 《新中国未来记》第三回，《新小说》第 2 号，1902 年 12 月。

② 冯自由：《未入革命党前之胡汉民》，《革命逸史》初集，第 186 页，北京：中华书局1981 年版。

有"[1]，民主革命和君主立宪在当时的中国都没有实行的基础。这一认识恰恰不是属于革命派，而是属于改良派。当改良派以民智低下否认中国民众的革命性时，革命派却针锋相对地提出："今日之民智，不必恃他事以开之，而但恃革命以开之。"[2] 由此看来，李去病所代表的，不过是改良派中激进分子的观点，尚不能称之为革命派的议论。

事实上，李去病是另一个梁启超的化身。即使是他那些最激烈的议论，也都曾见于梁启超的文章。《饮冰室自由书》中专有《破坏主义》一文，宣称：

> 甚矣破坏主义之不可以已也！譬之筑室于瓦砾之地，将欲命匠，必先荷锸；譬之进药于痼痹之夫，将欲施补，必先重泻。非经大刀阔斧，则输锤无所效其能；非经大黄芒硝，则参苓适足速其死。历观近世各国之兴，未有不先以破坏时代者。此一定之阶级，无可逃避者也。[3]

其后，《十种德性相反相成义》与李去病之语言更相似：

> 吾非不惧破坏，顾吾尤惧夫今日不破坏，而他日之破坏终不可免，且愈剧而愈烈也。故与其听彼自然之破坏而终不可救，无宁加以人为之破坏而尚可有为。

---

① 《新中国未来记》第三回，《新小说》第 2 号，1902 年 12 月。
② 章炳麟：《驳康有为论革命书》（1903），《章太炎政论选集》（上），第 203 页，北京：中华书局 1977 年版。
③ 《破坏主义》，《清议报》第 30 册，1899 年 10 月。

自然之破坏者，即以病致死之喻也；人为之破坏者，即以药攻病之喻也。故破坏主义之在今日，实万无可避者也。①

在《新民丛报》上，梁启超也以《进化论革命者颉德之学说》②为题，介绍过颉德（Benjamin Kidd）的理论。这是梁启超受革命派影响，在政治上走得最远的时期。辛亥革命后追溯这段历史时，梁启超也称说："壬寅秋间，同时复办一《新小说》报，专欲鼓吹革命。鄙人感情之昂，以彼时为最矣。"③但梁启超所谓"鼓吹革命"，仍然未超出改良派立场。冯自由评《新中国未来记》，即一针见血地指出："任公虽假托小说中人物宣泄其政见，然既称为急激派议论，而仍声声歌颂光绪圣明（亦假托李去病语），可谓自相矛盾，吾人不可被其瞒过。"④确实抓住了李去病保皇派的小辫子。既然在抗日战争时期，共产党可以以其最低纲领和国民党的最高纲领协调，作为国共合作的基础，那么，改良派中的激进主张自然也可以和革命派的政治主张有共同点，这也正是孙中山谋求和康有为、梁启超进行两党合作的基础。因此，梁启超有一些破坏主义的言论并不足怪，也不意味着其政治立场彻底转换。

不过，胡汉民看出梁启超的主张与康有为有所不同，倒是准确无误的。康有为曾对梁启超在《新民丛报》发表的言论大为恼火，屡次严厉斥责，又专门写了《与同学诸子梁启超等论印度

①《十种德性相反相成义》，《清议报》第84册，1901年7月。
②《新民丛报》第18号，1902年10月。
③《鄙人对于言论界之过去及将来》，《文集》第11册，上海：中华书局1936年版。
④ 冯自由：《未入革命党前之胡汉民》，《革命逸史》初集，第186页，北京：中华书局1981年版。

亡国由于各省自立书》和《答南北美洲诸华侨论中国只可行立宪不可行革命书》①，加以训示。梁启超先时还在光绪复辟无望的前提下，去信与康有为争论，认为："今日民族主义最发达之时代，非有此精神，决不能立国。"故主张"中国以讨满为最适宜之主义"②。经康有为不断谴责、教训，并以大病危在旦夕相要挟③，梁启超本人根深蒂固的改良思想也使他与革命派不能相安，于是，梁启超又"痛自克责，悔过至诚"④，"大改宗旨，极知革之不可行，且劝人勿言"⑤。虽然直到1903年4月赴美以后，他仍声称："惟言革事，则至今未改也。……弟实未弃其主义也，不过迫于救长者之病耳。"且"深信中国之万不能不革命"⑥；但不久以后，便已完全心甘情愿地放弃了革命论⑦。处于从被迫不言革命论到主动抛弃革命论的思想转变时期，小说中的黄克强因而扮演了劝诫的角色。两个人物的设置，也可以认为是梁启超自己在说服自己，自己在与自己争论，只不过李去病代表的是前一时期的梁启超，而黄克强代表的是后一时期的梁启超。

争论的结果，是李去病承认黄克强有道理，但也未完全放弃自己的主张，认为，"今日做革命或者不能，讲革命也是必要的"。

---

① 二文俱作于1902年，合刊为《南海先生最近政见书》。后文节录刊载于1902年9月《新民丛报》第16号，题为《南海先生辨革命书》。

② 《与夫子大人书》（光绪二十八年［1902］四月），丁文江、赵丰田编《梁启超年谱长编》，第286页，上海人民出版社1983年版。

③ 《与勉兄书》（1903年4月15日）："去年十月间，长者来一长函痛骂，云：因我辈言革之故，大病危在旦夕。弟因信惶恐之极，故连发两电往，其一云'悔改'，其二云'众痛改，望保摄'。"（《梁启超年谱长编》，第320页）

④ 康有为：《与任弟书》（1903年1月11日），《梁启超年谱长编》，第299页。

⑤ 高山：《致康有为书》（1903年2月16日），《康有为与保皇会》，第218页。

⑥ 《与勉兄书》（1903年4月15日），《梁启超年谱长编》，第320页。

⑦ 《致蒋观云先生书》（1903年8月19日）："然弟近数月来，惩新党梦乱腐败之状，乃益不敢复倡革义矣。"《梁启超年谱长编》，第328页。

其必要性即表现在，即使要实现君主立宪，也还是离不开革命论：

> 因为君主立宪，是个折中调和的政策，凡天下事必须有两边反对党，旗鼓相当，争到激烈尽头，这才能折中调和他。

并且，黄克强的态度也耐人寻味。尽管他反对破坏的革命论，却也并不完全放弃这一手段。他所守住的最后一道防线是："但非万不得已，总不轻容易向那破坏一条路走罢了。"①李去病是在理论上提倡革命，黄克强是在实践中反对革命，两个人实际上是代表了梁启超思想中同时并存的两个方面。此时，尽管梁启超已向康有为表示悔过，但这并不等于他全盘否定了以前的认识。倒是黄遵宪的批评能搔到痒处，更符合梁启超的思想实际："然读至冒险进取破坏主义，窃以为中国之民，不可无此理想，然未可见诸行事也。"理论上肯定，实践上否定，也是基于对中国国情的分析："以如此无权利思想、无政治思想、无国家思想之民，而率之以冒险进取，耸之以破坏主义，譬之八九岁幼童授以利刃，其不至引刀自戕者几希。"②所以，梁启超是考虑到在当时的条件下，不宜于提倡破坏、革命的理论，因为这会带来有害的实践，才放弃了对破坏主义的鼓吹，而不是否认它的理论意义，肯定其绝无实践价值。梁启超本人对他提倡革命论也有个很巧妙的解释，与李去病的说法很相像：

---

① 《新中国未来记》第三回，《新小说》第 2 号，1902 年 12 月。
② 《致新民师函丈书》（1902 年 12 月），《梁启超年谱长编》，第 301—302 页。

> 诸君如欲导民以变法也，则不可不骇之以民权；欲
> 导民以民权也，则不可不骇之以革命。当革命论起，则
> 并民权亦不暇骇，而变法无论矣；若更有可骇之论倍蓰
> 于革命者出焉，则将并革命亦不暇骇，而民权更无论矣。
> 大抵所骇者过两级，然后所习者乃适得其宜。①

如此，则他提倡破坏主义，不过是要"骇"出个君主立宪来，这
也可以算作一种理由吧。

对于梁启超的改良思想如何评价，本来是中国思想史与近代
史的研究课题；但梁启超的政论既然借用了小说的形式来表述，
在研究其创作时，便也无法回避这个问题。笔者无意于以辛亥革
命为最终的评判，否则，事实胜于雄辩，历史证明了改良派的失败
与革命派的成功，对改良思想也就没有任何讨论的必要了。可是，
历史现象是复杂的，社会思想也是复杂的。改良思想与革命思想
真的水火不相容吗？这倒也不一定。起码，孙、康合作的努力也
透露出一些个中消息。也许，用殊途同归来形容两派思想的对立
更为合适，因为有必要指出的是，两派的争论是关于手段的争论，
而非关于目的的争论。在最终的目标上，改良派与革命派应该是
一致的，二者都以资本主义民主制度为归宿。既然英国、日本的
君主立宪制与法国、美国的民主共和制都属于资本主义的政治制
度体系，那么，无论实现哪一种政体，都是对封建专制制度的否
定，都是历史的进步。何况，梁启超通过《新中国未来记》表现
出来的政治理想，是以君主立宪为过渡，最终仍要达到完全的民

---

① 《敬告我同业诸君》，《新民丛报》第 17 号，1902 年 10 月。值得注意的是，第 16 号刚
刚刊出《南海先生辨革命书》，梁文直可视为对其师的答复。

主制度，由黄克强取代罗在田为第二任大总统；这也可以说明梁
启超为什么在辛亥革命后赞成共和，反对复辟。实际上，辛亥革
命不仅是革命派政治理想的胜利，也是改良派政治理想的提前实
现。像康有为那样顽固坚持君主立宪、不肯再进半步的改良派究
竟是极少数。本来，在梁启超改良思想的评价中，最终目标的确
定应该是最重要的，不幸这一点又常常被人忽略；相反，方法、
手段的运用倒成了首要的评判标准，而这些恰恰是可以随形势而
改变的。看不到这一层，就会把梁启超改良思想的基本性质搞错，
将其从资产阶级思想体系中开除出去。这也正是笔者强调改良派
与革命派是异中有同的原因。

借政治小说发表政见，这一形式固然直接得自日本的政治
小说，而其远因，则可追溯到《百年一觉》的影响。此书由英
国传教士李提摩太（Timothy Richard）翻译，文前有一短序，说
明："《百年一觉》一书，乃美国名儒毕拉宓君所著也。原名《回头
看》，愚以不甚切实，故易之。"① 梁启超显然读过此书，他的《西
学书目表》中，即著录了光绪二十年（1894）广学会印行的《百
年一觉》，并加识语："亦西人说部书，言世界百年以后事。"② 与
《西学书目表》同时印行的《读西学书法》中也提到："广学会近译
有《百年一觉》，初印于《万国公报》中，名《回头看纪略》，亦
小说家言。"③ 李提摩太所译虽然只是个简写本 ④，却也大致传达出

---

① 《百年一觉》，上海：广学会 1894 年版。该书原本为 Edward Bellamy 所撰写的 *Looking
Backward, 2000—1887* 一书。译本初刊 1891 年 12 月—1892 年 4 月《万国公报》第 35—39 册，
题为《回头看纪略》。1904 年 5—10 月《绣像小说》第 25—36 期又连载该书重译本，署"美
国威士原著"，无译者名，仍名为《回头看》。

② 《西学书目表》卷下，上海：时务报馆 1896 年版。

③ 《读西学书法》，上海：时务报馆 1896 年版。

④ 李提摩太：《百年一觉序》："今译是书，不能全叙，聊译大略于左。"

了原书精神，给予梁启超深刻的印象 ①。

《百年一觉》的情节很简单：1887 年，伟斯德用催眠术入睡，因在地下室，失火时得幸免于难。一百一十三年后，他才被一个老医生理德发现救活，阅历了种种新事物，后终与理德之女仪狄订婚。李提摩太在序中介绍说："西国诸儒，因其书多叙养民新法，一如传体，故均喜阅而读之，业已刊印数十万部行于世。"书中所讲的"养民新法"，不但吸引了外国读者，也是梁启超注目之处。

伟斯德一觉醒来，世界已变了样。他必须重新认识社会，弥合一百多年的历史所造成的认识、感情、心理上的巨大差距。这固然首先需要借助于目睹，确认新世界的实在性，但更重要的则依赖于耳闻，了解种种变化发生的原因。因而李提摩太的译本在结构上的最大特点，便是保留了原书中伟斯德与理德的大段谈话。这些谈话成了书中最重要的部分。伟斯德的遇救及恋爱不过是全书的故事框架，他所见到的种种新事，仅仅是为了引发出所以致此的讨论，而作者的政治理想，只有依托书中人物的交谈才能充分表达出来。这样，伟斯德作为一个闯入桃花源的外来者，对于一切都茫然无知，理德便有了向他解释、说明的责任，帮助他认识新社会的合理性。

在译本的篇幅安排中也显示出重心所在。全书共二十八章，自第三章"一睡百年"，伟斯德苏醒后，第四章"始通姓名"即开始不断发问，从日用器物到国计民生，都在询问的范围内，特别在"养民新法"上尤为着意。如第五章到第七章，标题依次为"百工属国""新章无弊""薪资平允"，是伟斯德醒来当夜与理德

---

① 不独梁启超，改良派中许多人均曾从中获益，对此书极为重视。如康有为在万木草堂讲学，便提到："美国人所著《百年一觉》书，是大同影子。"（《南海康先生口说》，第 31 页，广州：中山大学出版社 1985 年版）

的一次长谈，理德向他讲述了国有化实现过程中所带来的利益均分、消灭贫富不均的好处，以及职业的划分与报酬的分配原则。其他如第十三章"工省价廉"，叙说国际贸易的公平无欺伪；第十八章"老有所养"，讲解四十五岁退休的好处；第十九章"牢狱空虚"，说明无饥寒则无犯罪之人；第二十一章"人皆读书"，阐释普及全民教育之理；第二十五章"男女并重"，演述男女权利、地位、待遇的平等。其中不乏长篇大论，侃侃而谈。如第二十二章"新法富民"，理德举出"今世与前世不同者，十有二焉"，一一论说，结论为："盖旧法各人所作生意，皆为一己图利，因其为己，是以作伪，诳骗、假物、欺人等事，层出不穷。现今新法，使人人俱为大众计利，是以无作伪欺人之物，而生意愈隆，不但益人，而且利己。此古今之大不相同也。"又列举出"前世之法有四弊焉"，"现今既改新法，此四弊均已无之"。所以，施行新法，虽人人做工时日比以前少，却可以人人富足安乐。这些有关经济学原理的话，假诸小说虚构的新社会中人理德之口出之，正是代表了作者的意见。

这种写法对梁启超不无启发。尤其是当时国内翻译的西方小说甚少，除《百年一觉》外，见于《西学书目表》的也只另有蠡勺居士所译的《昕夕闲谈》一种。在梁启超最早接触的外国文学中，既已有《百年一觉》这样直接假书中人物宣说作者的政治理想的作品，无疑会给予梁启超先入为主的影响。当他创作《新中国未来记》时，这种潜在的影响又被激活表现出来，与日本政治小说的现实刺激相结合①，黄克强、李去病等人因此成了梁启超的代言人。小说除第一回"楔子"属于开场白，交代孔觉民演讲的

---

① 参见本书第八章。

缘起外，以下各回便都以谈话为主。第二回由孔觉民演讲全书大纲与宪政党的宗旨；第三回主要部分为黄克强与李去病关于君主立宪还是革命的辩论；第四回重点在两段长谈：黄、李二人与"广裕盛"店主的交谈，叙述了旅顺口在俄国占领下，中国人悲惨的亡国奴生活，黄、李二人与志士陈猛的交谈，剖析了沙皇俄国侵略、瓜分中国的野心；第五回也有两大段讨论政见的文字：一为李去病与"拿着革命两字当作口头禅的"宗明的谈话，一为黄、李二人与"迷信革命，真替革命主义尽忠的"郑伯才的谈话。政治议论成了小说的核心、主干，情节的发展倒被挤落到后面。所不同的是，《百年一觉》是伟斯德与理德这两个不同时代的人物之间的谈话，因而，前者永远只是发问，后者永远只是回答。理德对于伟斯德，同时对于读者，都具有一种不容置疑的权威性。而《新中国未来记》则是同时代人之间的讨论，每个人都急于发表自己的政见。读者与对话者地位平等，可以就目前普遍关心的问题，毫不困难地参与研究，或赞成，或反对，或另有一套自己的看法。作者可以引导读者，然而不自信其必定成功，因为说到底，这仍不过是"一人之私言耳，非信其必可行也"[①]，读者完全可以不买账。

　　明知如此，梁启超仍然不放弃其影响读者的权力和机会。书中属于"新小说之意境"的政论，还是经过精心撰写和安排的。主张小说可以改良群治，便是希望通过小说所宣传的新思想、新知识，为各阶层启蒙，在民众普遍的政治觉悟提高的基础上，实现政治改良。《新中国未来记》正是有意这样做。善于体会作者用意的平等阁主人（狄葆贤），在第三回评黄、李辩论的批语中也做了提示：

---

① 《新中国未来记·绪言》，《新小说》第 1 号，1902 年 11 月。

此篇论题，虽仅在革命论、非革命论两大端，但所征引者皆属政治上、生计上、历史上最新最确之学理，若潜心理会得透，又岂徒有益于政论而已。吾愿爱国志士，书万本、读万遍也。[1]

不独此一回，其他多处的议论文字，均可以借用这一段批语，需要人们深长思之。

三

梁启超在《新中国未来记》中表达的思想见解，对于当时被封建专制统治禁锢的中国知识者来说，的确可令其耳目一新。但引人注意的是，载运"新意境"的，却又是若干沿用已久的"旧小说之体裁"。

中国古代白话长篇小说由于是在"说话"的基础上产生的，所以形成了"章回体"这一特定形式。每一次说书的内容便编为一回，常在一个大的情节段落叙述完毕，而又有新事件出现时打住，叫作"欲知后事如何，且听下回分解"，以便引逗读者往下看。回目则编为整齐的对偶句，不但念起来朗朗上口，而且表现了古代中国人对于骈偶这种具有和谐意味的文字技巧的特殊喜爱。《新中国未来记》正是全盘接受了章回体这一"旧体裁"。它也采用了分回标目的办法，除第一回"楔子"按照常例可以不另作回目外，其他各回都采用了标准的对偶句为题，如：

---

[1] 《新中国未来记》第三回总批，《新小说》第2号，1902年12月。

第二回　孔觉民演说近世史　黄毅伯组织宪政党

第三回　求新学三大洲环游　论时局两名士舌战

每一回完毕，结语虽不尽如第五回的"欲知后事如何，且听下回分解"，有时稍加变通，如第二回以孔觉民的演讲结束语"今儿天不早了，下次再讲罢"和"众人拍掌大喝采"了结，但也明显脱胎于标准程式，与古代长篇小说无大差别。

梁启超袭用章回体这种"旧体裁"，并非只因为历来如此，不便更改，相反，他倒是确认章回体有其独到的妙处。翻译法国焦士威尔奴（今译儒勒·凡尔纳）的《十五小豪杰》时，他根据森田思轩"易以日本格调，然丝毫不失原意"的日译本又做了加工，自称："今吾此译，又纯以中国说部体段代之，然自信不负森田。果尔，则此编虽令焦士威尔奴覆读之，当不谓其唐突西子耶！"而其所谓"中国说部体段"，指的就是章回体。梁启超自负译笔佳妙，便是因为章回小说的体裁适合于报刊连载的需要，故云：

> 森田译本共分十五回。此编因登录报中，每次一回，故割裂回数，约倍原译。然按之中国说部体制，觉割裂停逗处，似更优于原文也。[①]

虽然梁启超译著小说的接受者不是听众，而是读者，但逐期续刊的连载小说和中国古代的长篇说书仍有相通之处，即二者均须引人入胜，抓住人心。这就用得着恰到好处的"割裂停逗"，关心情

[①]《十五小豪杰》第一回批语，《新民丛报》第2号，1902年2月。

节发展的听众和读者必然惦念、期待着"下回分解",以知究竟。作为一种颇为艺术的招徕手段,我们还得承认这种打断确有效益。像连载于《新民丛报》的《十五小豪杰》一样,《新中国未来记》也是按月续出的报章小说,作者也需要利用注重每回结尾艺术的章回体的优越性,以引逗读者欲罢不能,按月续读。

除采用章回体外,"旧体裁"还表现在这部小说所使用的"史笔"上。在《中国唯一之文学报〈新小说〉》中,关于《新中国未来记》的写法,有"叙述皆用史笔,一若实有其人、实有其事者然"的说明。证之以小说:第一回叙述孔觉民演讲的原委,"却是我国京师大学校文学科内之史学部,因欲将我中国历史的特质发表出来,一则激厉本国人民的爱国心,一则令外国人都知道我黄帝子孙变迁发达之迹,因此在博览会场中央占了一个大大讲座,公举博士三十馀人分类讲演"。孔觉民所讲,"乃系我们所最喜欢听的,叫做'中国近六十年史'",因此,《新中国未来记》在小说中的别一名称,即为《中国近六十年史讲义》。作者还特意强调小说的真实可信,说:"这位孔老先生学问文章,既已冠绝一时,况且又事事皆曾亲历,讲来一定越发亲切有味,不消说了。"等于告诉读者,孔老先生讲述的历史,是可以当作信史读的。到第二回孔觉民正式开讲,便按照史书体例,先划分历史阶段,"算是全部书的大纲总目"。其所分六个时代如下:

第一预备时代 从联军破北京时起,至广东自治时止。

第二分治时代 从南方各省自治时起,至全国国会开设时止。

第三统一时代 从第一次大统领罗在田君就任时起,

至第二次大统领黄克强君满任时止。

　　第四殖产时代　从第三次黄克强君复任统领时起，至第五次大统领陈法尧君满任时止。

　　第五外竞时代　从中俄战争时起，至亚洲各国同盟会成立时止。

　　第六雄飞时代　从匈加利会议后以迄今日。

狄葆贤特地在此处加批，提请读者注意："此六时代，殆中国必要经过之阶级，读者请细玩之。"① 不但这部小说，而且中国的未来，都要照着这六个阶段依次演进，由此更增加了这部小说政治史的分量。

　　虽然拿出了修撰史书的手段，搭好了演史的架构，但梁启超并没有忘记，"史笔"只是作为小说的一种叙述手法而应用的，目的仍在写小说。所以，小说中的孔觉民在提出标准的六阶段史纲后，便声称：

　　　　我这部讲义，虽是堂堂正正的国史，却不能照足[定]那著述家的体例，并不能像在学校讲堂上所讲的规矩。因有许多零零碎碎琐闻逸事，可喜、可悲、可惊、可笑的，都要将他写在里头，还有那紧要的章程、壮快的演说，亦每每全篇录出。明知不是史家正格，但一则因志士所经历的，最能感动人心，将他写来，令人知道维新事业，有这样许多的波折，志气自然奋发；二则因横滨新小说报社主人，要将我这讲义，充他的篇幅，再

————————
　　①《新中国未来记》第二回眉批，《新小说》第 1 号，1902 年 11 月。

三谆嘱，演成小说体裁。我若将这书做成龙门《史记》、
涑水《通鉴》一般，岂不令看小说报的人恹恹欲睡不能
终卷吗？①

　　这部《中国近六十年史讲义》因而并不按"史家正格"来写，有
别于《史记》的纪传体与《资治通鉴》的编年体，而"演成小说
体裁"，成为讲史小说《新中国未来记》。由于以"史笔"作为
全书的主要叙述手段，梁启超在演述故事时，便处处留意言之有
据。如黄、李二人与"广裕盛"店主的一席谈，其后便有著者所
加的按语："以上所记各近事，皆从日本各报纸中搜来，无一字杜
撰。"② 其写作方法也不似小说创作的天马行空，而一如史书的谨
慎、精确："内中所言事实，乃合十数种之报、数种之书而镕铸之
者，以数日之功搜辑材料，煞费苦心。"③ 这种功夫，正是史家实录
精神的高度体现。
　　"史笔"在中国古代小说中与章回体一样，运用极其普遍。这
和中国的小说观念存在着深刻的联系。与西方国家不同，中国的
小说无法摆脱历史，甚至可以说是依附于历史，寄身在历史的屋
檐下。与"史官"相对，小说家被称为"稗官"；与"正史"相
对，小说被称为"稗史"。只是史官、正史像明媒正娶的夫人，稗
官、稗史则像是私下偷纳的妾，身份、地位都低下得多。至于为
何会出现小说与历史既不平等、又不能脱离的关系，这恐怕还要
归因于史官在中国文化中所占的位置。我国很早便设置了史官。
在上古时代，史官掌管着文字记述，是全国最高的文化代表，一

---

　　① 《新中国未来记》第二回，《新小说》第 1 号，1902 年 11 月。
　　② 《新中国未来记》第四回，《新小说》第 3 号，1903 年 1 月。
　　③ 《〈新小说〉第三号之内容》，《新民丛报》第 25 号广告，1903 年 2 月。

切著述都属于史官的职责分内，因而有所谓"左史记言，右史记事"（《汉书·艺文志》）的说法。"史"既然是所有文字活动的共同源头，也成为一种最高的赞誉，历史上不少人论证过"六经皆史"这个命题，"诗史"则是评论家送给那些真实反映某一时期社会现实状况的诗篇的美称。而从"右史记事"这条线索发展下来的叙事文学中，也派生出小说这一支流。区别于正史的正统性、权威性与真实性，小说可以记载"街谈巷议"一类的轶闻琐事，甚至容许捕风捉影、无中生有地编造，这使小说获得了"稗史"这一带有贬意的称号。虽然小说有虚构的成分，但历代小说作者仍要提倡史迁之笔，不但历史小说《三国志演义》需要"七分实事"，就是善写花妖狐魅的蒲松龄也自称"异史氏"，常在小说结尾出现，对故事做一番历史评价。这一传统从"始有意为小说"的唐传奇便一直自觉继承下来，"可以见史才"（赵彦卫《云麓漫钞》卷八）也成为小说创作的一条原则。要求小说描写逼真，便归结到"史笔"手法的运用，历史意识因而深植在中国小说家的头脑和小说作品中。

《新中国未来记》原本与中国传统的历史演义不同，后者是以中国历史上已经发生过的历史故事为演述对象，而梁作则以预言未来为创作目的。把尚未见诸历史的事件当作信史写，凭空虚构，又要人信以为真，"一若实有其人、实有其事者然"，不易摆脱的旧小说家强烈的历史意识便与增强小说真实性的现实需要聚合在一起，而以借助传统的"史笔"手法为唯一选择。

四

《新中国未来记》的基本形式确实采用了中国传统说部体段，但这并不能证明"新小说之意境"与"旧小说之体裁"可以完全相安无事、和衷共济。倒是"新意境"的着眼于政治宣传与"旧体裁"的着眼于故事情节的分歧，显示出二者的不相适应。包括梁启超在内的新小说作者对于这一点也心中有数：

> 小说之作，以感人为主。若用著书演说窠臼，则虽有精理名言，使人厌厌欲睡，曾何足贵？ [①]

由此才发生新、旧难于并存的慨叹。话虽这样说，梁启超其实并不会无所用心地编曲折动人的故事，他绝不肯放弃的是"新意境"，而不是"旧体裁"。能够用来表现"新意境"的"旧体裁"，则取而用之；不能，则破除之。

这里有一个明显的例证。在《新中国未来记·绪言》中，梁启超即声明：

> 编中往往多载法律、章程、演说、论文等，连篇累牍，毫无趣味，知无以餍读者之望矣。

果然，小说第二回即将宪政党党章及治事条略背诵一通，第三回则把黄克强与李去病的长篇辩论辞详详细细记录下来，第四

---

① 《〈新小说〉第一号》，《新民丛报》，1902 年 11 月。

回又将美国旧金山的《益三文拿》报上登载的《满洲归客谈》一文全部译出，第五回还干脆把一大篇同志名单开列出来。以旧小说的要求看，这些叙述的确缺少情节性，谓之"毫无趣味"、"使人厌厌欲睡"，并不过分。梁启超自我解嘲说："其有不喜政谈者乎，则以兹覆瓿焉可也。"①谴责其"曾何足贵"，明知其"无以餍读者之望"，可以"覆瓿"，仍然要这样写，并且津津乐道，正表现出梁启超对"新意境"的专注执著，对"旧体裁"的制约不加理会。而在这种不加理会之中，已包含着对"旧体裁"的突破。

尽管中国古代的"小说"一词含义有变化，一些非小说类的文字也曾被归入小说，但这并不妨碍小说有与其他文学体裁相区别的个性。《新中国未来记》却以诸体混杂的形式，引进小说之外的其他成分，甚至是距文学门类甚远的章程、名单等，打破了小说自成一体的格局，"一覆读之，似说部非说部，似稗〔稗〕史非稗〔稗〕史，似论著非论著，不知成何种文体"②。这种极不纯粹的小说文体，完全是为表达"新意境"而创设的，用梁启超的话来说，即是"既欲发表政见，商榷国计，则其体自不能不与寻常说部稍殊"③。因而，在实际创作中，当"新意境"与"旧体裁"发生冲突时，梁启超便毫不犹豫地以革新形式来满足"新小说之意境"。而杂用各体，就是对"旧小说之体裁"最根本性的突破。试问，还有什么比把小说写得不像小说更严重的背离呢？

即使在沿用"旧体裁"时，梁启超也并非全无新意。上一节

---

① 《新中国未来记·绪言》，《新小说》第1号，1902年11月。
② 同上。
③ 同上。

指出的以"史笔"写"未来记",本身便是旧中有新。

中国古代短篇有志怪小说,长篇有神魔小说,可就是没有一部理想小说。晚清有人把《西游记》《镜花缘》算作中国的理想小说[①],但《西游记》中虚构的理想人物孙悟空具有凡人无法企及的法力,显然应属于神魔小说;而《镜花缘》中尽管也描写了君子国、大人国等若干理想国家,可这只是全书所述林之洋出游的一小部分情节,海外之行的主旨仍在批判现实。《新中国未来记》则不同。它要写的是一个理想国家"大中华民主国"[②]即"新中国"的建立过程,要讲到距写作时间六十年以后的事情。所谓"本书乃虚构今日以后之事,演出如锦如荼之中国"[③],便是它的梗概。畅想经过了几个阶段的政治进化,以"联邦大共和国"形态出现的未来的新中国终于成为世界舞台的主角,跻身强国之列。一个庆祝维新五十年大祝典,便惊动四方来客,包括众多国家的总统和皇帝在内的贵宾纷纷亲临,颇有万邦朝贺的气象,用小说夹批的话来说,真是"阔哉阔哉"[④]。这些如锦如荼的场面、情节,展示了作者心目中理想的新中国的国家体制和政治声威,而小说用以表现这一切的正是"幻梦"法与"寓言"体(《中国唯一之文学报〈新小说〉》)。

《新中国未来记》的创作为中国小说开辟了一片新天地,带来了一种新类型。这不仅因为它是中国第一部政治小说,而且因为它是中国第一部理想小说。究其实际,当时新小说家对于政治小

---

① 如披发生(罗普)《海底旅行》第九回批语:"中国理想的小说,如《西游记》、《镜花缘》之类,幻造境界却也不少,只是没有科学的根柢,其言便无益于世。"(《新小说》第 3 号,1903 年 1 月)

② 《鄙人对于言论界之过去及将来》,《文集》第 11 册,上海:中华书局 1936 年版。

③ 《〈新小说〉第一号之内容》,《新民丛报》第 25 号广告,1903 年 2 月。

④ 《新中国未来记》第一回夹批,《新小说》第 1 号,1902 年 11 月。

说的理解，原本含有理想的成分：

> 政治小说者，著者欲借以吐露其所怀抱之政治思想
> 也。其立论皆以中国为主，事实全由于幻想。(《中国唯
> 一之文学报〈新小说〉》)。

当时所谓"政治小说"与"社会小说"的区别，大体就是一重理想，故以改变现实为主；一重写实，故以反映（或揭露）现实为主。要改变现实，势必要树立一个理想的典范。作家尽可运用自己对西方社会、政治制度的了解，权衡利弊，以幻想的形式，将其择优移入中国。晚清中国知识分子高度的政治热情与对现实的极度不满，便借助"政治小说"的形式喷发出来，使政治小说的创作一时大为兴盛。而首先把政治小说自由幻想的特质引入中国，为人们从现实的压抑中产生希望、寻求解脱提供了一种可资利用的手段的，正是梁启超。

由表现"新意境"所造成的对"旧体裁"的突破，不仅体现在诸体混杂所代表的小说文体的革新，以及政治幻想小说所代表的小说类型的革新上，而且同样体现于小说叙述手法的革新。如何讲故事，固然可以各人有各人的招数，但受社会思维习惯的制约，大体上有一定的套路。晚清不少作家看出了中外小说写法上的差异，尽管由于接触有限，提法或有讹误，如说"泰西之小说，书中之人物常少；中国之小说，书中之人物常多。泰西之小说，所叙者多为一二人之历史；中国之小说，所叙者多为一种社会之历史"[1]，就是由于没有看到西方的文学巨

---

[1] 《小说丛话》中曼殊（梁启勋）语，《新小说》第11号，1904年10月。

著而产生误解。但这种比较总是证明了中国作家已经注意到域外不同的小说写法。梁启超能够采用异于中国传统的叙述方式，也是基于这一背景。

西洋小说传入中国，最先得到中国小说家重视的，便是倒叙手法。批评"西洋小说起局必奇突，而以后则渐行渐弛"[1]的自然也有人在，不过还是以赞扬、欣赏者居多，而梁启超又是其中最早也最有代表性的一位。他翻译的《十五小豪杰》，一开始便叙述十五个少年在狂风怒涛的海面上漂流，到第三回才打破闷葫芦，交代事情的缘起。梁启超对这种写法大加赞赏，说：

> 观其一起之突兀，使人堕五里雾中，茫不知其来由。
> 此亦可见（泰）西文字气魄雄厚处。[2]

"一起之突兀"的倒叙手法与中国传统的小说写法迥然不同。中国古代小说基本采用顺叙，即使插入若干片断交代某人身世、某事来历，也只具有补充说明的性质，并未打破总体结构上情节发展的连贯叙述。中国古代小说时间上的单向性，即表现为从头到尾讲述一个故事。看惯了中国旧小说的梁启超及其同时代人，一旦接触到西洋小说别种样式的叙述，必然感觉新异。由羡慕到模仿，于是便有了《新中国未来记》的"倒影之法"（《中国唯一之文学报〈新小说〉》）。

除了求新意识，梁启超对倒叙手法的喜爱与移用还有一种现实的考虑。《〈新小说〉第一号》列举《新小说》杂志编撰的"五

---

[1] 《小说丛话》中侠人语，《新小说》第 13 号，1905 年 2 月。
[2] 《十五小豪杰》第一回批语，《新民丛报》第 2 号，1902 年 2 月。

难"时，对此即有表露：

> 寻常小说，篇首数回，每用淡笔晦笔，为下文作势。
> 此编若用此例，则令读者彷徨于五里雾中，毫无趣味，
> 故不得不于发端处，刻意求工。

原来，"月出一回"的小说杂志若想抓住读者，便不能如中国传统小说的"起局必平正，而其后则愈出愈奇"[①]，没有耐心的读者读了"平正"而"毫无趣味"的第一回后，下个月很可能就不再领教了。因而，为了适应小说杂志的特殊需要，为其撰稿的小说家便有必要改变传统写法，这样，西方小说工于发端、起势突兀的倒叙手法便大行其时。

梁启超写作《新中国未来记》，以 1962 年正月初一中国"举行维新五十年大祝典"，在上海开设大博览会，请出孔觉民老先生演讲"中国近六十年史"为开端，追述六十多年前，黄克强、李去病游学欧洲，接受西方资产阶级政治学说，回国后联络志士等情节，也有同样的用心。《〈新小说〉第一号之内容》的广告便明白承认，本书"发端处最难"，原因在于：

> 盖从今日讲起，景况易涉颟顸，不足以提挈全书
> 也。此回（按：指第一回"楔子"）乃作为以六十年以
> 后之人，追讲六十年间事。起手便叙进化全国之中国，
> 虽寥寥不过千言，而其气象万千，已有凌驾欧美数倍
> 之观。

---

① 《小说丛话》中侠人语，《新小说》第 13 号，1905 年 2 月。

倒装叙述足以耸动人心、"提挈全书"，便是它的好处所在。对富强的新中国充满向往之情的读者，自然会关心下文如何把旧中国变成新中国的叙述。《新中国未来记》的整个结构，实际是以一个倒叙的框架包含了一个顺叙的故事，把应该作为结尾的地方移到了开头，便产生了新奇的艺术效果。作为打破中国传统叙事方法，在中国小说中第一次有意识地采用倒叙结构的小说，《新中国未来记》的做法在当时确有创新意义，因而引人注目。

　　叙述手法的革新还表现在这部小说所采用的双重叙事结构上。中国传统小说一般只有一个叙述人，即说书人，所有的故事都由他讲出。即使这个说书人没有以第一人称的身份直接出现在故事中，听众和读者还是会听到他的声音，感觉到他的存在。《新中国未来记》则不同。梁启超在小说中明确设置了两个叙述人，即孔觉民和速记员。小说是由"我"这个速记员记下孔觉民的讲演词及现场的听众反应等。孔老先生每讲演一次，记录下来，便成为小说的一回，讲完后，必有"众人拍掌大喝采"。第三回黄克强与李去病一场大辩论，篇幅甚长，速记员还出来解嘲说："看官，孔老先生这回讲义，足足讲了两个多时辰。他的口也讲干了，听众的耳也听倦了，就是我们速记人的手，也写疲了，谅来看小说的人，眼也看花了。"不合惯例的冗长便在作者、读者的会心一笑中了之。

　　很明显，小说的主要叙述人是孔觉民，整个维新六十年史是由他一人讲演出来。如果只有这一个叙述者，那么，《新中国未来记》的革新意义就要打很大折扣。因为孔觉民作为一个讲演者，很容易被视为古代说书人的变形，他只是从幕后走到台前，并有了具体姓名和身份①。而增加了一个次要叙述人"速记生"，叙事结构便发生了很大变化。两个人的叙述叠套起来，次要叙述人不仅重复主要叙述人的故事，而且补充交代一些必要的情况，或迎合读者，对主要叙述人的故事做出恰当的反应。作者隐身在两个叙述人背后，借用两个人的眼睛观察，用两个人的声音说话，获得了极大的便利。古代说书人"一口说不出两家事"，而梁启超的双重叙事则可以兼顾局内局外。表面看来，这种形式与传统的"故事套故事"很相似，但其间的区别还是存在的。中国古典小说的"故事套故事"可分为两类：一类以《豆棚闲话》为代表，可称之为"故事串"或"短篇集锦"，即由一个人不断地讲故事，把各个互不相关的短篇串在一起；另一类以《红楼梦》最典型，另外假托一人为小说作者，开篇先交代该书的来历或缘起，不少长篇小说的"楔子"便使用这种写法，故可称之为"引子式"。《新中国未来记》显然不同于第一类的"故事串"，与第二类的"引子式"则相似而仍然有差异。石兄尽管被曹雪芹指作《红楼梦》的原作者，然而由他记刻在石头上的这本小说，从头到尾，难得听到石兄个人的声音。除了一段缘起，这本小说的讲述方式与其他由说书人主讲的故事并无不同。而孔觉民作为《新中国未来记》的主要叙述人，却随处与读者直接交流。因而，指称《新中国未来记》打破了中国古代长篇小说的单一叙事结构，在小说结构的复杂化上作了有益的尝试，并非过誉。

双重叙事结构又关联着限制视角。由于设置了两个叙述人，次要叙述人便可以站在主要叙述人所讲的故事之外，采取全知视

---

① 不过，孔觉民的演说者形象与古代说书人还是有很大不同，而与日本政治小说的演说调有直接关系。参见本书第八章第五节。

角，补充主要叙述人所不应该知道的情况。这样，主要叙述人便能够采用限制视角叙事了。《新中国未来记》正是有意这样做。梁启超在"楔子"中先已虚晃一枪，称孔觉民所述"事事皆曾亲历"，因而孔觉民的叙事角度，也即作者所选取的具有最大覆盖面的角度，同时又是受孔觉民亲身经历所限制的特定角度。在孔觉民见闻范围内的，他讲得出；超出其见闻的，则应付诸阙如。梁启超对保持这一限制视角作过努力。最有力的证据在第三回。孔觉民详详细细演述了一遍黄克强与李去病二人的论辩辞，读者当然会心生疑窦：孔觉民当时并不在场，怎么会讲得出？这岂不是破坏了讲究"亲历"的小说限制视角吗？梁启超也早已料到这一点。为了打消读者疑虑，保持视角的统一，他于是派次要叙述人速记员出面，点破消息来源，以为补救：

> 却是黄、李两君发这段议论的时候，孔老先生并不在旁，他怎么会知道呢？又如何能够全文背诵一字不遗呢？原来毅伯（按：黄克强字）先生游学时候，也曾著得一部笔记叫做《乘风纪行》，这段议论，全载在那部笔记第四卷里头。那日孔老先生演说，就拿着这部笔记朗读，不过将他的文言，变成俗话。这是我执笔人亲眼看见的。

假托黄克强所写笔记，不但可以引经据典，弄假成真，而且可以使孔老先生避免陷入全知叙事，而混乱了作品的叙事角度。这的确是一个最方便有效的聪明办法。无论所讲何事，但凡涉及主人公黄克强而又为孔觉民所不应知道的，尽可以归之于《乘风纪行》。如第四回黄、李二人在山海关见到一位端云女士的题壁词，想必是怕孔老先生有所不知，"只得将他的词抄下来，记入《乘风纪行》里头"。其他非孔觉民所得闻见的黄克强言行，尽管不一定注明出处，我们也可以想象其必定载入这一本大有用场的笔记中，而为其找到根据。

限制视角的采用在《新中国未来记》中，主要还是为了加强小说的历史真实感。但重视选择叙事角度，在小说的创作技法上也是很大的进步。中国古代小说家对于叙事角度的选择往往不自觉，虽然也偶有限制视角的叙事，但基本只在片断情节中使用。如《红楼梦》中黛玉初到贾府一节，处处从黛玉眼中写出，是人所共知的范例。可是接下来，小说的叙事角度就改变了。更常见的是全知叙事，说书人基本是无所不在，无所不知。个别段落的限制叙事，至多像中国古代绘画的"散点透视"，距西洋画的固定视点相去甚远。梁启超明确表现出固定视角的追求，这对于中国小说叙事角度的多样化，从较易掌握的单纯的全知叙事推进到较难掌握的完全的限制叙事，是有助益的。

梁启超在仅仅五回的《新中国未来记》中已经试图做出如上种种革新，的确很令人惊异。笔者十分佩服梁启超的胆力，却并不认为所有这些有意义的尝试都取得了令人满意的结果。由于梁启超"变化流转"的个性，也由于客观条件的限制，他很难把每一项革新贯彻到底。实际上，只有倒叙手法因使用简便，涉及面小，在第一回中就可以解决，所以基本上运用成功，而其他几种试验，则多半半途而废。

小说前三回，梁启超还注意到让孔觉民和速记员同时出场，而到第四回，大约觉得这样写太麻烦，有成为老套子之嫌，于是打发两位叙述人一齐隐退。并且，演讲词这时也变成了著述稿，由作者代替二人直接叙事，"听众"也就被"看官"所取代。随着双重叙事结构的消失，由主要叙述人孔觉民所造成的限制叙事因而取消。尽管如前所述，有一本《乘风纪行》可作遁词，但这本笔记毕竟还该有它的最大使用范围，即也应限于黄克强的见闻，那么，其中就不可能载入李去病的心理活动（除非李去病告知黄克强，但也没有必要事事汇报）。像第五回出现的宗明来访，李去病单独会客，见其名片上有"南京高等学堂退学生"几个字，便"沉吟道：怎么这'退学生'三字，倒成了一个官衔名儿了"①这类描写，就只能称之为全知叙事了。黄君笔记中既不载，孔老先生从何而知？双重叙事与限制视角在作品中不能始终坚持，也反映了这些新叙述方法比较复杂，早期新小说家一时还很难掌握。

《新中国未来记》的未完成，也影响到对它所选取的"理想小说"样式的估价。除倒叙开头部分关于1962年的新中国的铺写渲染外，书中对于"中国近六十年史"的历史叙述，最晚的情节发生在1903年，与小说的创作时间同步。中心事件既未超前进入未来世界，仅凭短短的一个开头，是无法断定这部理想小说的创作能否成功的。其实，当时便有人对此表示怀疑。孙宝瑄可作代表。他1903年读了《新小说》上刊登的《新中国未来记》，在日记中写道：

> 其书所出，不过五六回，方在黄、李自西伯里亚回国之时，吾不知其此后若何下笔也。吾恐其从此阁笔矣。何也？凡撰书，如演剧然，必密合于情理，然后读之有味。演中国之未来，不能不以今日为过渡时代。盖今日

---

① 《新中国未来记》第五回，《新小说》第7号，1903年9月。

时势为未来时势之母也。然是母之断不能生是子，梁任
公知之矣，而何能强其生乎？其生则出乎情理之外矣，
是书何必作乎！何也？子可伪也，母不可伪也。梁任公，
天资踔绝者也，岂肯为无情无理之著作乎？故吾料是书
之必不成也。①

梁启超去美洲，是《新中国未来记》搁笔的直接原因，而其中最
关键的，是此行改变了梁启超的政治倾向。革命论既已完全放弃，
让他如何处理李去病这个重要的正面人物？而原先规划的政治方
案的进行步骤、时间等，也都要发生变动。至于梁启超当初写作
之时，是否如孙宝瑄所说，是耍"狡狯"，明知"断无此事"，则
未必。我倒相信梁启超是诚心诚意来写这部小说，并希望中国将
来能照此逐步进化的。"是母之断不能生是子"断非梁启超当时的
想法，倒可以说是他美洲归来后的看法。所以，《新中国未来记》
这部理想小说的"必不成"，谓之不能持之以恒当然可以，谓之对
现实政治的观点有变化，对原先的政治理想有怀疑，则更准确。

至于诸体混杂的利与弊也十分明显。在突破了"旧小说之体
裁"限制的同时，它也破坏了小说体裁自身的独立、完整和艺术
性。小说作为一种文学体裁，总有区别于其他文体的独特表达形
式。少量地借鉴、引入他种文体，会增加其弹性，给人以新鲜的
愉悦感；过多说理成分的掺加，则会取消了小说文体自身的特点，
给作品带来损害。这一点，梁启超本人其实也有所意识，只是为
了表现"新意境"，舍不得放弃直接宣说这些"毫无趣味"的法
律、章程之类的机会而已。

---

① 《忘山庐日记》（上），第709页，上海古籍出版社1983年版。

如何解决"新意境"与"旧体裁"的矛盾，梁启超做出了努力。尽管结果未必尽如人意，但总是显示了新小说家对于"旧体裁"的种种不满意，预示了小说革新的方向。

五

在中国古代文学史上，白话小说一般属于俗文学。文人偶有从事白话小说写作的，也像票友下海的性质，因为喜爱这一行，而放弃了原来的正业和身份，却并没有使俗文学作者的社会地位普遍提高，也没有使白话小说堂堂正正地进入雅文学的行列。到了近代，这种状况才有所改变。大批文人不管是否有所准备，出于各种各样的目的，一时纷纷投身小说创作。其中尤其是像梁启超这样重要的政治家加入小说作者的行列，改变了小说家的成分，使小说的地位与影响力空前提高[①]。小说被宣布为"文学之最上乘"[②]，无形中打破了俗文学与雅文学的界限。在文人群中，阅读与创作小说也成为一种时尚，一种风雅之事。小说即便算作俗文学，也不妨碍晚清文人以俗为雅。文人趣味进入小说，就使小说的文雅化成为新小说创作中一种值得注意的倾向。

雅俗之争历来很难解决，雅俗共赏实际是一个很难达到的理想要求。在晚清，这种矛盾有它的特殊性，还不是适合于文人口味或适合于大众口味这样的问题，而是文人为开通民智所写的作品，由于文人趣味与大众趣味的差异，而不能为大众所接受。与

[①] 晚清"魁儒硕学，仁人志士"从事小说创作，是受了日本政治小说作者的启发。参见本书第八章第三节。

[②] 《论小说与群治之关系》，《新小说》第 1 号，1902 年 11 月。梁启超作，发表时未署名。

游戏小说的作者不同，包括梁启超在内的不少新小说家，是以"名为小说，实则当以藏山之文、经世之笔行之"①的严肃态度从事小说创作的。然而要求把小说当作"藏山之文"来写，也不自觉地流露出一种孤高的文人意识。不求为当世所知，即不希图投合大众趣味，实际表现了提出"开通民智"口号的新小说家们的如下愿望：借助通俗小说的形式，把文人雅士们所了解的新思想新知识灌输到大众中去。其中有文人趣味通俗化的一面，但主要限于表达；更重要的则是要求大众口味的高雅化。于是，由文人趣味、新思想新知识所代表的"雅"，便与大众口味、通俗小说形式所代表的"俗"发生了矛盾。在《新中国未来记》中，这种矛盾也清楚地显现出来。

大段大段地抄党章党纲，是以明知"毫无趣味"，而不惜败坏一般读者口味为前提的，表现出作者对文人趣味、新思想新知识的坚执不舍。更突出的例证是小说第三回的黄、李大论战。这一回比其他各回篇幅长得多，梁启超拿出撰写政论文的势头，洋洋洒洒，纵横捭阖。黄、李每一段议论之后，作者都要加上"提论第一""驳论第二"等字样，一直计数到李去病的"驳论第四十三"，由黄克强的"结论"收场。如此标注，足见作者写得得意。而狄葆贤也善作解人，直称赞此回：

> 拿着一个问题，引着一条直线，驳来驳去，彼此往复到四十四次，合成一万六千馀言。文章能事，至是而极。中国前此惟《盐铁论》一书，稍有此种体段。但彼书往往不跟着本题，动辄支横到别处；此篇却是始终跟

----
① 《〈新小说〉第一号》，《新民丛报》第20号，1902年11月。

定一个主脑，绝无枝蔓之词。彼书主客所据，都不是真正的学理，全属意气用事，以辩服人；此篇却无一句陈言，无一字强词，壁垒精严，笔墨酣舞。生平读作者之文多矣，此篇不独空前之作，只恐初写兰亭，此后亦是可一不再了。

又云：

> 然仅恃文才，亦断不能得此。盖由字字根于学理，据于时局，胸中万千海岳，磅礴郁积，奔赴笔下故也。文至此，观止矣。[①]

狄君真可人，无怪乎《〈新小说〉第二号之内容》的广告介绍此回"设为两人对垒驳论，舌锋针对"之精彩时，要人"观平等阁主人所批，便知其妙"[②]，并将其批语全文录出。可知狄君点破处，也正是作者的得意之处。

　　表面看来，"论时局两名士舌战"颇类《三国志演义》中的"诸葛亮舌战群儒"，而且回目所用的"舌战"一词，也很容易使人联想及此。可有意思的是，狄葆贤偏偏不做此想，不从小说取例，反而舍近求远，提出汉代桓宽编著的《盐铁论》一书为比，却又恰恰搔到了痒处。"诸葛亮舌战群儒"是《三国志演义》小说情节不可或缺的部分，只有写诸葛亮随机应变，辩才无碍，才能够使读者具体感受到诸葛亮的潇洒自如、智慧过人。而黄、李论

---

① 《新中国未来记》第三回总批。

② 《〈新小说〉第二号之内容》，《新民丛报》第 25 号广告，1903 年 2 月。

辩的意义首先不在人物性格的塑造，却在"取现在志士最苦心研究之问题"①，通过反复论难，表达作者的看法。这样，在写法上，梁启超就抛开了小说惯用的点染铺叙，很少点缀，只是一味地轮番出现"黄君道""李君道"，几乎成了标准的谈话记录稿。而从人物性格出发还是从研究问题出发，正好是小说与论文的区别点。梁启超既表明其小说"但提出种种问题—研究之"②，可见他是有意识地把小说当政论文写。这也是狄葆贤不以《三国志演义》，而以《盐铁论》相比的原因所在。

只顾自己写得高兴，不管读者是否有兴味读完这一篇大论，已表现出梁启超的文人习气，更何况其中还有逞才使气的种因。一万六千多字，对于一篇政论文来说也已够长③，再要让小说人物你来我往，一口气对出这一大篇文字，确乎是"文章能事，至是而极"。本来，为作者设想，即使想"发表区区政见"，也可以有别种办法，把一篇完整的文章打碎，化整为零，或将驳论的篇幅加以限制，不必重叠到四十多回。然而，在作者，是先有此一段议论横梗在胸，不吐不快，有这样一些新学理，极欲令世人立时知晓，于是便假托两个代言人，畅快议论，且必欲极文章之能事而后止。因此，长达一万六千馀言的黄、李论辩，多一半是作文章、炫才气的需要，为情节考虑倒在其次。

小说文字的文章化，也即是小说的文雅化，表现了梁启超等一批新小说家的艺术追求。尽管不一定是自觉的意识，很可能只是涤除未尽的文人旧习，也不一定有好的效果，很可能让读者觉得沉闷单调，但这总是小说进步的征兆。确乎存在文人获取了

---

① 《〈新小说〉第二号之内容》，《新民丛报》第 25 号广告，1903 年 2 月。

② 《新中国未来记·绪言》，《新小说》第 1 号，1902 年 11 月。

③ 中国古代"万言书"很少，单从其名称，也可知为特例。

通俗文学创作的形式，却失去了其原有的自然特质这种情况，可文人也以其精致的艺术技巧做了适当弥补。文学要进步，总不能永远停留在天然本色的初级阶段，总要有文人的参与，使创作自觉化、技巧化。而晚清，正是大批文人从事小说创作，把小说从俗文学中分离出来，使之进入文人书房的时期。像《新中国未来记》这样以文章看是"观止矣"，以小说看是"毫无趣味"的作品，正保存了这个时期小说蜕变的痕迹。虽然它有明显的毛病，存在着雅、俗不能协调的矛盾，但也不妨碍对它做具有新质的评价。

第四章

"以旧风格含新意境"

——梁启超诗歌研究

一

在近代诗坛上，梁启超算不上大家。为人推崇的宋诗派代表诗人陈三立不必说，即使同为改良派政治活动家，梁启超的诗名也不及康有为，更难比肩黄遵宪。倒不完全是为其名满天下的"新文体"所掩，梁启超的心多旁骛、不能专心吟诗，实在是造成其诗数量不多（约五百首，其中诗四百多，词六十多）、且质量参差不齐的主要原因。而说到底，则又是由梁启超的诗歌创作观念所决定的。

用梁启超的话来说，吟诗对于他，是"吾之为此，本以陶写吾心"。以"陶写吾心"为本意，则不"强而苦之"，"故间有得一二句，颇自憙，而不能终篇者，辄复弃去"①。这显然不是诗家应取的态度，我们听到的多是古代诗人因爱一二佳句，不忍丢弃，

---

① 《饮冰室诗话》第66则，北京：人民文学出版社1959年版。

便联缀成篇者①。可恰恰是这种为"陶写吾心"不肯凑句的创作态度，使梁启超真正把作诗当成了"馀事"②。现在留存的诗中，在外游历多暇时所作占了很大比重。据梁启超自述，1899 年底赴夏威夷途中，船上四日内就成诗三十馀首③；1911 年游台湾，历时一月，"此行乃得诗八十九首，得词十二首"④。而事务丛集时，则所作甚少。正是因为大批量地集中作诗，只作抒写性情之用，便不能保证首首用心，质量上乘。并非梁启超的气质于诗不合，他自己虽然屡次说"余素不能诗"，"即如诗之为道，于性最不近"⑤；并说："余向不能为诗，自戊戌东徂以来，始强学耳。然作之甚艰辛，往往为近体律绝一二章，所费时日，与撰《新民丛报》数千言论说相等。"⑥但我们从上举数字看，其作诗速度虽不及赵熙的"顷刻成绝句数十首"⑦，也算出手相当快了⑧。谓之"甚艰辛"，不过是与其为文的滔滔汩汩、一挥而就相比较而言，并非真个艰涩之至。

馀事作诗，使梁启超的诗歌创作呈现出断续状态。如 1898 年自云："持绮语戒三年矣。"⑨1899 年底"发愿戒诗"⑩；1911 年却又

---

① 甚至爱人残句，亦为补缀足篇。如苏轼，其《洞仙歌》一词，便因后蜀后主孟昶留有"冰肌玉骨，自清凉无汗"两句，"暇日寻味"，"乃为足之云"。

② 古代诗人云"馀事作诗人"，多有感愤不平之意，因正业不彰，功名不显，仅以诗名。

③《夏威夷游记》(初题《汗漫录》) 12 月 25 日记"两日内成十馀首"，27 日又记"至此日共成三十馀首"(《清议报》第 35、36 册，1900 年 2 月)。

④《游台第六信》，《国风报》第 2 年第 9 期，1911 年 4 月。

⑤《夏威夷游记》(初题《汗漫录》)，《清议报》第 35—36 册。

⑥《饮冰室诗话》第 66 则。

⑦ 陈衍：《赵尧生诗稿序》，《香宋诗钞》，成都：四川人民出版社 1986 年版。

⑧ 如《双涛阁日记》记宣统二年 (1910) 正月十三日夜二时至五时，作《枕上见隐南见寄人日感怀诗，次韵和之》五律二首。

⑨《〈念奴娇·寿何梅夏〉跋》，《文集》第 16 册，上海：中华书局 1936 年版。

⑩《夏威夷游记》，《清议报》第 36 册。

称:"三年不填词,今又破戒矣。"①1919 年再表白自己"我本来就不能诗,多年不做,越发生涩"②;1927 年重提:"余不作诗且两年矣。"③几次戒诗戒词,而又屡屡破戒,足见梁启超对诗歌创作不无热情但又不能坦然为之的矛盾心境。

从内心深处,梁启超是以拯世济民为己任,而以诗文为雕虫小技的,因而对程颐的视文学创作为"玩物丧志"的训诫时时谨记。如戊戌以前传扬康有为"词章不能谓之学"、"偶一为之,毋令溺志"之教④,便是其"持绮语戒"最明白的原因。亲聆家教的长女梁令娴(名思顺)在编选《艺蘅馆词选》时,也必要从"乐之一科,渐复占教育界一重要之位置"、"后有作者,就词曲而改良之,斯其选也"立论,方能安心于"其亦可以免玩物丧志之诮欤"⑤。吟诗乃玩物丧志的意识在当时颇为流行,不独为梁启超一人或康门师弟子所有。如狄葆贤,也与梁令娴所虑相同。其《平等阁诗话》即云:"词章一道,余幼时即好之綦笃。嗣因国势阽危,师友每以玩物丧志相诫。"后遇庚子事变,"触目伤心,辄偶一寄诸吟咏",为人传抄,始悟"文词感人易,入人深,起衰振俗,要赖乎是,固不得以无益之事目之"⑥。从有益于世道人心立论,为自己的"溺志"找到托辞,固然是保持了心理的平衡,可这种做法本身,正好说明了诗(尤其是词)在这批热心政治活动的改良派诗人心目中地位并不高。

---

① 《游台第六信》,《国风报》第 2 年第 9 期,1911 年 4 月。
② 《欧游心影录节录》之《欧行途中》第三节《舟中杂诗》,《专集》第 5 册。
③ 《〈题越园画双松〉后记》,《文集》第 16 册。
④ 《万木草堂小学学记》,《知新报》第 35 册,1897 年 10 月。
⑤ 梁令娴《〈艺蘅馆词选〉序》,《艺蘅馆词选》,1908 年版。
⑥ 《平等阁诗话》第 1、2 则,上海:有正书局 1917 年版。

虽然害怕堕入"玩物丧志"的"鹦鹉名士"之流[1]，梁启超倒也并不真的斩断情缘不再吟诗。相反，既认诗歌能"陶写吾心"，梁启超台湾之行因诗兴大发而荒废了正经文章，便自我解嘲为："真可谓玩物丧志，抑亦劳者思歌，人之情欤"[2]；并且，其爱女梁令娴喜吟咏填词，梁启超也认为是"性情所寄，弗之禁也"[3]。不但自己亲自教诲，并为其择麦孟华、赵熙为师[4]，传授门径。不过，梁启超的作诗也不单是出于感情的自然流露，还有满足其争强好胜心的特殊需要。如何藻翔寄赠七律诗一首，梁启超先是依韵奉和二首，后又追加八首，原因是"娴儿（按：即梁令娴）读吾和邹崖薪字韵诗，若讶其数典之奇者，乃更为叠韵八章示之，并写寄邹崖"[5]。这十首和诗，除一首首句未入韵外，其他均用原韵字。除了逞才炫博，没有别的解释。

尽管以数量、质量计，梁启超在近代并非第一流诗人，然而，作为"诗界革命"的倡导者，其实践方向对同时代人有巨大影响，并显示出这一时期诗歌发展值得注意的新动向。梁启超的诗歌创作不仅呈断续状态，也表现为各阶段的不均衡。去国前诗作数量最少，归国后次之，而以流亡日本时期所作最多。其诗歌风格及特点也随之不断发生变化。这种变化恰恰典型地反映出一代"诗界革命"作者的创作历程及最终归宿：他们如何从挣脱传统到回

---

① 《夏威夷游记》云，"余尝戏名词章家为鹦鹉名士"，"吾于今乃始知鹦鹉之兴趣，不及今悬崖勒马，恐遂堕入彼群中矣"（《清议报》第35、36册）。

② 《游台第六信》，《国风报》第2年第9期，1911年4月。

③ 梁令娴《〈艺蘅馆词选〉序》。

④ 梁令娴《〈艺蘅馆词选〉序》述其从学麦孟华，《词选》一书即经其"更为甄别去取"。梁启超《致赵尧生书》亦称："小女聪慧能文，不愿其继承家学，愿太老师教之，俾底于成。"（《香宋诗钞》，第130页）

⑤ 《文集》第16册。为避繁复，以下凡出自此集之诗词不再注。

归传统。就梁启超诗歌中新因素与旧成分的起伏消长作动态考察，无疑会得出一些有益的结论。

二

最初提出"诗界革命"时，梁启超是以"新语句"与"新意境"并重的。两项要求集中体现了"诗界革命"的革新意义，同时又是对前一时期"新学之诗"创作的修正、发展与理论总结。

戊戌以前，梁启超有一段时间与夏曾佑、谭嗣同过从甚密，相与讨论新学，并一起作"新学之诗"。"新学之诗"是"新学"研讨的产物，因而对梁启超与夏、谭二人的学术交谊，不妨略作考述。

据夏曾佑所作《赠任公》其一①云：

> ……洎乎癸、甲间，衡宇望尺咫。春骑醉莺花，秋灯狎图史。青霄与黄泉，上下穷其指。冥冥兰陵门，万鬼头如蚁。质多举只手，阳乌为之死。袒裼往暴之，一击类执豕。酒酣拔剑起，跌宕笑相视。顾谓宙合间，只此足欢喜。……

这节诗的本事见于梁启超所作《亡友夏穗卿先生》一文："他（按：指夏曾佑）租得一个小房子在贾家胡同，我住的是粉房琉璃街新会馆——后来又加入一位谭复生，他住在北半截胡同浏阳馆——

---

①《清议报》第 97 册（1901 年 11 月）与梁启超《亡友夏穗卿先生》所录略有不同，参校酌定。

'衡宇望尺咫'，我们几何［个］没有一天不见面。见面就谈学问，常常对吵，每天总大吵一两场。""我们要把宇宙间所有的问题都解决；但帮助我们解决的资料却没有，我们便靠主观的冥想。""清儒所做的汉学，自命为'荀学'。我们要把当时垄断学界的汉学打倒，便用'擒贼擒王'的手段去打他们的老祖宗——荀子。""祖袒往暴之"以下数句，"读起来可以想起当时我们狂到怎么样，也可以想见我们精神解放后所得的愉快怎么样"①。

这段时间，当在 1894 至 1895 年。梁启超 1894 年留京八个月，"于京国所谓名士者多所往还"②。在这一年致夏曾佑的信中，他有诗愤惋士大夫辈"道丧廉耻沦，学敝聪明塞"③，对旧学深致不满。1895 年再入京，识谭嗣同④，并与夏曾佑等人"日相过从"，"文酒之会不辍"⑤。是年有致夏曾佑信，问及"穷理所得有笔记否？乞时示我"，并云："自不见足下以来，朋辈中玄妙之论久绝于耳。"⑥ 可见他们确曾在一起畅谈过"新学"心得。以后，梁启超回忆，当时"其讲学最契之友，曰夏曾佑、谭嗣同"，其学"受夏、谭影响亦至巨"⑦。

深受夏曾佑、谭嗣同影响的不但是学问，也包括梁启超的诗歌。"穗卿自己的宇宙观人生观，常喜欢用诗写出来。"这些诗也贯彻了思想解放的自由精神，写得很怪，梁启超自称，"当时除我

---

① 《亡友夏穗卿先生》，《文集》第 15 册。

② 《三十自述》，《文集》第 4 册。

③ 《与穗卿足下书》，丁文江、赵丰田编《梁启超年谱长编》，第 32 页，上海人民出版社 1983 年版。

④ 《三十自述》，《文集》第 4 册。

⑤ 梁启勋：《曼殊室戊辰笔记》，引自《梁启超年谱长编》，第 37 页。

⑥ 《与穗卿足下书》（1895 年 6 月 21 日），《梁启超年谱长编》，第 48 页。

⑦ 《清代学术概论》第 25 节，《专集》第 9 册。

和谭复生外没有人能解他。因为他创造许多新名词，非常在一块的人不懂"①。这就是所谓"新诗"，又称"新学之诗"。夏曾佑首倡之，作得最多，谭嗣同也极其喜好，梁启超随二人之后，三人时有唱和。1896—1897年，正是他们对"新学之诗"最为迷恋的时期。梁启超自述："丙申、丁酉间，吾党数子皆好作此体。"② 此时，梁启超居上海，夏曾佑、谭嗣同也曾来上海相会。1896年，夏曾佑有《沪上赠梁启超》一诗，谭嗣同的《赠梁卓如诗四首》大约也作于是秋八月在上海时③。夏、谭之诗均为满篇新名词的"新诗"。梁启超则因忙于《时务报》的撰稿工作，故虽效此体，而所作不多。今所见仅一首：

> 尘尘万法吾谁适，生也无涯知有涯。
> 大地混元兆螺蛤，千年道战起龙蛇。
> 秦新杀翳应阳厄，彼保兴亡识轨差。
> 我梦天门受天语，玄黄血海见三蛙。

此诗也作于同一时期④。与夏、谭诗相同，"其语句则经子生涩语、佛典语、欧洲语杂用"，好处是"颇错落可喜"，缺点是"然已不备诗家之资格"。最要命的是费解，梁启超自云："尝有人乞为

---

① 《亡友夏穗卿先生》，《文集》第15册。

② 《饮冰室诗话》第60则。

③ 夏诗初刊1901年12月《清议报》第100册，注明作于"丙申夏"，题为《赠任公二首》其二。此据钱玄同、戴克让抄本《夏穗卿遗诗》，见《近代文学史料》（北京：中国社会科学出版社1985年版）。谭诗虽未标明时间，但该诗收入作于"乙、丁之际"的《秋雨年华之馆丛脞书》，夹在丙申春与丙申秋的诗作间，因知亦为丙申年所作。

④ 梁启超1899年作《夏威夷游记》说："前年见穗卿、复生之作，辄欲效之，更不成字句。"并录此诗（见《清议报》第35册）。

写之且注之，注至二百馀字，乃能解。"① 即如"龙""蛙"之语，也屡见于夏曾佑、谭嗣同的"新诗"中。夏诗"有人雄起琉璃海，兽魄蛙魂龙所徒"②，谭诗"漫共龙蛙争寸土，从知教主亚洲生"③，出处相同，"盖时共读约翰《默示录》，录中语荒诞曼衍。吾辈附会之，谓其言龙者指孔子，言蛙者指孔子教徒云，故以此徽号互相期许"④。如此，揣摩诗意，大约是以恢复孔教正义为己任。

诗到了"苟非当时同学者，断无从索解"⑤的份儿上，也就成了少数圈子中人的专用品，不可能推而广之，产生普遍的影响。因此，其作者始终只是"吾党二三子"⑥。以后，梁启超提倡"诗界革命"，对这段"新学之诗"的创作也作了清醒的反省，承认自己的那首诗："今日观之，可笑实甚也，真有以金星动物入地球之观矣。"⑦ 他又因谭嗣同汇刊其1894年（是年谭三十岁）以前的著作为"东海褰冥氏三十以前旧学四种"，而将其"新学之诗"收入题为"东海褰冥氏三十以后新学第二种"的《秋雨年华之馆丛脞书》中，评论道："复生自憙其新学之诗。然吾谓复生三十以后之学，固远胜于三十以前之学；其三十以后之诗，未必能胜三十以前之诗也。"⑧ 声称自己对此类诗"今既久厌之"⑨。虽然如此，"新学之

---

① 《夏威夷游记》，《清议报》第35册。
② 《沪上赠梁启超》，《近代文学史料》，第33页。
③ 《赠梁卓如诗四首》其一，《谭嗣同全集》上册，第244页，北京：中华书局1981年版。
④ 《饮冰室诗话》第60则。
⑤ 《饮冰室诗话》第60则。
⑥ 《饮冰室诗话》第61则。
⑦ 《夏威夷游记》，《清议报》第35册。
⑧ 《饮冰室诗话》第60则。
⑨ 《饮冰室诗话》第62则。

诗"的开启之功仍不可没，并且，这段实践对梁启超赴日后的诗歌创作也有潜在影响。

"新学之诗"是以诗歌的形式表现"新学"的内容。尽管由于当时新学界的浅陋，所谓"新学"，不过是"各经的正文和周秦诸子""几部教会的译书"，再加上一些"主观的理想"这三种元素的混合物，却已明确表现出梁启超等人的自由心态和开放意识。他们认为，"中国自汉以后的学问全要不得的；外来的学问都是好的"①，作诗便排斥中国传统诗歌中已成陈词的惯用语，"相约以作诗非经典语不用"。这些来自"佛、孔、耶三教之经"的经典语大量入诗，尤其是"《新约》字面，络绎笔端"②，使得以旧体诗格律写出的"新学之诗"迥然不同于中国历来的诗歌作品，而壁垒一新。应该说，中国诗歌要发展，要适应变化的时代，就得承认"新学之诗"指出的方向——改变诗歌用语的构成成分——是正确的。问题在于要把握一个适当的度。"诗"与"非诗"之间的界限虽然很难划清，"非诗"的某些部分也可以逐渐入诗，可"诗"总该有个基本稳定的形态，这就需要诗歌语言基本稳定。文学创作一旦开始流传，就成为社会产品，也要靠基本稳定的形式因素获得理解。因此，诗歌语汇的革新主要是扩大增新的问题，而不是全面更换。"新学之诗"所以"不甚肖诗"，只限于少数人传写，便是因为作者漠视了这一创作原则，在抛弃中国传统诗歌语汇的同时，也抛弃了诗之所以为诗的基本条件。对这个问题，梁启超日后有所觉悟。还有一个诗歌形式的问题。古体诗在格律、韵味的限制下，所使用的语汇显然不同于白话诗，更加需要诗歌语言

①《亡友夏穗卿先生》，《文集》第 15 册。
②《饮冰室诗话》第 60 则。

的基本稳定；而白话诗的用语自由度要大得多。"新学之诗"的创作也隐隐指向对传统诗歌形式的突破。可惜当时的诗作者，包括后来提倡"诗界革命"的梁启超，对此都没有自觉的意识。

"新学之诗"遗留下的"诗不像诗"的问题，实质上就是如何把"新学"与中国古典诗歌的形式、韵味融合起来，倡导"诗界革命"的梁启超对此必须、也确实做出了回答。而促使他重视这个问题并找到答案的，则是黄遵宪。

1897 年 11 月，梁启超离沪抵湘，主讲时务学堂，任中文总教习。黄遵宪其时也在湖南，代理按察使。早在 1890—1891 年任驻英参赞时，黄遵宪就因"愤时势之不可为，感身世之不遇"，将其诗稿"荟萃成编，藉以自娱"[①]，并作《〈人境庐诗草〉自序》，全面阐述了其诗歌主张。他认为："今之世异于古，今之人亦何必与古人同。"指出诗歌语言要自"群经、三史，逮于周、秦诸子之书，许、郑诸家之注，凡事名、物名切于今者"以及"今日之官书、会典、方言、俗谚"中取材，努力表现"古人未有之物，未辟之境"，"不名一格，不专一体，要不失乎为我之诗"[②]。黄遵宪的诗歌具体实践了其诗歌主张，尤其以出洋以后描写异国风光、新事物新学理的诗篇更得同人赞赏。其《人境庐诗草》稿本曾在友朋间流传。陈三立 1895 年读后，作跋语赞其"驰域外之观，写心上之语"；何藻翔 1898 年读后，也推其"雄襟伟抱，横绝五洲"[③]。

梁启超在长沙时，也曾认真诵读过八卷本的《人境庐诗草》

① 《饮冰室诗话》第 32 则引黄遵宪语。
② 《〈人境庐诗草〉自序》，钱仲联《人境庐诗草笺注》上册，上海古籍出版社 1981 年版。
③ 《陈跋》《何跋》，《人境庐诗草笺注》下册附《原稿本卷五至卷八跋》，第 1083、1085 页。

稿本,《饮冰室诗话》第 4 则有如下记述:"丙申、丁酉间,其《人境庐诗》稿本,留余家者两月馀,余读之数过。"①梁启超不仅自己反复品读,而且推荐于人,广为传扬②。于此亦可见梁启超对黄遵宪诗歌之喜爱。

读黄诗时,刚刚收笔的"新学之诗"记忆犹新,"诗"与"非诗"的困惑仍萦绕在梁启超脑中,其跋《人境庐诗草》便全在此用心,起笔即云:"古今之诗有两大种:一曰诗人之诗,一曰非诗人之诗。之二种者,其境界有反比例,其人或相非或不相非,而要之未有能相兼者也。"而从黄遵宪的《自序》及其"吟到中华以外天"③的"新派诗"④中,梁启超感悟到,表现新事新理的诗不一定非走"新学之诗"的狭径,还可以有别样的创作路数。正是在黄遵宪的诗中,梁启超发现了"诗"与"非诗"的统一:

> 人境庐主人者,其诗人耶?彼其劬心营目憔形,以斟酌损益于古今中外之治法,以忧天下,其言用不用,而国之存亡,种之主奴,教之绝续,视此焉,吾未见古之诗人能如是也。其非诗人耶?彼其胎冥冥而息渊渊,而神味沈酿,而音节入微,友视骚、汉而奴畜唐、宋,吾未见古之非诗人能如是也。

---

① 所说"丙申、丁酉间",当为丁酉即 1897 年,有梁启超作于"丁酉腊不尽八日"的《〈人境庐诗草〉跋》可证;《饮冰室诗话》亦云,黄遵宪自编诗集,"即在湘所见之稿"(第 32 则)。

② 徐仁铸《〈人境庐诗草〉跋》云:"丁戊之际,在长沙患忧幽之疾,梁任父思所以瘳余者,举人境庐主人诗见示。"(《人境庐诗草笺注》下册,第 1086 页)

③ 黄遵宪:《奉命为美国三富兰西士果总领事留别日本诸君子》其三,《人境庐诗草笺注》上册,第 340 页。

④ 黄遵宪:《酬曾重伯编修》其二:"废君一月官书力,读我连篇新派诗。"(同上书中册,第 762 页)据钱仲联先生考订,此诗作于 1897 年。

既然黄遵宪那些列品上等的诗作可用"以存吾国，主吾种，续吾教"①，表现新事新理的新体诗也当然可以成为艺术上的成功之作。虽然因忙于讲学、撰文及变法等政治活动，梁启超当时对此问题未及深入思考，但一种感性认识已形成，并成为其诗歌创作观念转变的契机。

　　到1899年提出"诗界革命"主张时，梁启超便有了明确的表述。专以堆积新名词取胜的"新学之诗"已不足取，"其不以此体为主，而偶一点缀者，常见佳胜"。他举出文廷式、丘逢甲、邱炜萲等人的例句，并特别录出郑藻常《奉题星洲寓公风月琴尊图》诗："太息神州不陆浮，浪从星海狎盟鸥。共和风月推君主，代表琴尊唱自由。物我平权皆偶国，天人团体一孤舟。此身归纳知何处？出世无机与化游。"称赞其"全首皆用日本译西书之语句，如共和、代表、自由、平权、团体、归纳、无机诸语"，却又运用自如，"如天衣无缝"。这样的诗作，梁启超认为是"亦几于诗人之诗矣"，故"读之不觉拍案叫绝"。从这些议论中不难发现，此时梁启超对"新语句"仍多好感，明白标示"新语句"即指欧洲之语句，"日本译西书之语句"，而把改造中国传统诗歌的希望寄托在"欧洲之意境、语句"的引入上。以此较量，他以为黄遵宪是"时彦中能为诗人之诗，而锐意欲造新国者"，其诗如《今别离》、《为同年吴德潚寿其母夫人》等"皆纯以欧洲意境行之"，是其优长；而不足处在于"新语句尚少"②。对"诗人之诗"也即是对诗歌格律、韵味的重视，表明梁启超已吸取"新学之诗"过多非诗成

---

① 《梁跋》，《人境庐诗草笺注》下册，第1086页。
② 《夏威夷游记》，《清议报》第35册。

分加入的教训，在保留运用"新语句"权利的同时，又不滥用新词，以不破坏古典诗歌特有的风味为限度。这样，经过纠偏，"新学之诗"的革新精神便在更符合中国古典诗歌创作法则的艺术追求中延续下来。

梁启超并非十分优秀的诗人，却是颇为高明的诗评家。其创作虽达不到所持的评论标准，二者仍存在着密切的联系，因为他常常是一边发论，一边作诗，故可以互相验证。

倡行"诗界革命"的初期，梁启超对"新语句"入诗还有很高热情，只是不再如"新学之诗"的专用只有二三人懂的隐语，而是使用其文章中经常出现并加以注解的新名词——"日本译西书之语"，并且较有节制。在去往夏威夷的船上，梁启超一边畅论"诗界革命"的理想，一边大量吟诗。在《壮别二十六首》中，就移入不少他所赞赏的郑藻常诗中巧妙点缀的"新语句"，如"文物供新眼，共和感远猷"（其四）、"自由成具体，以太感重洋"（其十六）、"团体相亲下，机缘事扩张"（其十七）等。诗中还径直嵌入许多外国人名，如"天骄长政国，蛮长阁龙洲"（其四）、"变名怜玛志，亡邸想藤寅"（其二十），分说山田长政、哥仑布、玛志尼、吉田松阴之事，并一一加注。有趣的是，为了字面上对句工整，有些译名竟不采用国内已有的通行说法，如"哥仑布"，而宁可在"阁龙"一句下注曰："哥仑布，日本人译之为阁龙。"更常见的用法是将较长的外国译名拦腰斩断，或单取译名首字，如"玛志尼"之变为"玛志"，这自然是为了合乎中国诗歌格律而不得不采用的权宜之计。

这些新名词用得恰到好处，也能造成新异瑰玮的效果。如《壮别》其二十五：

极目览八荒，淋漓几战场。

虎皮蒙鬼蜮，龙血混玄黄。

世纪开新幕，风潮集远洋。

欲闲闲未得，横槊数兴亡。

从"龙血混玄黄"一句，我们还依稀分辨得出梁启超在这同时忆写的"新学之诗""千年道战起龙蛇""玄黄血海见三蛙"的遗响。不过，诗中的"龙"显然已不再代指令人猜想不到的孔子，而直接取自《易·坤》中的"龙战于野，其血玄黄"，喻指正在全球激烈争夺、瓜分的列强，词意十分显豁。整句诗准确、形象地概括出世界局势，境界开阔。颈联则多用新名词，"世纪""开幕""远洋"接连出现。为易于晓解，梁启超也一句一注，说明诗成时"去二十世纪仅三日矣"；又，"泰西人呼太平洋为远洋"。此后，"二十世纪开幕"便成为世纪之初中国报刊上的习见语，一种焕然一新的时代意识直露出来。全诗格调沉雄浑成，并不因新名词的加入而予人不协调感。

1900—1901年，梁启超再次出行，游澳洲半年，又留下不少诗作。诗中反复提到"诗界革命"，一则曰"我昔倡议诗界当革命"（《赠别郑秋蕃兼谢惠画》），再则曰"诗界革命谁敢豪"[1]，可见梁启超对"诗界革命"极为热心，念念不忘。游澳诸诗也因此可以看作是"诗界革命"理论的实践。

在这些诗中，新名词的使用仍很频繁。除使用汉字组构的"日本译西书之语"外，还加入不少直接来自英文的译音词。《赠

---

[1]《广诗中八贤歌》，原题作《广邱菽园诗中八贤歌，即效其体》，刊1901年5月1日澳大利亚《东华新报》。

别郑秋蕃兼谢惠画》一首最明显。郑秋蕃为旅澳华侨，善画，赠梁启超两幅作品。梁启超赋诗回谢时，便运用自己学得的新知识，对郑的绘画大加赞扬：

> 我闻西方学艺盛希腊，实以绘事为本支。尔来蔚起成大国，方家如鲫来施施。君持何术得有此，方驾士蔑凌颇离？一缣脱稿列梳会，万欧啧啧惊且哈。

最后三句有三个注，解释了四个音译名词："士蔑"即"英人阿利华士蔑 Oliver Smith，近世最著名画师也"；"颇离"即"希腊人颇离奴特 Polygnotus，上古最著名画师也"；"梳会"即"博览会，西名曰益士彼纯 Exhibition，又名曰梳 Show"；"欧"即"谓欧罗巴人也"。有些词如"梳会"有现成的汉语对译词，却偏要采用译音组成新词，足见梁启超对"欧洲之语句"的癖好之深。用这些中、英文夹杂的诗行赞美郑秋蕃的画，是因为郑作与中国传统绘画不同，"家法兼中外"，本身已采用若干西洋绘画的技巧，不便照搬中国古代诗歌中的一套熟语加以评价，而须另辟蹊径，别寻源头。梁启超便以区别于古代题画诗的新的表达方式，揭示出郑秋蕃绘画的特点，适应了表达对象的需要。诗中"缭以科葛米讷兮，藉以芦丝"一句，也是同一用意。"科葛米讷"即勿忘我花的英文译音，"芦丝"就是玫瑰，也来自英语。其实，郑画所绘为"杂花烘缭，秾艳独绝"，梁启超未必能逐一分辨出来。专写勿忘我与玫瑰，且用音译，不过是为了增加异国情调，显示出郑作的域外风味。正是因为诗人、画家的追求颇为一致，梁启超在标举"诗界革命"的同时，也把"画界革命"功臣的桂冠送给郑秋蕃，称其"君今革命先画界，术无与并功不訾"。

三

1902 年以后，梁启超对引"新语句"入诗已逐渐失去兴趣[1]，"新意境"成了"诗界革命"唯一的表征。据此重新观察诗坛，梁启超发现黄遵宪诗歌"新语句尚少"本不是病，一改提倡"诗界革命"初期对黄诗持有微词的评价，而盛赞"公度之诗，独辟境界，卓然自立于二十世纪诗界中，群推为大家，公论不容诬也"[2]。其《饮冰室诗话》也大量抄录黄诗，并自诩因汲汲于流传黄诗，"吾以是因缘，以是功德，冀生诗界天国"[3]，对黄诗可谓倾倒之至。

而从梁启超对黄遵宪诗歌的评赞中，不难窥见"新意境"（或曰"新理想"）的具体内涵：其诗"独辟境界"；黄遵宪与夏曾佑、蒋观云"为近世诗家三杰，此言其理想之深邃闳远也"；其《以莲菊桃杂供一瓶作歌》一诗"半取佛理，又参以西人植物学、化学、生理学诸说，实足为诗界开一新壁垒"；其《军歌二十四章》补中国诗歌少尚武精神之阙，歌词"雄壮活泼沈浑深远"，"诗界革命之能事至斯而极矣"[4]。综上所述，梁启超所说的"新意境"含义不外两点：一指新思想，一指新意象（包括境界、格调）。这两者可以说是黄遵宪诗歌的精华，也是梁启超在"诗界革命"中始终追求的目标。

起初，新语句的运用与新思想的阐发在梁启超的诗歌中是相

---

① 参见本书第六章第三节。

② 《饮冰室诗话》第 32 则。

③ 《饮冰室诗话》第 29 则。

④ 《饮冰室诗话》第 39、40、54 则。

联共生的。对西方文化及日本明治新文化的景仰，在其诗篇中也时有表露。他直言不讳地宣称："我所思兮在何处？卢（卢梭）孟（孟德斯鸠）高文我本师。"[①]研读西方资产阶级政治学说，使他对资本主义新世界充满向往之情，特别神往于"全地球创行共和政体之第一先进国"[②]美国。1899年计划游美，梁启超即无限欢喜地吟出"誓将适彼世界共和政体之祖国，问政求学观其光"（《二十世纪太平洋歌》）的诗句。而"日本明治间新思潮有三派，一英国之功利主义，二法国之共和主义，三德国之国家主义"[③]，对这三种盛行一时的学派，梁启超均有领会、介绍[④]；日本朝野人士的奋进、勇武精神，也给予梁启超极深刻的印象。他在诗中便特别赞许已成其第二故乡的日本"思潮三派壮，民气百年强"[⑤]。这些借自日文的新名词"共和""政体""思潮"等，与梁启超输入新学说的热情完好地统一起来。梁启超既已宣称"惟将竭力输入欧洲之精神、思想，以供来者之诗料"[⑥]，其诗歌"新意境"的创设自然紧密关联着新学理、新知识的获取，而在在显示出其思想发展的历程。

在思想激进、倾向革命时期，梁启超对日本明治年间的"破坏主义"极为崇信，文章中一再称引"西谚曰：文明者非徒购之以价值而已，又购之以苦痛"[⑦]，作诗也秉承此意。1901年写于澳

---

① 《次韵酬星洲寓公见怀二首，并示遁庵》其二。
② 《夏威夷游记》，《清议报》第35册。
③ 《壮别二十六首》其六注文。
④ 参见本书第七章第二节。
⑤ 《壮别二十六首》其六。
⑥ 《夏威夷游记》，《清议报》第35册。
⑦ 《十种德性相反相成义》，《文集》第2册。

洲的《和吴济川赠行，即用其韵》^①其二云：

> 年来志气尚峥嵘，欲挈民权朝玉京。
>
> 君看欧罗今世史，几回铁血买文明。

"铁血"一词在梁启超用来，义近"破坏主义"，其云"历观近世各国之兴，未有不先以破坏时代者"^②，可作为上诗最后两句的注解。而"几回铁血买文明"，又是道地的洋典故，出处即在"文明者购之以血"^③的西谚。梁启超对这一思想的执著喜爱，在同时期的诗作中多有流露。《次韵酬星洲寓公见怀二首，并示遁庵》其二曰：

> 铁血买权惭米佛，昆仑传种泣黄羲。

《留别澳洲诸同志六首》其五有句：

> 文明原有价，责任岂容宽？

均是同一思想的反复表述。这些诗句虽因传布新思想而参用洋典故及新名词"文明""铁血"等，却点化自然，可谓达到了"诗界革命"所期望的境界。

---

① 《饮冰室合集·文集》不载，刊于 1901 年 5 月 11 日《东华新报》（出版于澳大利亚悉尼）。吴济川为雪黎（悉尼）保皇会总理，有《赠梁任公先生回国七绝四首》。此处转引自刘渭平《梁启超的澳洲之行》，台湾《传记文学》1981 年 4 月第 38 卷第 4 期。

② 《饮冰室自由书·破坏主义》，《清议报》第 30 册，1899 年 10 月。

③ 《新中国未来记》第三回，《新小说》第 2 号，1902 年 12 月。

当然，"新意境"也不只有"新思想"一种表现形式。尤其是因为梁启超身居海外，所见、所闻、所触、所感必然与未出国门的旧诗人有别，即使不借助新名词，不发露新学理，其诗歌的境界也易于呈现新貌。如作于远航夏威夷船上的《太平洋遇雨》：

> 一雨纵横亘二洲，浪淘天地入东流。
> 却馀人物淘难尽，又挟风雷作远游。

以中国古典诗歌的遣词造句、风格韵味诸项标准来衡量，也算得上醇厚无杂；可给予人的感受就是不一样。作者置身于连接亚美两洲、浩渺无垠的太平洋上，心中充满"为十九世纪世界大风潮之势力所簸荡所冲激所驱遣，乃使我不得不为国人焉，浸假将使我不得不为世界人焉"[①]的豪情，眼界、心胸顿觉开阔。大洋上的风雨不但勾起了这位戊戌维新劫馀人物的一怀壮志，使他自觉为可以鼓荡风雷的风云人物，因而责任重大；而且作为现实中的自然景观，处于作者所在的地理位置上，也容易使他产生"一雨纵横亘二洲"的联想。这种写实中所包含的雄奇阔大的新意象，是没有这种经历、闭居国内的诗人无法获得和很难想象的。其实，这首诗尽管字面上没有用新词、说新理，可实际上仍是基于新知识。从赤县神州的神话到正确的世界地理概念，还是近代以来的事情。梁启超承认，1890年读徐继畬编著的《瀛环志略》，"始知有五大洲各国"[②]。一场雷雨纵横绵亘两大洲，不过是把新知识融于诗境，用诗歌的语言、意象表达出来。从新精神的融贯这个更

---

① 《夏威夷游记》，《清议报》第35册。
② 《三十自述》，《文集》第4册。

深的层面上，或许可以认为这首不露形迹的诗更切近"诗界革命"
的真义。

其后，梁启超一方面对"诗界革命"的主张有所修改，一方
面忙于编刊物、写文章和从事政治活动，其诗作不仅量少①，而且
很少新语句。如《自题〈新中国未来记〉》其二：

> 却横西海望中原，黄雾沉沉白日昏。
> 万壑豕蛇谁是主？千山魑魅阒无人。
> 青年心死秋梧悴，老国魂归蜀道难。
> 道是天亡天不管，竭来予亦欲无言。

此诗从《新中国未来记》中人物孔觉民之口道出，当然是梁启超
的精心之作。他对其中"青年心死秋梧悴"一联尤为喜爱，自夸
"亦颇为平生得意之句"②。而两行诗并无一个新名词，倒是"秋雨
梧桐叶落时"与"蜀道之难难于上青天"的旧典翻新，分别比喻
"青年心死"与"老国魂归"，不但贴切，而且意新语工，才是梁
启超的得意之处。对这联诗的自赞自评，又与"诗界革命""当革
其精神，非革其形式"的论述出现在同一段诗话，正寓有举例说
明"以旧风格含新意境"的示范作用。由于新思想的发明离不开
新名词的传导，因而随着"新语句"的减少，在"诗界革命"后
期，梁启超诗中所表现的"新意境"便只剩下了"新意象"一项
内容。

就诗歌艺术而言，不再汲汲于思想的宣传，而转向情绪的表

---

① 1904 年说："余年来绝少为诗。"《饮冰室诗话》第 103 则。

② 《饮冰室诗话》第 63 则。

露，也许更切合诗歌的性质。问题是境界、格调的更新显得更空灵，不易捉摸。文学既是不断发展的，每代诗人对中国诗歌史总有或大或小的贡献。而抛开新思想，梁启超标榜的"新意境"也很难与古代诗人的求新意识明确区分开来，"诗界革命"的革新意义便大为减弱。实际上，理论的后退已潜伏下创作的蜕变。

四

"新意境"与"新语句"的分离，最终导致了"古风格"的获胜。从总结"新学之诗"失败的经验中，梁启超提出了"三长兼备"的"诗界革命"理想，却并未涉及形式的革新。而"新语句"与"古风格"难以相安，理论本身即存在着危机，最后的分裂因此不可避免。为了作得像诗，更确切地说，为了作出合乎中国古典诗歌格律要求、风味特色的诗章，梁启超便只好放弃新名词，向古风格妥协。尽管这种妥协中仍有新因素与合理性。

统观梁启超诗歌创作的整个历程，可以清晰地看出新旧变化的轨迹与总体倾向。

梁启超去国之前的诗词今存三十馀首。即使据其 1899 年底自述，"生平所为诗不及五十首"[①]，也可知他于诗歌创作并不用力。

从现存诸作看，除偶一为之的"新学之诗"外，这一时期的诗词大致可分两类：一为抒发英勃忧愤之气，一为倾诉离别相思之情。前者如写于 1894 年的《水调歌头》：

拍碎双玉斗，慷慨一何多。满腔都是血泪，无处着

---

① 《夏威夷游记》，《清议报》第 35 册。

悲歌。三百年来王气，满目山河依旧，人事竟如何！百
户尚牛酒，四塞已干戈。　千金剑，万言策，两蹉跎。醉
中呵壁自语，醒后一滂沱。不恨年华去也，只恐少年心
事，强半为销磨。愿替众生病，稽首礼维摩。

这一年，中日战争爆发，国势危急。诗人一腔忧国心事，满腹壮
志难酬，慷慨悲歌，情见乎辞，其词旨、词风均逼肖辛弃疾。若
说有些微不同，便是辛弃疾阅历既深，难免看破，其《鹧鸪天》
结尾即愤然道："却将万字平戎策，换得东家种树书。"给人以悲凉
之感。而梁启超正值少年，豪气难掩，故词作结语高亢，以礼拜
"一切众生病，是故我病"的维摩诘，发抒自己救世觉民的情怀。
《赠汪穰卿同年》一诗也抱持同一理想：

> 奇士在世间，即造一世福。
> 履崇与处庳，所愿乃各足。
> 新义凿浑窍，大声振聋俗。
> 数贤一振臂，万夫论相属。
> 人才有风气，盛衰关全局。
> 去去复奚为，芳草江南绿。
> 采掇当及时，无为自穷蹙。[①]

以造福一世的"奇士""人才"自许，及时进取、位卑言高的作
风，都接近传统中国读书人的本色。不过，还是多了点新东西，
这就是强烈的启蒙意识。有新学作觉迷开悟的锐利武器，诗人的

---

① 《与穰公同年书》（1894 年），《梁启超年谱长编》第 32—33 页。原诗无题，代拟。

自信心于是更强。

　　相对说来，倾诉离别相思之情的作品数量大大超过前类诗。《饮冰室合集》收录梁启超去国前的三题诗中，便有两题（《上海遇雪寄蕙仙》和《寄内四首》）是写给夫人李蕙仙，表述"一缕柔情"的。词中如《菩萨蛮》：

　　　　枣花帘底熏香坐，新年添个闲功课。镇日苦唔唔，背郎套体诗。　不知缘底事，怕读"相思"字。蓦地问归程，背人双泪荧。

可算是标准的艳体词，描写委婉细腻，惟妙惟肖地状写出一个聪明、活泼的痴情少女的思念之情，只是文笔较清丽。更多的词作是自诉衷肠，"为凄曼之声"（《金缕曲·跋》），但写得较沉着。特别是寄内的《兰陵王》《洞仙歌》《清平乐》几首词，更是尽吐愁怀，甚至说："待情嫦娥瞧去，两人那个凄凉。"（《清平乐·十一月十八夜宿酒刚醒，猛忆前月今夕乃黄婆送别时也，惘然得句》）把少年夫妻的别后情思写得真挚感人。这些写情之作都属于婉约格调。

　　不过，梁启超既能写出如《水调歌头》那样的壮词，其送别词中自然也不乏豪放一派的作品。如1894年写的《满江红·赠魏二》：

　　　　如此江山，送多少英雄去了。又尔我蹋尘独漉，睨天长啸。炯炯一空馀子目，便便不合时宜肚。向人间一笑醉相逢，两年少。　使不尽，灌夫酒；屠不了，要（按：似应作"渐"）离狗。有酒边狂哭，花前狂笑。剑

外惟馀肝胆在，镜中应诧头颅好。问匏黄阁外一畦蔬，
能同否？

这首词借离别写豪情，综合了两类题材。豪放不羁的少年英气喷
薄而出，与上述言情诸作的婉转凄伤适成对比。寄内词也有一首
风格与《满江红》相近，即《台城路·黄浦江送蕙仙归宁之黔，
余亦南还矣》：

> 平生未信离愁，放他片帆西去。三叠阳关，一杯浊
> 酒，做就此番情绪。劝君莫醉，怕今夜醒来，我侬行矣。
> 风晓月残，江浔负手向何处？　天涯知是归路。奈东劳
> 西燕，辽绝如许。满地干戈，满天风雪，耐否客途滋味？
> 几多心事，算只有凄凉，背人无语。待取见时，一声声
> 诉汝。

此词两见于《饮冰室合集》，一作《齐天乐》，未另标题目。可见
梁启超此词并非专为夫人而写，也曾移赠他人，当是颇为得意之
作。词中虽暗用柳永"今宵酒醒何处？杨柳岸，晓风残月"的句
意，并且，自"几多心事"以下数句，都透出柳词的味道；然而
开头两句起笔不凡，调子高昂，足以振领全篇，又有"满地干戈，
满天风雪"的悲凉场景呼应，因而在极写凄凉心事之中，仍露风
云之色。

　　以题材划分，这些作品尚未越出古人的藩篱，新意不多。
而且，它们虽能反映出梁启超的真性情，也有佳作，却还不能
自成一家。或豪放，或婉约，总透出前人的蹊径。有些作品甚
至从造句到谋篇，沿袭的痕迹太重，以致食而不化，了无新意。

如《采桑子》前半阕："沈沈一枕扶头睡，直到黄昏，犹掩重门，门外梨花有湿痕。"完全是从宋人李重元的《忆王孙》"欲黄昏，雨打梨花深闭门"二句脱出。除前面指出的学辛弃疾、学柳永外，像《六丑》一篇，梁启超自己便标明"伤春，学清真体"；所谓"背郎衾体诗"，"马头犹作香衾语"（《蝶恋花二阕》其一），也说明取法有自。广采博收固然必要，但也不能缺了融会贯通的功夫。

从总体上看，梁启超的早期诗词呈现出一种浪漫气质。不管是言志还是言情，写的都是少年心事。其弟梁启勋说："乙未、丙申，兄年方二十一二，乃彼平生最浪漫之时期；又值甲午战后，故慷慨激昂之气，随处流露。"[1] 其实，不仅是1895、1896年，写于此前的《水调歌头》《满江红》等已入此调；也不只是慷慨激昂之作独具浪漫情调，即使是吐离愁、诉相思的诗篇，也予人同样感受。不过，梁启勋还是说出了最重要的一点，即见于诗词中的浪漫气息是由年龄、时代造成的。它稍纵即逝，可一不再，故极其可贵。梁启超能够把它随处发露、表现出来，单是这一点，其诗词虽有幼稚、不成熟处，也都可以原谅了。

以《去国行》为标志，开始了梁启超诗歌创作的新阶段。与前期"新学之诗"的晦涩不同，《去国行》中虽因赴日而"却读东史说东故"，概述了明治前后日本社会政治状况的变化，称颂"尔来明治新政耀大地，驾欧凌美气葱茏"，并以日本维新诸先驱自比[2]；但靠着黄遵宪的《日本国志》、康有为的《日本明治变政考》等书的介绍，诗中大量有关明治维新的典故没有隔断作者与读者

---

① 《念奴娇·寿何梅夏》识语，《文集》第16册。
② "不幸则为僧月照，幸则为南洲翁。不然高山、蒲生、蒙山、松阴之间占 席"。

的联系，反而恰当地表现出梁启超仿效日本明治新政变法图强的政治理想以及戊戌维新失败被迫出走他国的悲愤心情。整首诗大气磅礴，一气呵成，读首节即可体味：

　　呜呼！济艰乏才兮，儒冠容容；倭头不斩兮，侠剑无功。君恩友仇两未报，死于贼手毋乃非英雄。割慈忍泪出国门，掉头不顾吾其东。

一种遭挫折而志愈壮的激烈情怀尽情展露于诗中。

　　游夏威夷，游澳洲，是梁启超倡导"诗界革命"前期创作最丰盛的两个时段。前者留下诗作五六十首，后者留下诗作二三十首。正如前文所指出，其中颇有努力实践"三长兼备"的"诗界革命"理想的作品。这批诗，从内容到形式，都表现出自求解放的趋向。

　　对葬送变法的顽固派的憎恨转而为对"破坏主义"的赞赏，梁启超此时的思想与言论自由、开放，康有为的影响相对减弱，作诗也很少顾忌。对国事的忧虑，对西方文明的景仰，对急激主张的倾心，对被迫去国的愤慨，甚至违背"怨而不怒"诗教的斥骂之辞[①]都写入诗中。在诗歌形式上，梁启超也不受拘束，自由抒写。作于此一时期的很多五、七言诗选用了格律较宽的古体，如《广诗中八贤歌》其一记蒋智由：

　　诗界革命谁钺豪？因明巨子天所骄。

---

① 《书感四首寄星洲寓公，仍用前韵》其一云："王气欲沉山鬼啸，女权无限井蛙尊。"其锋芒直指顽固派首领慈禧。

驱役教典庖丁刀，何况欧学皮与毛！

《壮别二十六首》中此类诗更多。梁启超不但喜欢束缚较少的五、七言古诗，更擅长作长篇歌行。流亡初期，从《去国行》开始，他先后写作了《雷庵行》《二十世纪太平洋歌》《赠别郑秋蕃兼谢惠画》《志未酬》《举国皆我敌》数篇长歌，后四篇又都写于游夏威夷、游澳期间。这些诗篇集中体现了梁启超在"诗界革命"时期自由解放的精神。诗人随兴之所至，畅所欲言，诗歌的句式也变化多样，长短不一，呈现出散文化倾向。激荡的情感与散漫的形式协调配合、高度统一，使歌行体的长处得到了充分发挥。其中《二十世纪太平洋歌》堪称梁启超的代表作。该诗作于1899年12月31日夜半，正当十九世纪与二十世纪交替之时。作者航行在太平洋上，抚今思昔，纵观全球，诗思奔涌，不可遏止。全诗分八节，长达一百七十馀句，一千三百多字。录其第七节以见一斑：

> 噫嚱吁！太平洋，太平洋，君之面兮锦绣壤，君之背兮修罗场。海电兮既没［设］，舰队兮愈张。西伯利亚兮，铁路卒业；巴拿马峡兮，运河通航。尔时太平洋中二十世纪之天地，悲剧喜剧壮剧惨剧齐辂鞾。吾曹生此岂非福，饱看世界一度两度兮沧桑。沧桑兮沧桑，转绿兮回黄。我有同胞兮四万五千万，岂其束手兮待僵！招国魂兮何方？大风泱泱兮大潮滂滂。吾闻海国民族思想高尚以活泼，吾欲我同胞兮御风以翔，吾欲我同胞兮破浪以飏。

整首诗自由舒卷，大开大阖，诗句也在短促的感叹句中夹入大量散文化长句，让作者的感情尽情倾泻出来。

　　梁启超这一时期的诗歌，无论近体、古体，也无论是何种题材，对客观外物很少作精细描摹，多为披露肝胆的言志述怀之作。即使是《太平洋遇雨》这样的写景纪行诗，也重在借景抒情。太平洋上的大浪、风雷都具有二重性，既是自然界中的实景，又象征着政治风浪与政治运动的风雷。诗人不过是借太平洋的雨景，抒写自己豪迈、乐观的斗争精神。虽然过着流亡生活，梁启超对个人前途仍充满自信。《自励》二首云：

> 平生最恶牢骚语，作态呻吟苦恨谁。
> 万事祸为福所倚，百年力与命相持。
> 立身岂患无馀地，报国惟忧或后时。
> 未学英雄先学道，肯将荣瘁校群儿。
>
> 献身甘作万矢的，著论求为百世师。
> 誓起民权移旧俗，更研哲理牖新知。
> 十年以后当思我，举国犹狂欲语谁。
> 世界无穷愿无尽，海天寥廓立多时。

一种当仁不让的历史使命感充溢诗中。由于有了切身的忧患体验，这些诗在延续前期慷慨激昂诗风的同时，又显得更深沉着实。梁启超慨叹"诗界千年靡靡风，兵魂销尽国魂空"（《读陆放翁集》其一），诗风的柔靡直接关系到国运的衰微，因而他对豪壮风格便格外偏爱。

　　此期诗与前期诗还有题材的沿袭。梁启超感情充沛，不仅于言志诗中见之，在言情诗中也有表现。对国家命运的关注是第一位的，生活中却也不能少了儿女私情。所以，大量的忧国诗章并没有淹没了绮语。《纪事二十四首》便是令康有为大为恼火的诗作[①]。其中第六首云：

> 眼中既已无男子，独有青睐到小生。
> 如此深恩安可负，当筵我几欲卿卿。[②]

把婚外的男女爱情写得如此坦率、直露，似乎有损于梁启超这位有影响的政治家形象。然而，观其前期诗作善写离别相思之情，便可以知道，梁启超并不缺乏这方面的感情体验。只是为国事奔走，风云之气才掩盖了儿女之情。

而在某些题材、风格的因袭之外，梁启超的创新显然已更引人注目。新名词的使用，新意境的开拓，使其诗以截然不同于中国古典诗歌任何一家的崭新面目独立于诗坛，给予人们深刻的印象。像下面这首诗，便只能出自近代人物梁启超之手：

> 孕育今世纪，论功谁萧何？
> 华（华盛顿）拿（拿破仑）总馀子，卢（卢梭）孟
> （孟的斯鸠）实先河。
> 赤手铸新脑，雷音殄古魔。

---

① 据冯自由《革命逸史》初集（北京：中华书局 1981 年版）云，康有为因《清议报》刊出此诗，"来书切责编辑陈铺，谓卓如（梁字）荒淫无道至此，汝等乃公然刊其淫词，实属有玷师门云云"（《横滨清议报》，初集第 64 页）。

② 《纪事二十四首》记梁启超在檀香山与华侨女子何蕙珍的一段感情纠葛。参阅梁启超《与蕙仙书》二封（1900 年 5 月 24 日与 6 月 30 日），二信录入《梁启超年谱长编》。

吾侪不努力，负此国民多。①

　　此期诗歌中所蕴含的打破传统束缚的活力，真正体现了"诗界革命"的精神，代表了中国诗歌发展的方向，因而最值得重视。

　　1902 年以后，康有为对梁启超的影响又逐渐加强，梁启超本人的政治主张也从激进渐趋保守，与此同时，他的诗风也发生了变化。《饮冰室合集·文集》第 16 册所收梁诗，从《秋夜》以下，便很少见意气飞扬、词语激愤之作，而以沉郁朴茂、"怨而不怒"②为基调。自由奔放、长短句相间的歌行体几乎不见，而代之以格律谨严的近体诗与规整的五、七言古风。梁启超曾将其 1902—1911 年的诗稿写呈康有为，也恰恰剔除了那些或许为康有为所不喜、却保存着"诗界革命"真精神的前一时期诗作③。以技巧论，后期诗或许更纯熟，诗歌的韵味也许更醇厚。不过，前一时期不名一家、自成一体的独立风格也不复存在。识者谓之"唐神宋貌"④，正指出了其师法对象。录《秋夜》为例：

　　　　秋色不可极，秋心无定端。

　　　　酒颜争叶瘦，诗骨挟风酸。

　　　　笛脆吹愁急，灯寒煮梦难。

　　　　那堪淡黄月，弄照到更阑。

----

　　① 《壮别二十六首》其十八。

　　② 《蝶恋花·感春》（游台湾作）其一识语（未署名）云："'梦里'二句太愤激矣，故以末二句救之，所谓'怨而不怒'也。"

　　③ 《梁任公诗稿手迹》（康有为评），上海：古典文学出版社 1957 年版。

　　④ 陈声聪：《兼于阁诗话》，上海古籍出版社 1985 年版，第 30 页。

整首诗非常近似中唐孟郊诗歌的味道，尤以"酸"、"煮"等刻意锤炼之字更得其神。

通览梁启超在"诗界革命"后期直至归国后所作诗，其风格步步趋近杜、韩一派。他对韩愈诗颇下功夫，集中不但有"次韩孟同宿联句""次韩孟会合联句韵"的联句诗，更有《效昌黎双鸟诗赠杨皙子》的仿作。康有为对这一点看得很清楚，他评梁启超的《朝鲜哀词》"沉郁雄苍，合少陵《诸将》、《洞房》、《秦州》而冶之"；评《赠徐佛苏即贺其迎妇》"渊懿朴茂，深入昌黎之室"；评《赠台湾逸民林献堂兼简其从子幼春》[①]"以杜韩之骨髓，写小雅之哀怨"。他称赞梁诗，即曰"无复昌黎"[②]；批评其诗，又曰"但太肖昌黎耳"[③]；并指出，梁诗学宋的结果，是有些诗"太朴寡味，学宋人诗最忌如此"[④]。虽然康有为也夸奖梁启超的《述归五首》"忘古人之谿［蹊］径矣"，恰证明其诗原自有径可寻。1910年以后，梁启超与"不专宗盛唐"的"同光体"[⑤]诗人交往密切，拜赵熙为师[⑥]，送诗稿求正于"同光体"著名诗论家陈衍[⑦]，并参与以这批人为主的诗社活动[⑧]，其诗作更显露宋音。

学杜韩、学宋诗，集中地体现为"以文为诗"。梁启超作词也

---

① 《赠台湾逸民某某兼简其从子》，《文集》第16册。

② 《南海先生以瀧士金字陵铜俑、舍卫佛、讲堂旛、雅典陶尊、邦郫僵石、耶路撒冷群卉图见赠，赋谢》评语，《梁任公诗稿手迹》。

③ 《荷庵除夕牙痛，作诗调之》评语，《梁任公诗稿手迹》。

④ 《送李耀忠侄归国》评语。

⑤ 陈衍：《石遗室诗话》，上海：商务印书馆1929年版，卷一："同光体者，余与苏堪戏目同光以来诗人不专宗盛唐者也。"

⑥ 《庚戌秋冬间，因若海纳交于赵尧生侍御，从问诗古文辞，书讯往复，所以进之者良厚。顾羁海外，迄未识面，辄为长谣，以寄遐忆》。

⑦ 《石遗室诗话》卷九记："任公乃哀其生平所为诗数百首，使纵寻斧。"

⑧ 有《癸丑三日，邀群贤修禊万生园，拈〈兰亭序〉，分韵得激字》、《甲寅上巳，抱存修禊南海子，分韵得带字》。

以此法行之。游台湾所写《蝶恋花·感春》其二下阕作:

> 恨雨颦烟朝暮卷,便到春回,憔悴羞重见。何况梦
> 中时鸟变,东风已共游丝倦。

被人评为"以作文之法行之,施诸小令尤难"[1]。其他尤为突出的,如《祭麦孺博诗》完全是一篇以韵语写出的祭文,《寄赵尧生侍御以诗代书》全然以书信体作诗,叙事条理分明,先后有序。梁启超善作论说文,其诗中也善发议论。如《娴儿生日》[2]中云:

> 方今东西通,诸派竞滂沱。
> 物情自吹万,道际会贯一。
> 倘有哲人兴,兹事吾敢必。

几句诗道出了梁启超把东西合璧视为最高境界的治学宗旨。并且,不只有时见精义的片断议论,甚至亦有全篇采用论文体者,如《题艺蘅馆日记第一编》:

> 古人于为学,终身与之俱。
> 日计虽不足,月计必有馀。
> 业终及行成,匪系聪与愚。
> 偶锲旋复舍,不能摧朽株。
> 盈科进无息,溟涬成尾闾。

---

① 未署名,《文集》第16册。
② 《双涛阁日记》,《专集》第8册,诗题代拟。

程功固要终，辨志良在初。

汝于百家学，乃今涉其涂。

日记肇庚戌，藉用知所无。

卒岁得千纸，占毕亦云劬。

吾唯爱汝深，责难与凡殊。

文章所固有，相期在道腴。

简编我手答，戢戢蝇头书。

发蒙通德艺，陈义杂精粗。

当学岂只此，为汝举一隅。

吾学病爱博，是用浅且芜。

尤病在无恒，有获旋失诸。

凡百可效我，此二毋我如。

灯火自亲人，忽忽岁已除。

言念圣路邈，益感日月徂。

作诗诰小子，敬哉志弗渝。

通篇所讲都是为学之道，难怪康有为评曰："可作论学一则，比昌黎《符读书城南》诗仅劝势利，过之远矣。"在梁启超看来，诗文合一，诗歌而又兼具文章的功效，本是诗中的高境界。他赞扬黄遵宪的《锡兰岛卧佛》为中国"有诗以来所未有也"，也强调："以文名名之，吾欲题为《印度近史》，欲题为《佛教小史》，欲题为《地球宗教论》，欲题为《宗教政治关系说》；然是固诗也，非文也。"[1]他推介署名"嘉应健生"者（廖道传）游槟榔屿所作四诗，"其述南洋历史、现状及救治之法，语语皆独

---

[1]《饮冰室诗话》第8则。

到，直可称有关系之一论文也"①。他自己作诗，也准此以行。陈衍指出："任公诗如其文，天骨开张，精力弥满。"②也勘破了其诗与文的关系。

五四以后，梁启超已很少写旧体诗③。倒是受白话诗影响，1925年"忽发词兴"④，写了不少半解放的白话词，并抄寄胡适，"乞赐评"⑤，有书信往复讨论。梁启超自许："近词皆学《樵歌》，此间可辟出新国土也。"⑥这些词写得比较轻松，语言生动、自然，如《好事近·代思礼题小影寄思顺》其二：

> 谢你好衣裳，穿着合身真巧。那肯赤条条地，教瞻儿取笑。　爹爹替我掉斯文，我莫名其妙。我的话儿多着，两亲家心照。

当时，梁思礼不足一周岁，梁启超代笔作词寄梁令娴，模拟小儿口吻，极有情趣。又如《沁园春·送汤佩松毕业游学》，下片作勉励之词：

> 松！已似我长；学问也爬过一道墙。念目前怎样，脚跟立定？将来怎样，热血输将？从古最难，做"名父子"，松！汝箴心谨勿忘！汝行矣！望海云生处，老泪

---

① 《饮冰室诗话》第155则。

② 《石遗室诗话》卷九。

③ 1925年作《张润之先生六十双寿诗》时说，"十年不作诗"（5月7日《致宰平我兄书》，《梁启超年谱长编》，第1032页）。

④ 《与仲弟书》（1925年），《梁启超年谱长编》，第1043页。

⑤ 《与适之足下书》（1925年7月3日），《梁启超年谱长编》，第1045页。

⑥ 《与仲弟书》（1925年7月6日），《梁启超年谱长编》，第1042页。

千行。①

这些词明白如话，虽自称学朱敦儒的《樵歌》，却更接近胡适《尝试集》中那些用白话写作的新词。晚年的白话词作，表现出梁启超仍有追随时代进步的心愿。可惜他的兴趣转移太快，故难有大成就，也终于没有写出抛弃旧形式的纯粹的白话诗来。

如果对梁启超的诗歌创作作概括描述，那么可以说，他基本上是沿着一条从挣脱传统到复归传统的路走过来的。其间，产生于流亡初期的诗篇最具特色、价值最高；而随着理论上对"古风格"的让步，遂导致了创作的退步，传统诗歌流派的影响越来越明显地显现出来，当初的"新诗"作者，到头来仍不免与旧诗人为伍。梁启超的诗歌创作道路典型地反映出近代知识分子自身的软弱，他们无力与传统势力抗争到底。起初，他们试图离开传统的怀抱，而最终还是在传统的氛围中感到呼吸自如。尤其在诗歌中，由于中国诗歌有几千年悠久的历史传统，其惰性也更顽固地左右着诗人的创作。

---

① 《与适之足下书》（1925 年 6 月 22 日），《梁启超年谱长编》，第 1039—1040 页。《饮冰室合集·文集》第 16 册亦收此词，题目作"己巳送汤佩松"。下阕首句作"松兮躯已昂藏"，另有个别字不同。据梁启超与胡适信，词当作于 1925 年（乙丑），而非 1929 年（己巳）。

第五章

"开文章之新体，激民气之暗潮"

——梁启超"新文体"研究

在中国近代史上，以言论影响全国，造成了一股巨大旋风的人，首推梁启超。身后有人挽之曰"言满天下，名满天下"，"知惟春秋，罪惟春秋"[1]，确是精到准确的不刊之论。不管对梁启超潮涌一般的文章做何评价，它冲击、震动了一世人心却是无可否认的事实。1920年在《清代学术概论》中，梁启超也自负地说过："二十年来学子之思想，颇蒙其影响。"[2] 这种思想的影响是通过文字实现的。可以这样说，梁启超在近代中国举足轻重的地位，是由他的大批著述奠定的。

梁启超的文章之所以风行全国、具有魔力，首先，得力于他所鼓吹的、一度是先进的改良主义政治思想；其次，他所创造的"新文体"也得心应手，如虎添翼。而作为改良思想的组成部分、"新文体"的理论根据的，正是他所倡导的"文界革命"论。因

---

① 张东荪挽联，引自丁文江、赵丰田编：《梁启超年谱长编》，第1207页，上海人民出版社1983年版。

② 《清代学术概论》第25节，《专集》第9册，上海：中华书局1936年版。

此，要研究梁启超在近代中国的重要地位与深刻影响，不可不注意他的进步的文学观念与文章体式。他正是有效地运用了散文这个工具，达到了他的以言论救国的目的。

所谓"新文体"，是梁启超在《清代学术概论》中对其某一时期文章体式的总结性称呼，也是他的"文界革命"思想的具体实践。

对于"新文体"，历来有不同的说法。有人认为，它是对从王韬以来的一大批改良派报刊政论家所用文体的统称，如方汉奇即说："在近三十年的改良派的报刊活动中，涌现了一大批有影响的报刊政论家。其中著名的有王韬、郑观应、梁启超、麦孟华、徐勤、欧榘甲、唐才常、谭嗣同等。通过他们的实践，创造了一种新颖的政论文体，当时人称为'新文体''报章文体'或'时务文体'。"[①] 也就是说，"新文体"并非梁启超独创。关于"新文体"的产生时间，有人认为，梁启超从《时务报》时期就已开始使用这种文体，如孟祥才的《梁启超传》即引用《清代学术概论》中分析"新文体"的一段话，肯定这是梁启超对自己在《时务报》与时务学堂时期讲学、作文的述评[②]。也有人认为，"新文体"的出现在《新民丛报》出版以后，如钱基博的《现代中国文学史》称"新文体"为"新民体"，"以创自启超所为之《新民丛报》也"[③]。至于"新文体"的使用范围，有人将其限定于政论文，如陈子展在《最近三十年中国文学史》中，就以"梁启超以来的论政文"释"新文体"[④]，方汉奇也把新兴的政论文体直接等同于

---

① 《中国近代报刊史》（上），第 142 页，太原：山西人民出版社 1981 年版。

② 《梁启超传》，第 38 页，北京出版社 1980 年版。

⑤ 《现代中国文学史》，第 303 页，长沙：岳麓书社 1986 年版。

④ 《最近三十年中国文学史》，第 109 页，上海：太平洋书店 1930 年版。

"新文体"。以上诸说主要是对"新文体"的基本特征不够重视，才会在理解上产生分歧，出现偏差。为此，对"新文体"做一番比较全面的考察就是完全必要的了。

一

一种新的文体的诞生，总与时代条件及实践者个人的文化思想修养有关。"新文体"是特定历史条件下的产物，又是成于梁启超这个新人物之手，由此形成了它的基本特征。

促使"新文体"产生的直接的文化因素很多，就中以西学东渐关系最密切。

由于清代实行闭关锁国政策，所以，除少数传教士曾译介过一些西方的天文、地理、数学等知识外，当时的中国人对于外国的情况鲜有所知。即使如纪昀这样的大学者，在他主持编定的《四库全书总目》中，也认为西方人介绍世界地理的《职方外纪》《坤舆图说》二书"多奇异不可究诘"，甚至用托名东方朔的志怪小说《神异经》比附其事，竟然得出了"疑其东来以后，得见中国古书，因依仿而变幻其说，不必皆有实迹"（卷七十一）的荒谬推论，则中国知识界对于世界了解之少、偏见之深，于此可见一斑。就在封建中国保持着以天朝上国自居、鄙称外国为夷狄的传统民族心理时，当时的世界上，各主要资本主义国家却已将大部分地区夷为其殖民地。在资本主义生产发展与经济危机的刺激下，为了扩大市场，这些西方国家又把侵略目标集中到中国，战争已不可避免。但国内除少数先觉者如林则徐曾主编《四洲志》外，整个将要领导战争的统治阶级对于迫在眉睫的亡国危机仍视若无睹，对敌人的情况一无所知。这样，在1840年的鸦片战争中，落后的封建中国与先进的资本主义英国交锋的结果，中国的领土与主权受到了严重的侵害。为丧权辱国的失败所震惊，以魏源为代表的一批有为之士，在侵略者的"船坚炮利"面前，毅然主张"师夷长技以制夷"[①]。魏源编写了《海国图志》，开始致力于对国外的介绍。但受语言、材料的限制，这种介绍还很肤浅，夹杂着许多错误。第二次鸦片战争失败后，洋务派官僚和新兴的民族资产阶级在中国创建了一系列近代企业，为此，集中翻译了一些西方的声光化电之书；1872年始，大批留学生被派赴国外学习。这些都从客观上促进了西学的传入。由于洋务派的指导思想是"中学为体，西学为用"，所以，他们只承认中国武器不如人，而肯定政教则优于西方，幻想引进先进的技术，用西方的枪炮维持中国的封建统治。除了洋务派主办的制造局外，这一时期从事西学译介的还有传教士主持的同文馆与广学会。1894年中日战争爆发，"蕞尔小国"竟然打败了"泱泱大国"，洋务派苦心经营的北洋舰队一刹时便"樯橹灰飞烟灭"。至此，不仅洋务运动的目的落了空，而且举国悲愤，士子猛醒，学习西政的呼声大起，西学书籍翻译的重心随之从西文逐渐转向日文。

甲午战败的无情事实是中国人对日文书籍发生兴趣的最重要原因。日本迅速近代化得力于因引进"洋学"而发生的明治维新这一成功先例，对中国的维新志士大有启发，加之中日有"同文"之便，从日文译西书便蔚然成风。而最初的倡导者与有力人物正是康有为。还在光绪初年，他已请人系统地购求日本新书，后又向张之洞建议开书局译日本书。他编辑的《日本书目志》于

---

①《〈海国图志〉原叙》，《海国图志》，古微堂1852年刊本。

1897 年由上海大同译书局付印,《自序》说明了以待取译参考的编书目的:

> 吾今取之至近之日本,察其变法之条理先后,则吾之治效,可三年而成,尤为捷疾也。且日本文字,犹吾文字也,但稍杂空海之伊吕波文十之三耳。泰西诸学之书,其精者日人已略译之矣。吾因其成功而用之,是吾以泰西为牛,日本为农夫,而吾坐而食之。费不千万金,而要书毕集矣。

戊戌变法中,康有为又代杨深秀拟《请派游学日本折》与《请开局译日本书折》,并自上《请广译日本书派游学折》,使取道日本学西方的思想深入、普及于社会。

为了培养日文翻译人才,1896 年,同文馆也添设了东文馆。但日文翻译的主力军仍是留日学生与避难东渡的改良派。同年,清政府开始向日本大批派出留学生,到 1905、1906 年,在日留学生总数已增至万名左右。而日本作为改良派在海外最重要的基地,也集结了相当多的人才。经过这些人的努力,戊戌以后传入中国的社会科学著作,从日文译出的便占了绝大多数。为了满足国内对新学如饥似渴的需求,那些仓促译出的文字往往采用将日语的宾语与谓语位置前后颠倒、略加变化的直译方式[①]。近代西学东渐特殊的输入途径与输入方式,使得日本文体对中国文体发生了明显的影响。

西学与"新文体"的传播有一个大敌,即八股取士制度。

---

① 参见本书第七章第一节。

这种科举考试制度到明、清两代日益精密，已成定制。戊戌以前的中国读书人，视应试为仕进的唯一正途；而其时所谓"学"，不过是贫乏得可怜的帖括之学。因规定禁用秦汉以后书，禁言秦汉以后事，除"代圣贤立言"、写八股文必须背诵的"四书"外，其他书皆可束之高阁，于是竟出现了"通籍高第，而不知汉祖唐宗为何物"①的奇怪现象，由此引起的严重后果，便是官僚阶层普遍的愚昧无知。因此，西学要深入到中国知识阶层中，"新文体"要在社会上广泛流传，必然以打倒受人尊崇的八股文为首要任务。

早期改良派人士王韬、郑观应已把八股文作为攻击的目标，指斥其"败坏人才，斫丧人才，使天下无真才"②，"汩没性灵，虚费时日，率天下而入于无用之地"③，把"取士之法宜变也"④列为变法之一道，主张"废八股之科"⑤。之后，1895 年，严复作《救亡决论》，抨击八股文，重申变法"莫亟于废八股"⑥。次年，梁启超即有运动台官上折请变科举的实际行动⑦。戊戌年间，康有为、梁启超出于改良运动的需要，也屡次上书，代人拟奏折，请废八股，直视八股为愚民之具⑧，痛切陈言：

　　　夫当诸国竞智之时，吾独愚其士人、愚其民、愚其

---

① 《戊戌政变记》第一篇第二章《新政诏书恭跋》，《专集》第 1 册。

② 王韬：《原才》，《弢园文录外编》，第 7 页，北京：中华书局 1959 年版。

③ 郑观应：《盛世危言·西学》，《郑观应集》（上），第 275 页，上海人民出版社 1982 年版。

④ 王韬：《变法中》，《弢园文录外编》，第 14 页。

⑤ 郑观应：《盛世危言·教养》，《郑观应集》（上），第 481 页。

⑥ 《救亡决论》，《严复集》第 1 册，第 40 页，北京：中华书局 1986 年版。

⑦ 《梁启超年谱长编》，第 60—61 页。

⑧ 康有为：《请厘定文体折（代杨深秀拟）》《请改八股为策论折（代宋伯鲁拟）》。

王公，以与智敌，是自掩闭其耳目，断刖其手足，以与
乌获、离娄搏，岂非自求败亡哉！ [1]

为救中国，必变科举，因此，废八股成了变法的一项重要内容。
光绪在维新派的坚决呼请下，终于两次下诏，废除八股取士，改
试策论。尽管政变发生后，慈禧又下令恢复旧制，但废八股、停
科举已是大势所趋。1901 年，清廷又诏令以策问取代八股。到
1905 年，终于全面废止了科举制度。

潮流既不可逆转，虽然康、梁当年的举措曾受到守旧官僚的
阻挠，也遭到那些突然失去依傍的以八股为业、视八股为敲门砖
的士子的反对，但对于身心受到巨大束缚的广大读书人来说，光
绪废除八股的诏书却无异于一纸赦书，使他们有一种解放感，得
以纵览新学书籍，纵论天下大事、救亡之道。被称为"策士文学"
代表的梁启超的新体散文[2]不仅为关心时事的知识分子所欢迎，而
且由于科举考试改试策论，它也成为热心功名的士子应考的枕中
之秘，《新民丛报》即被考生夹带入场以应试。于是乎，"从前骂
康梁为离经叛道的，至此却不知不觉都受梁的笔锋驱策作他的学
舌鹦鹉了"[3]。黄遵宪称赞梁文所说的"乃至新译之名词，杜撰之语
言，大吏之奏折，试官之题目，亦剿袭而用之。精神吾不知，形
式既大变矣；实事吾不知，议论既大变矣"[4]，指的就是这一事实。

---

① 《公车上书请变通科举折》，《知新报》第 55 册，1898 年 6 月。

② 罗家伦在《近代中国文学思想之变迁》中称，"而这类纵横捭阖的腔调，在梁任公先生
所办的《时务报》《新民丛报》里，更可谓集其大成"。并举《少年中国说》以为"策士文学"
的代表作（《新潮》第 2 卷第 5 号，1920 年 9 月）。

③ 李剑农：《最近三十年中国政治史》，第 80 页，上海：太平洋书店 1930 年版。

④ 《水苍雁红馆主人来简》，《新民丛报》第 24 号，1903 年 1 月。

尽管由于生吞活剥的模仿闹出许多笑话[①]，可新体文夺占了八股文的席位，实与反科举的思想深入人心、对八股文的兴趣已被新学取代的形势有关。

此外，近代报刊的出现也是不容忽视的因素。西方传教士在中国主办了第一批近代化报刊，它们作为开通民智、传播文明的利器，引起了改良派高度重视。1874年，王韬创办《循环日报》，这是中国第一家有重大影响的资产阶级改良主义报纸。戊戌前，梁启超也先后参与过《中外纪闻》、《时务报》的创刊与编撰工作。几乎可以说，梁启超的政治生涯开始于他的办报活动，而他作为舆论界骄子的崇高声望，也多半是通过报刊建立起来的。到了《新民丛报》时期，梁启超的言论影响力达到了巅峰状态。一个在海外出版的刊物，又处于文化尚未普及、政府加以限制的情况下，其发行量最高时仍达到一万四千馀份[②]，国内也迭有翻版。人们千方百计找来阅读，互相传说梁启超那些痛快淋漓的议论。因为梁启超最有影响的重要文章几乎都发表于报刊，所以，"新文体"是通过报刊得到广泛喜爱的，又随着近代报刊的发展逐渐成熟。许多人曾以"报章文体"概括其文章新体，虽然不确切，却也正好说明了"新文体"与近代报刊的密切关系。

而从散文发展看，与封建盛世相适应的"桐城派"古文此时已日趋没落。方苞、刘大櫆、姚鼐所标榜的气体清纯、言词雅驯、

---

① 《新小说》第 1 号（1902 年 11 月）载《考试新笑话》三则讽此事。其一曰：某生夹带《新民丛报》入考场，遇试题为"泰西最近世史，每称拿破仑时代，梅特涅时代，能言其故欤"。生交卷，内云："拿破仑与梅特涅，一母所生，而一则为民权之先导，一则为民权之蟊贼。"原来所带《新民丛报》有梁启超的《罗兰夫人传》，中有"罗兰夫人何人也？彼拿破仑之母也，彼梅特涅之母也"数语。

② 1906 年 3 月 25 日《申报》广告《上海四马路新民丛报支店启事》，见《梁启超年谱长编》，第 359 页。

载封建之道的狭隘"义法"，即使其后代传人也不能严守。为救空疏之病，曾国藩即援经、史入桐城古文，列经济与义理、考据、辞章并重①，扩大了古文的适用范围。流派内部的变化显然是为了在社会生活的变化中求得生存；早期资产阶级改良派却又因桐城古文的不合时用鄙弃不屑为。如冯桂芬论文称："顾独不信义法之说。"认为："称心而言，不必有义法也；文成法立，不必无义法也。"批评"操觚者以义法为古文，而古文卑"②，明显是针对桐城家法而发。王韬也说："知文章所贵在乎纪事述情，自抒胸臆，俾人人知其命意之所在而一如我怀之所欲吐，斯即佳文。"自言"于古文辞之门径则茫然未有所知，敢谢不敏"③，对姚鼐在《古文辞类纂》中引导的路径也不感兴趣。改良派先驱对桐城古文的态度，代表了散文发展的新方向，为背离传统古文的"新文体"开了先路。

时代为每个人提供了相同的条件，但为什么独有梁启超能在言论界脱颖而出、自创新体？这又须从他自身寻找原因。

在《三十自述》④中，梁启超颇为详细地讲述了其从学经过，从中可以得知：他早年熟读过四书、五经、唐诗、《史记》《纲鉴易知录》《汉书》《古文辞类纂》等，精研过帖括之学、训诂之学，曾"不知天地间"于此二学之外"更有所谓学也"。1890年，读《瀛环志略》及上海制造局所译西书若干种，开始接触西学；又师事康有为，"自是决然舍去旧学"，"生平知有学自兹始"。康有为

①《劝学篇示直隶士子》："为学之术有四：曰义理，曰考据，曰辞章，曰经济。"并编有《经史百家杂钞》，以补《古文辞类纂》之不足。
②《复庄卫生书》，《显志堂稿》卷五，校邠庐1876年刊本。
③《弢园文录外编·自序》，卷首第3页。
④《文集》第4册。

为之讲陆王心学、史学、西学，又常谈佛学。梁启超随其研习宋元明儒学案、二十四史、《文献通考》等，并分担了康著《新学伪经考》《孔子改制考》的校勘、编纂工作。甲午战后，他广读西学译书，"斐然有述作之志"。交谭嗣同，相与讨论《仁学》，治佛学。赴日后，能读日文，"思想为之一变"。从《自述》中可以看出，梁启超起初所受的教育与一般读书人并无不同。尽管后来由于接触西学，从学康有为，其学问观屡有变迁，但早年深入旧学的濡染仍有留存，"新文体"形成的中国文化基础因此并非是单一的，而是广泛、深厚的。又由于梁启超读过许多西文译本，特别是他到日本后，即广读日文书报[①]，日本原有现成的西文译语，所以，"新文体"中也溶入了若干日本文体的成分，使其形成基础更为复杂、雄厚。

二

多种文化的交叉影响造成了"新文体"的基本特征。对此，梁启超在《清代学术概论》中做过完整的分析：

> ……至是（按：指办《新民丛报》《新小说》时）自解放，务为平易畅达，时杂以俚语、韵语及外国语法，纵笔所至不检束。学者竞效之，号"新文体"。老辈则痛恨，诋为野狐。然其文条理明晰，笔锋常带情感，对于读者，别有一种魔力焉。[②]

---

① 参见本书第七章第二节。
② 《清代学术概论》第25节。

按照梁启超的描述，"新文体"大致有以下特点：

（1）平易畅达：这与梁启超使用浅近文言、表达方式浅显明白有很大关系，也是他的文章拥有广大读者的重要原因之一。

（2）杂以俚语：包括运用在中外民间流行的谚语、俗话和成语，既是作为采用"俗语文体"的一种努力，又可增加文笔的活泼，给读者留下鲜明印象。

（3）杂以韵语：梁启超喜欢在论说文的吃紧部分或结尾处用韵文，把作者激荡的感情同步传达给读者，又造成了文章的起伏跌宕，形成不容抵御的气势。

（4）杂以外国语法：这是"新文体"的特异点。所谓"外国语法"，和梁启超在《夏威夷游记》中所说"吾近好以日本语句入文"①中的"日本语句"同义，主要指借自日文的新名词，也包括一些日语表达方式。梁启超的文章中夹杂了许多外来词，又有一些日化长句子，但仍保留着汉语的基本结构方式，仍能为中国普通的读书人所接受，且有一种新鲜感。众多外来语汇的吸收，是西学传入中国的重要手段。凭着这个媒介，梁启超灌输新知识、改造国民性的既定宗旨才得以推行。

（5）纵笔所至不检束：梁启超写文章常是下笔万言，不能自休。翻检一下《饮冰室文集》，洋洋洒洒的长文非常多，而一二千字以内的短论则很少见。因是自创文体，不必有所倚傍，所以梁启超为文也绝少禁忌，古今中外，凡适用者均可入其文中。这也是"新文体"的独特之处。

（6）条理明晰：主要表现有两点，一是梁启超很注重归纳、

---

① 《夏威夷游记》（初题《汗漫录》），《清议报》第35册，1900年2月。

演绎的推理方法，也长于此道，因此他的文章逻辑性很强，论说层次清楚；二是梁启超善于条分缕析，从各方面周密地阐述一个问题，行文每取"最数法"，即以数目字为标记，分段梳理。

（7）笔锋常带情感：梁启超每自言："我是感情最富的人，我对于我的感情都不肯压抑，听其尽量发展。"[①] 这种不受羁勒的充沛感情一旦倾注文中，见诸文字，自然会有一种元气淋漓的感人力量。情感的波涛常会裹挟读者随之而去，在不知不觉中接受梁启超的观点。

综合而言，"新文体"的各个特点是互补互成的。它在畅达浅白的半文言中夹入大量当时颇觉生硬、刺眼的外来语，又用一泻千里的丰富情感活跃、调动因受日文影响而形成的长句子，并在行文的自由无拘中注重条理的清晰。分开来看，除了第四个特点明显表现出外来文化的影响，"新文体"的每个特点都与中国文化有关联。

梁启超对中国旧学中的历史、文学、佛学都有很深造诣，兼之他记忆力惊人，许多书几乎能成本记诵，因此，根据他在《三十自述》及《清代学术概论》中所说读书情况，并参照他对中国古代散文的论述，我们可以历数一下"新文体"所受到的传统影响：

梁启超曾经评论《左传》"纲领提挈得极严谨而分明，情节叙述得极委曲而简洁"，评论《史记》"其语调字法，早已形成文学常识之一部"[②]，因而《左传》委曲详尽、提纲挈领的笔法，《史记》生动、流畅的语言，使梁启超受益良多，在传记文中尤

---

① 《"知不可而为"主义与"为而不有"主义》，《文集》第13册。
② 《要籍解题及其读法》中《〈左传〉〈国语〉》与《〈史记〉》两篇，《专集》第15册。

见成效。二书在历史文学中也最得其钟爱，特别是司马迁"通古今之变，成一家之言"（《报任安书》）的思想，对他开创"新文体"无疑有极大启示。集纵横家言的《战国策》曾被梁启超列入《最低限度之必读书目》中，以为"于学文有益"[1]，他的散文纵横捭阖、议论风发，正与之相仿佛。梁启超认为《韩非子》"其文最长处在壁垒森严，能自立于不败之地以摧敌锋"（《要籍解题及其读法·韩非子》）；并作《墨子之论理学》[2]一文，专门研究《墨子》运用形式逻辑的方法；而《庄子》散文的特长在于善用联想、比喻。梁启超的政论文与杂文常以通俗、贴切的譬喻、事例连缀在一起说明道理，敷衍成篇，力求立论周到，推理严密，不留馀地，带有墨、庄、韩三家色彩。其文中间有韵语，则显然与先秦散文中多韵语关系密切。而汉赋的铺张扬厉，正与梁文给人以繁富、堆垛之感相近，这又是《史记》、《汉书》中所收名家文潜在的作用。梁启超好用对偶句，使人联想到骈四俪六的骈文与以八比为主干的八股文，从他对骈文大家汪中的推重[3]与对帖括之学曾"埋头钻研"的事实中，也可以得到一点消息。佛教文学以异国宗教为依托传入中国，为汉语增加了大量代表新观念的新语汇，造成了一种新的文体，扩大了文学的形式与内容[4]。由于维新之士都喜读佛书，喜谈佛理，因此，在梁启超输入西学、推行外来语、创造"新文体"的过程中，从佛教文学的成功经验中借鉴良多。禅宗语录及其效仿者——宋明理学家的语录文都是用口语写成，梁文中夹杂俚语、

---

[1]《国学入门书要目及其读法》，《专集》第15册。

[2]《新民丛报》第49—51号，1904年6—8月。

[3]《作文教学法》，第7页，（《专集》第15册），《清代学术概论》第17、31节等。

[4]《翻译文学与佛典》，《专集》第14册。

使用浅显通俗的语言，与他熟悉禅学、《朱子语类》《传习录》等不无关系。唐宋八大家中，梁启超对王安石的事功最表钦佩，于其文也推崇备至，说："故夫其理之博大而精辟，其气之渊懿而朴茂，实临川之特色，而遂非七子者之所能望也。"[①] 理实气充在王安石的政论文中更形突出，于梁文中也可感到同样气息。梁启超对正统桐城古文虽每多贬词，自称"夙不喜桐城派古文"[②]，对后期桐城领袖曾国藩的为人、治事却屡致敬意，甚至说："吾党不欲澄清天下则已，苟有此志，则吾谓《曾文正集》，不可不日三复也。"[③] 并摘编其书成《曾文正公嘉言钞》，称赞他"立德、立功、立言三并不朽"[④]。在思想内容上，两人固然有极大差别，但曾国藩采取兼收并容的方针，使古文向实用方向发展，对梁启超包罗广泛、注重实效的新体文仍有影响。而曾国藩论文讲究气势充盛，音调铿锵，义理正大，气象光明俊伟，梁启超于此也深有所得。特别是前辈思想家、文学家龚自珍的文章，在一段时期对梁启超曾有极大吸引力，使他有"初读《定庵文集》，若受电然"[⑤] 之感。龚自珍的文章托古言事、形象性强、文辞瑰丽的特点，也被梁启超的散文吸收、运用了。

总之，文学的发展总是批判地继承。"新文体"既与中国古代散文有千丝万缕的联系，又确实是不名一家，自成一体。梁启超的高明处即在能入能出。他吸纳众长，为我所用，随心所欲畅言

---

① 《王荆公》第二十一章《荆公之文学（上）》，《专集》第 7 册。
② 《清代学术概论》第 25 节。
③ 《新民说·论私德》，《专集》第 3 册。
④ 《〈曾文正公嘉言钞〉序》，《文集》第 12 册。
⑤ 《清代学术概论》第 22 节。

发论，而无不如意。他的新体散文与正统桐城古文形成了鲜明对比。方苞所认为"古文中不可入语录中语，魏晋六朝人藻丽俳语，汉赋中板重字法，诗歌中隽语，南、北史佻巧语"（沈廷芳《书方望溪先生传后》中引方苞语）的禁忌，被梁启超的健笔一扫而空，连他们尚未梦见的外国新语也源源不断见诸文中。读一下"新文体"的代表作《过渡时代论》[1]的第二节《过渡时代之希望》，便可尝鼎一脔：

> 过渡时代者，希望之涌泉也，人间世所最难遇而可贵者也。有进步则有过渡，无过渡亦无进步。其在过渡以前，止于此岸，动机未发，其永静性何时始改，所难料也；其在过渡以后，达于彼岸，踌躇满志，其有馀勇可贾与否，亦难料也。惟当过渡时代，则如鲲鹏图南，九万里而一息；江汉赴海，百千折以朝宗。大风泱泱，前途堂堂，生气郁苍，雄心翯皇。其现在之势力圈，矢贯七札，气吞万牛，谁能御之！其将来之目的地，黄金世界，茶锦生涯，谁能限之！故过渡时代者，实千古英雄豪杰之大舞台也，多少民族由死而生、由剥而复、由奴而主、由瘠而肥所必由之路也。美哉过渡时代乎！

其中"过渡时代""进步""动机""目的""舞台""民族"等都是借自日文的外来语[2]。大量使用这些复合词的结果，文中的长句

---

① 《清议报》第83册，1901年6月。

② 实藤惠秀《中国人留学日本史》，北京：三联书店1983年版，第七章《现代汉语与日语词汇的摄取》。

子便带有日化痕迹，令人耳目一新。"大风泱泱"四句韵文音节铿锵，气势雄长，表现出对过渡时代的前途辉煌坚信不疑。文中还糅合了其他多种文体，在奇句单行的古文中，夹入许多整齐的类似八股文的长比（如"其在过渡以前"一联）与骈文的四六句（如"鲲鹏图南"一联），骈散结合，加上文笔充满热情，富有朝气，使整段文章抒情色彩很浓。但关于过渡时代最有希望的论述又是标准的说理，由于把过渡前后作为反证提出，因此具有不容辩驳的说服力。

正因为梁启超具有文章革新家的气度与胆识，他才能在从古体文中解放出来的同时，又无所顾忌地采择一切于他有用的古文、史传文、辞赋、骈文、佛典、语录、八股文、西学译文及日本文的字法、句式、腔调、体制，打破了古今中外各种文体的界限，形成了别具一格、最便时用的"新文体"。这样说，并非意味着"新文体"是一种尽善尽美的最佳文体，而是为了说明它有自己的特色，又并非凭空产生。而"新文体"的形成时期，正当梁启超广采新知、热情奋发、才气横溢的青年时代，行文、感情都不受约束。出于宣传西学与改良思想的需要，他不仅使用了浅近之辞，而且在文中大量征引新事例，以求通俗易懂地说明新思理。尽管因而出现了铺张过度、重叠冗赘的毛病，但这种表里一新的散文仍具有新奇可喜、奔放激荡、扣人心弦的魔力，征服过当时所有向往新思想、新知识的中国读书人的心。

三

对"新文体"产生的渊源与特征既有了了解，那么，它的应用时期也就不难确定了。

在《清议报》最后一期，梁启超有一篇《本馆第一百册祝辞并论报馆之责任及本馆之经历》①的长文，在论列《清议报》发表过的重要文章时提到：

有《少年中国说》《呵旁观者文》《过渡时代论》等，开文章之新体，激民气之暗潮。

明确指他所作的三文为新体文章。前两篇文章都是 1900 年 2 月刊出的。而前述梁启超关于"新文体"的分析，却把"新文体"与1902 年才创办的《新民丛报》放在一起谈，二者似乎应是同时出现。这样，梁启超本人对于"新文体"的产生也好像说法不一，两次所述在时间上差了两年。实则文体的演变是一个渐进的过程，梁启超所说的"至是自解放"仅指"新文体"的成熟期，其最初的产生时间则还要早。大体说来，戊戌东渡是梁启超文章变化的一条分界线。

在考察"新文体"的形成过程时，对它的诸种异名有必要加以辨正。

"新文体"又被称作"时务文体"或"新民体"，二者俱得名于由他任主笔的刊物，可见梁启超确为"新文体"的首创者。从时间上说，"新民体"应包括在"新文体"中，以"新民体"代替"新文体"，显然是概括不全。《时务报》却创办于 1896 年，在梁启超去国前两年，因此，对"时务文体"须作些分析。

《时务报》时期，梁启超的文章即已遭到旧派人物的猛烈攻

---

① 《清议报》第 100 册，1901 年 12 月。《文集》改题为《清议报一百册祝辞并论报馆之责任及本馆之经历》。

击，特别是他以西学术语入文，曾被叶德辉痛加指责：

> 自梁启超、徐勤、欧榘甲主持《时务报》、《知新报》，而异学之诐词、西文之俚语与夫支那、震旦、热力、压力、阻力、爱力、抵力、涨力等字触目鳞比，而东南数省之文风日趋于诡僻，不得谓之词章。①

这样说来，岂不是"新文体""杂以外国语法"的特点在"时务文体"中就已具备了吗？但前面我们论述过"新文体"受到了日本词汇与文体的深刻影响，而《时务报》时期，对梁文发生作用的主要是西文中译本。叶德辉明言其为"异学""西文"，所举之词除借自佛教，就是翻译西方自然科学书籍时新造出者。而且在1897年4月，梁启超还曾就康有为欲延请通事译日文书一事写信表示异议，认为中国通日文者少，日本书也不易译，并说：

> 超自顷常劝此数处报馆，谓不必骛多备翻译之名，无宁多聘一二通英文者，多译英文之为得也。故译日本书之事，超不以为然一也。②

表明此时在他心目中，西文书的地位显然远远高于日文书。虽然不久以后，大同译书局成立，梁启超已由偏向西文转到偏重日文，但当时汉译日籍甚少的状况仍没有多少改变③，而梁启超也很快去了湖南，他本人又不通日文，因此在文体方面，日本的影响还无

----

① 《〈长兴学记〉驳义》，苏舆编：《翼教丛编》卷四，武昌 1898 年重刻本。
② 《致康有为书》（1897 年 4 月 4 日），《梁启超年谱长编》，第 79 页。
③ 谭汝谦主编：《中国译日本书综合目录》，香港中文大学出版社 1980 年版。

从谈起。

这时对梁启超最具吸引力的还是关于西方政治、历史的译本。这些译介最初是由传教士做的，则其间的影响关系倒值得一提。杨世骥曾指出：

> 这一类作品（按：指甲午以后出现的新学文章），胡适曾经名之为"时务的文章"（见《五十年来的中国文学》），而最早试写这种文章的人却是几个外国在中国传教的教士，如李提摩太（Timothy Richard①），林乐知（Young John Allen），和李佳白（Gilbert Reid）等三人，尤为当时重要的代表——他们……所办的报纸刊物，所做的文章，给予当时影响极大，随后郑观应、康有为、梁启超、刘桢麟、黎祖健、管斯骏等继踵而起，使这种文章的体式更完备了，势力更扩大了。②

"时务文体"的发生，确与这些精通汉语的洋教士有关，特别是其中的李提摩太，与康、梁关系很深，曾参与强学会的活动。由他参与编辑、撰稿的《万国公报》，对康、梁办《中外纪闻》有直接启示，从《中外纪闻》初名《万国公报》即可知。梁启超还担任过李提摩太的私人书记，他对李提摩太的诸种著译也很熟悉，在《西学书目表》中都收录了。而且戊戌以前，无论是外国传教士，还是从西洋回来的留学生，他们的翻译、介绍都采用完全合乎汉语语法的文言，以求减少流传的阻力，就像是旧瓶装新酒。受其

---

① 原文"r"字母原缺，已补正。
② 《英美三教士》，《文苑谈往》第一集，第4页，上海：中华书局1946年版。

影响，康、梁的新学文章也是如此。因而，"时务文体"的句式还属于道地的汉语结构。但它以议论时政为主要内容，并运用了一些翻译新词，已开始表现出对桐城古文和八股文的初步解放。从这些情况可以判定，梁启超去国前的时论文章，从新学语到新学理，主要是从西人译述中汲取来，与他赴日后受明治维新文化的强烈冲击不同。

1898 年 9 月 21 日，戊戌政变发生，梁启超随即亡命日本。初到时，他因语言不通，与日人交往须借助笔谈。真正学会日文，随意看书看报，还在几个月后。1898 年 12 月 23 日，《清议报》创刊，梁启超才重新获得宣传阵地，开始大量撰写文章，日本文体的影响也逐渐显现出来。在文体变化的初期，梁启超的文章带有模仿的痕迹。如 1899 年 6 月，他发表了《论中国人种之将来》[①]一文，在"撰者自志"中说：

> 日本某大政党之机关报，其名曰《大帝国》，征文于余，草此应之，因并以告我四万万同胞，各壮其气焉。篇中因仿效日本文体，故多委蛇沓复之病，读者幸谅之。

文中有一些日式句子，如"欧人中国分割之议"，即来自日语宾语在动词前的语序；又如"且不宁惟是而已，他日于二十世纪，我中国人必为世界上最有势力之人种，有可豫断言者"，则系仿造日文造出的倒装句。这种仿日文体已与"时务文体"有很大区别，表现出有意从一切中国古体文中完全解放出来的倾向。这是因为抵日后，梁启超已尖锐地感到以往的文章形式与新内容的矛盾，

---

① 《清议报》第 19 册，1899 年 6 月。

开始改造文体，仿日文体即是其初步成果。除有一些拗句外，它已基本具备"新文体"的主要特征。在此基础上，梁启超又将仿日文体进一步醇化，这样，"新文体"便从当时充斥书刊、粗制滥造的僵直日式中文中拔脱出来，完全独立、成熟了。

从梁启超文章体式的实际情况看，它有一个由"时务文体"到"新文体"的变化经过，而"新文体"自身也处在逐渐发展的过程中。从仿日文体进步到"新民体"，"新文体"的各个特点都得到了充分、协调的发挥；1912 年梁启超归国后办《庸言》，文风渐趋平实；到反对袁世凯称帝，文字再度激烈。五四以后，梁启超已完全抛弃"新文体"而采用白话文，"新文体"作为从文言文体向白话文体过渡阶段的历史任务也就完成了。

在"新文体"的演变过程中，1906 年与《民报》的论战是转折点。在此以前，《新民丛报》的创刊把"新文体"的影响力扩大到极点，而此后，随着"新文体"沦为反对革命的工具，又日益失去了人心。

在"新文体"极盛时期，梁启超的文章在政治主张不同的人群中引起过不同反响。夸赞者有之，如黄遵宪当时致函梁启超说：

> 以公之才识，无论著何书，必能风靡一世。吾有一三十年故友，谓公之文，有大吸力，今日作此语，吾之脑丝筋随之而去，明日翻此案，吾之脑丝筋又随之而转，盖如牵傀儡之丝，左之右之，惟公言是听。吾极赞其言。①

---

① 《与饮冰主人书》（1905 年 2 月 21 日），引自《梁启超年谱长编》，第 350 页。

反对者亦有之，如严复多年以后追述：

> 至于任公妙才，下笔不能自休，……其笔端又有魔
> 力，足以动人。主暗杀，则人因之而徜然暗杀；主破坏，
> 则人又群然争为破坏矣。敢为非常可喜之论，而不知其
> 种祸无穷。[①]

但无论持何种态度，他们都一致承认：梁启超的"新文体"具有极大鼓动性，其感染人心之深且巨，并时无二。

四

别具魔力的"新文体"广泛应用于梁启超的各类散文中，为时人所瞩目。假如我们不是以狭隘的观念定义散文，那么，通过对梁启超新体散文中最重要的三类——政论文、传记文与杂文的分析，可以更具体地看到"新文体"的表现形态与功效。

以 1918 年脱离政界为界，梁启超的一生可分为前后两期。前期他基本是以改良派政治家的身份从事撰述，后期则主要作为学者专力从事讲学与著述。因此，他的政论文绝大部分写于前期。

梁启超的大半生一直处在政治的旋涡中，这样，政论文在他前期的散文中就占了很大比重。其主要内容为抨击封建专制，宣讲"新民"之道，鼓吹渐进的改良。1905 年同盟会成立后，梁启超的思想即由进步趋向保守。梁启超自信为中国必不可少之一

---

① 《严几道与熊纯如书札节钞》（十八），《学衡》第 8 期，1922 年 8 月。

人①，重要原因之一，就是他很相信自己的政论有左右舆论的力量。于是，他对自己的政治谭便格外偏爱，视之为书生救国的唯一途径，极言："政治谭以外，虽非无言论，然匣剑帷灯，意固有所属，凡归于政治而已。"② 有人对此发生了误解，乃至以"政论文体"限定"新文体"。尽管说法有很大片面性，却表明梁启超以一个政治家所作的政论文，确曾给人留下深刻的印象。

1921 年，梁启超做过这样的自白："我生平是靠兴味作生活源泉。我的学问兴味、政治兴味都甚浓，……我觉'我'应该做的事，是恢复我二十几岁时候的勇气，做个学者生涯的政论家。"③ 这段话恰好说明了前期的梁启超是从学问兴味与政治兴味出发，以"学者生涯的政论家"身份撰写政论文的。但兴味属于情感领域，从政、治学则要凭理智分析、判断，学问兴味与政治兴味又分走两途，梁启超却能将这些互相矛盾的成分中和在一起，由此产生出他的政论文，也决定了其基本特点。

政论文容易写得枯燥乏味，峭厉深刻有馀，而平易亲切不够。这是由它的特定内容决定的。作者用它表明自己对政治问题的看法，无论是分析其现状，推测其发展，预言某种政治现象的出现，都要求作者头脑冷静，观察力敏锐，对现实有全面、深切的理解，而不能以一己之感情评判。一般说来，政论文作用于读者的理智，它说服读者接受作者的观点。好的政论文甚至以咄咄逼人、不容抗拒的逻辑力量威慑读者，让他们毫不迟疑地放弃已有观点，身

---

①《与上海某某等报馆主笔书》（1911 年）称："吾固确自信为现在中国不可少之一人也，……故吾常以为天如不死此四万万人者，终必有令我自效之一日；若此四万万人而应堕永劫者，则吾先化为异域之灰尘，固其宜也。"（《文集》第 10 册）

②《吾今后所以报国者》，《文集》第 12 册。

③《外交欤？内政欤？》，《文集》第 13 册。

不由主地附和方才读到的新见解，或竟错以为自己早有同感，过后也许又会怨恨作者的专制。然而这还是属于"晓之以理"的范围，其效果是通过诱发或压迫读者的理智取得的。论者客观的分析虽然也会引起读者激动的情绪，但这是由于彻悟而产生，并不妨碍理性的活动。

梁启超的政论文也具有这种"摧陷廓清"的理论力量。他擅长运用推理方法，在论述一个问题时，往往先就其性质下一准确定义，然后引用许多具体例证，按照逻辑分析的次序组织起来。当你承认他的第一个前提、接受他的第一个例证时，他就会抓紧你，毫不放松地引你到他的思路上，逐步推导，移步换形，不断变结论为前提，直到问题论证完毕，你只有全盘认可。试将《清议报一百册祝辞并论报馆之责任及本馆之经历》中的一段略加分析（批语用括弧与原文分开），便可清楚：

所贵乎报馆之著述者，贵其能以语言文字开将来之世界也（结论兼大前提）。使取人人所已知者而敷衍之（小前提），则与其阅报，何如坐禅（结论兼前提）？使拾前人所已言者而牙慧之，则与其阅报，何如观剧（同上）？故思想不可以不新（结论）。凡欲造成一种新国民者（小前提，前面省略"新思想为新国民所必备"的转折，即减去大前提），不可不将其国古来误谬之理想，摧陷廓清，以变其脑质（结论）。而欲达此目的（前提），恒须藉他社会之事物理论，输入之而调和之（结论兼前提）。如南北极之寒流，与赤道之热流，相剂而成新海潮；如常雪界之冷气，与地平之热气，相摩而成新空气（引证事例以肯定、发挥上述结论）。故交换智识，实惟人生

第一要件（结论兼前提）。而报馆之天职，则取万国之新
思想以贡于其同胞者也（结论）。

整段论述环环相扣，联贯而下，不容置疑。

论证严密、"条理清晰"固然是梁启超政论文的一大特点，但
又是对所有政论文的一般要求。仅凭此点，还不足以见出"新文
体"的高明。梁启超不同寻常之处，正在于他能在"晓之以理"
的同时，又"动之以情"，并且两方面都极度扩展，并行不悖。

大多数政论家很重视理性的作用力，梁启超则理性与情感并
重，有时甚至更倾向后者。他曾经谈道：

> 吾之作政治谭也，常为自身感情作用所刺激，而
> 还以刺激他人之感情，故持论亦屡变，而往往得相当之
> 反响。[1]

他既会用强力的分析压迫读者的理智，迫使他们让步、投降，更
会以激情的陈说诱使读者感情冲动，缓解、抚慰在另一方面的压
迫感，从而心甘情愿地接受他的论点。可见，用"奔迸"的情感
方式传达政治见解，可以使读者在情与理两方面都得到满足，而
"笔锋常带情感"，确是梁启超的政论文"别具魔力"的一个重要
原因。

在梁启超众多的政论文中不乏名篇，如《中国积弱溯源论》
《释革》《保教非所以尊孔论》《论专制政体有百害于君主而无一
利》《异哉所谓国体问题者》《袁政府伪造民意密电书后》等，都

---

[1]《吾今后所以报国者》，《文集》第12册。

曾传诵一时。而反响热烈的《新民说》可为其代表作。此文长达十馀万字，分为二十节。前四节总论"新民"的必要性及取法对象，以下十六节从各方面展开，分论国民自新之术。胡适在谈及该文时说：

> 他（按：指梁）指出我们所最缺乏而最须采补的是公德，是国家思想，是进取冒险，是权利思想，是自由，是自治，是进步，是自尊，是合群，是生利的能力，是毅力，是义务思想，是尚武，是私德，是政治能力。他在这十几篇文字里，抱着满腔的血诚，怀着无限的信心，用他那枝"笔锋常带情感"的健笔，指挥那无数的历史例证，组织成那些能使人鼓舞，使人掉泪，使人感激奋发的文章。①

显然，胡适认为，梁启超建立在历史法则基础上的信心，是《新民说》征服、鼓舞读者的主要力量，而他的热情、"血诚"贯通全文，更强化了论说的感染力。其写作方法，是在周密的推理中引用确凿无疑的史实，夹入感情色彩较浓的形象化词语，采用感叹、激动的语调以及对比的手法、排比的句式，一气呵成，全篇浑然一体。这样，激荡的感情作为理性分析的辅助手段，就充分发挥了其效用。从《论进步》一章中节取一段，读后感受可更深切：

> 不祥哉！破坏之事也。不仁哉！破坏之言也。古今万国之仁人志士，苟非有所万不得已，岂其好为傲诡凉

---

① 《四十自述》，第105页，上海：亚东图书馆1933年版。

薄，愤世嫉俗，快一时之意气，以事此事而言此言哉！盖当夫破坏之运之相迫也，破坏亦破坏，不破坏亦破坏。破坏既终不可免，早一日则受一日之福，迟一日则重一日之害。早破坏者，其所破坏可以较少，而所保全者自多；迟破坏者，其所破坏不得不益甚，而所保全者弥寡。用人力以破坏者，为有意识之破坏，则随破坏随建设，一度破坏，而可以永绝第二次破坏之根，故将来之乐利，可以偿目前之苦痛而有馀；听自然而破坏者，为无意识之破坏，则有破坏无建设，一度破坏之不已而至于再，再度不已而至于三，如是者可以历数百年千年，而国与民交受其病，至于鱼烂而自亡。呜呼！痛矣哉破坏！呜呼！难矣哉不破坏！ [1]

由于使用了很多感叹句、对比句，这段论述充满激情，气势盛大。而梁启超的"破坏论"在当时之所以产生广泛影响，也得益于其独特的行文方式。

除了感情与理智的统一，梁启超的政论文中还存在着现实与历史的统一。现实总是相对于历史而言，是不断延续的历史的一个暂定点。既然如此，要解决现实的政治问题，就必须明了它的历史原因。梁启超的学问兴味使他一直对历史研究有浓厚兴趣，并成为中国新史学的开创者[2]。有这层关系，作为一名政论家，梁启超自有他的优势与长处，认识问题具有历史的深刻性。前举《新民说》等多文，即体现了这种深入现实的历史感。梁启超不但

---

[1]《新民说·论进步》，《新民丛报》第 11 号，1902 年 7 月。

[2] 其《新史学》与《新民说》1902 年 2 月同时在《新民丛报》第 1 号开始刊出。

对中国历史非常熟悉，对外国历史也有所了解，因而文章中常常大量随手引用中外历史事例。除引证举例，他还采用寻根求源的方式，这是历史意识更深层次的表现。他的许多政论文都从当前的现象出发，深掘其历史的根，以求彻底的疗治，因而能深中肯綮。下文引自《中国积弱溯源论》第一节《积弱之源于理想者》①，追溯国人缺乏国家观念的起因：

> 今夫国家者，全国人之公产也；朝廷者，一姓之私业也。国家之运祚甚长，而一姓之兴替甚短。国家之面积甚大，而一姓之位置甚微。朝廷云者，不过偶然一时为国民中巨擘之巨室云尔。有民而后有君，天为民而立君，非为君而生民。有国家而后有朝廷，国家能变置朝廷，朝廷不能吐纳国家。其理本甚易明。而我国民数千年醉迷于误解之中，无一人能自拔焉，真可奇也。试观二十四史所载，名臣名将，功业懿铄、声名彪炳者，舍翊助朝廷一姓之外，有所事事乎？其曾为我国民增一分之利益、完一分之义务乎？而全国人顾啧啧焉称之曰：此我国之英雄也。夫以一姓之家奴走狗，而冒一国英雄之名，国家之辱，莫此甚也！乃至舍家奴走狗之外，而数千年几无可称道之人，国民之耻，更何如也！而我四万万同胞，顾未尝以为辱焉以为耻焉，则以误认朝廷为国家之理想，深入膏肓而不自知也。

---

① 《清议报》第77册，1901年4月。《中国积弱溯源论》原题《积弱溯源论》，为《中国近十年史论》之第一章。

在这些政论文中，梁启超以西方资产阶级史学观，痛快、尖锐地批判中国的封建制度与思想，推原其由来，不外乎出于帝王家天下的需要，而其潜移默化，渗透到各个阶层，形成为国民心理，便是中国致弱的根源。因此，中国要富强，不可不去掉这些历史因袭的重负，从改造国民性入手，首先破除奴隶性，而代之以西方新的思想观念。这就是梁启超的结论。而其着眼点在现实，始终围绕实际问题引证史事，则是这类政论文区别于历史论文之处。

论述详尽、感情充沛，固然是梁启超政论文的长处，但推向极端，也会带来弊病。梁启超不少文章显得芜杂，未经很好剪裁，语言不够精炼，有随意性。读者总是处在强刺激下，也会产生疲劳、厌倦感。特别是某些分散在各篇看来可以成立的观点，放在一起看，就会发现其互相矛盾。这种现象的出现，一则是由于梁启超"不惜以今日之我，难昔日之我"，思想变化迅速，所以"持论亦屡变"[1]；而更主要的原因是出于推论的需要，受到情感的推动，每言必尽，以致顾此失彼。读他同写于1902年的《保教非所以尊孔论》与《论佛教与群治之关系》[2]，中间便有许多矛盾点。在前文中，梁启超为了论证孔教不必保，自会日益兴盛，因而对各种宗教都取批判的态度。他认为，包括佛教在内的宗教都以迷信为指归，以脱离尘世为目的。它们束缚人的思想自由，与科学为敌，故其势力日趋衰颓。而孔教与之相反，它并非一种宗教，且能包容众教之所长，因此"光大正未艾也"。所当作之事，是"采群教之所长以光大孔教"。可是在后文中，他为了说明宗教为中

---

[1] 《清代学术概论》第26节及《吾今后所以报国者》。
[2] 分刊《新民丛报》第2、23号，1902年2、12月。

国进化所必需，便贬低孔教，以为它在当时中国所能发生的效力较小，又列举佛教的诸多长处："乃智信而非迷信"，"乃入世而非厌世"等等。归根结底，佛教"兼三世而通之"，故最有益于社会政治，当为中国的新信仰。这样对立的想法，显然不是由于梁启超数月内思想彻底改变了，而是由于他面对不同的问题时，只想把它们各个阐述清楚，使人信服，于是找来一切于己有利的论点、论据，却忘记了读者合观时会产生无从索解的疑问。这些矛盾的论点虽然有时会在"新文体"魔力的作用下改易人心，"得相当之反响"，但终究因放弃了先前的观点，"而其言论之效力亦往往相消"①。

一个人的长处常常也是他的短处。人如此，文章也如此。但比较而言，梁启超的政论文毕竟是瑕不掩瑜，这就很值得肯定了。

五

梁启超对传记文有特别的爱好，他写过各种形式的人物传，如旧式的纪传、年谱、墓志铭、哀启、寿言、祭文等，又如新式的评传②、自述等，并作过理论的研究。

起初，梁启超沿用传统的史传体裁，也写出了一些佳作。最有名的是见于《戊戌政变记》一书中的《谭嗣同传》。此文写于谭嗣同慷慨就义后不久，梁启超仍沉浸在变法失败和悼念亡友的哀痛中，因此，传文写得谨严中富有激情。特别是叙述谭嗣同夜访袁世凯的一番对话以及他抱定必死的决心不肯出走的行事两段文

①《清代学术概论》第 26 节及《吾今后所以报国者》。
② 梁启超 1926—1927 年所作《中国历史研究法（补编）》称之为"专传"。

字，已是有口皆碑。谭嗣同正气凛然的英雄形象与袁世凯阴险狡诈的奸雄嘴脸，通过梁启超简洁、传神的笔墨，栩栩如生地展现出来。烈士赴难前所说："各国变法无不从流血而成。今日中国未闻有因变法而流血者，此国之所以不昌也。有之请自嗣同始！"这段最典型地代表了谭嗣同的刚烈性格与卓越识见的话，经过梁文的记述、宣说，已成为近代史上的名言佳话。

虽然如此，梁启超的贡献主要还在他的新体传记文上。1901年写成的评传《南海康先生传》与《李鸿章》[①]，标志着中国具有现代意义的传记文的诞生。在《李鸿章》的"序例"中，梁启超即明言："此书全仿西人传记之体"，与"中国旧文体"不同。而《新民丛报》第1号"绍介新著"一栏，也以"此书以泰西传记新体，叙述李鸿章一生经历而论断之，其体例实创中国前此所未有"[②]的评语，向读者推荐此书。很明显，梁启超有意以"泰西传记新体"变"中国旧文体"，且自视甚高，所以，这类新体传记文是梁启超的新体散文中不可或缺的一部分。

作为一个有历史癖的政治家，梁启超每作一传，都有鲜明的现实目的。为古人作传，是给今天提供参考；为今人作传，是出于分析政治现状的需要。用梁启超自己的话说，就是"意不在古人，在来者也"（《李鸿章·序例》，《李鸿章》）。因此，他虽然为古今中外许多人物立过传，但都是从中国现实出发，择要予以介绍。这是他选择人物的第一个标准。其次，他为之立传的人物，或者是一个时代的代表人物，对全社会有关系全局的影响，其命运与国家的命运紧密相关，如管子、王安石、袁崇焕、李鸿章、

---

① 《南海康先生传》，《清议报》第100册，1901年12月；《李鸿章》，（日本横滨）清议报馆1902年版。

② 《绍介新著·李鸿章》，《新民丛报》第1号，1902年2月。

康有为、玛志尼、加里波的、加富尔、噶苏士①、克林威尔、罗兰夫人等；或者是在某一方面有特殊贡献的人物，在他们专力从事的事业中，以其建树为后人树立了楷模，如张骞、班超、郑和等。因而，人物具有重要性是他的第二个选择标准。这些人除李鸿章外，都是他崇拜、钦慕的英雄。他们中的外国政治家或是用温和的改革使国家强大，或是以顽强的奋斗使祖国摆脱了外来的控制与奴役，梁启超认为可以之鼓舞中国国民，取为效法的榜样。那些中国政治家则辅佐君王，变法图强，虽有成、败之别，却同样伟大，梁启超指出他们的变革措施，在今日仍有借鉴的必要。而历史上交通外邦的中国使臣开疆拓宇，立功异域，扬威海外，梁启超以为这是中华民族的光荣，今天应发扬光大，以争胜于优胜劣败的世界。这些人生于盛世能及时建功立业，生于衰世能挽救国家危亡；成功者可造福社会、后代，失败者也有其杰出的历史、人生价值。从梁启超选择的人物中，我们可以看出他"察往以知来，鉴彼以诲我"②的用意，主要在于振兴民气，以改良的方式变中国为世界强国。而所有的传中人物又以其自身的重要性，与当时的社会、政治有复杂的联系，写一人，便可把这一大张关系网收入，从而从一个人物的传记中见出时代的主要矛盾与发展趋势。《李鸿章》一名《中国四十年来大事记》，就是因为"四十年来，中国大事，几无一不与李鸿章有关系，故为李鸿章作传，不可不以作近世史之笔力行之"（《李鸿章·序例》）。这种作传方法就是梁启超后来所总结的：

---

① 噶苏士（Kossuth Lajos，1802—1894），匈牙利民族解放运动领袖。
② 《意大利建国三杰传·结论》，《专集》第3册。

> 我的理想专传，是以一个伟大人物对于时代有特殊
> 关系者为中心，将周围关系、事实归纳其中，横的竖的，
> 网罗无遗。……此种专传，其对象虽止一人，而目的不
> 在一人。

梁启超对"伟大人物"的定义是，"不单指人格的伟大，连关系的伟大，也包在里头"。后者指的是可以"把那个时代或那种学术都归纳到他们身上来讲"。这种从全社会着眼挑选和描写人物的方法，部分是受到司马迁的启发，所以他又说：

> 《史记》每一篇列传，必代表某一方面的重要人
> 物。……每篇都有深意，大都从全社会着眼，用人物来
> 做一种现象的反影，并不是专替一个人作起居注。[1]

但司马迁对于史传写法究竟未做过阐释，因而梁启超的发现与实践对传记文的写作无疑具有重大提示意义。

选定了合适的人物，就是找准了有利的突破口。以梁启超这样一位感情丰富的作家，为他崇敬或感兴趣的人物作传，其热力倾注于一点，自然能所向披靡，吸摄人心。郭沫若读了他的《意大利建国三杰传》后，为之心醉，以至一度"在崇拜拿破仑、毕士麦之馀便是崇拜的加富尔、加里波蒂、玛志尼了"[2]，足见其感染力之强。由于从史传文学开始即有"太史公曰"的形式，为撰者的情感抒发留下了空间，因此传记文比政论文更易于倾泻感情。

---

[1]《中国历史研究法（补编）》分论一第一、二章与总论第三章，《专集》第23册。
[2]《少年时代》，第125页，上海：海燕书店1947年版。

梁启超不仅充分利用了"新史氏曰"提供的便利，而且，他对人物的感情实际也往往随时随处毫不掩饰地表露出来，如说："吾草《罗兰夫人传》，而觉有百千万不可思议之感想，刺激吾脑，使吾忽焉而歌，忽焉而舞，忽焉而怨，忽焉而怒，忽焉而惧，忽焉而哀。"[1] 这种强烈的感情色彩普见于梁启超的新体传记文中。

可是，无论梁启超如何易于感情冲动，传记文毕竟是一种历史的记述，要求客观性与准确性。为此，梁启超每引克林威尔"Paint me as I am"（画我像我）的名言，以"忠实"为史德之首[2]。即使对于他的政敌，他多次谋划派人刺杀的李鸿章，梁启超在传中也力求持论公允。"顾书中多为解免之言，颇有与俗论异同者"（《李鸿章·序例》），就是因为他把李鸿章视为由社会造出的"应时人物"。批判李鸿章的罪愆，目的在揭示中国几千年政治的弊端与庸恶的风习；通过李鸿章一人，对中国封建社会做总体解剖。因此，虽然梁启超的评价有不恰当处，但这种不以个人好恶评定人物、根据历史事实做结论的态度，总还是值得肯定。

在各种新体传记中，梁启超最重视的是评传。他的长篇评传《管子传》《王荆公》《李鸿章》写了中国历史上三个重要的政治人物，分别揭示出封建社会早期、中期和晚期的特点。他的其他长短不一的传记文也多取评传形式，这是因为评传写起来比较自由，容量也大。评传最主要的特征是"夹叙夹论"，梁启超在《李鸿章》的"序例"中即表示，要以之改变"中国旧文体""类皆记事，不下论赞"或论赞"附于篇末"的旧习。于是，他很注重写好传中的议论部分。他的评传一般开篇有绪论（或曰"发端"），

---

[1] 《罗兰夫人传》，《新民丛报》第18号，1902年10月。

[2] 《中国历史研究法（补编）》："我以为史家第一件道德，莫过于忠实。"（《总论》第二章《史家的四长》）

收尾有结论，随处对时事、人物加以批评。凡独立成书者，都有例言发明写作旨意、体例。

在绪论中，梁启超往往就人物与时代的关系提出一种评价人物的标准。如《南海康先生传》第一章"时势与人物"中，出现了"应时人物"与"先时人物"两个概念。他阐释说：应时人物是时事所造之英雄，先时人物是造时势之英雄。作应时人物易，因其有凭借；作先时人物难，因其无凭借。而应时人物功成名就，及身可安富尊荣；先时人物则屡遭挫折，穷愁潦倒，以致名败身亡，而且其先时愈久，与社会激战愈烈。"虽然，为一身计，则与其为先时之人物，诚不如为应时之人物；为社会计，则与其得十百应时之人物，无宁得一二先时之人物。"这样，社会可以进步得更快。梁启超认为，康有为就是一位先时人物，他虽然有许多缺点，但却是开二十世纪中国历史新页的人。而在结论部分，他又往往以西方新的历史观对人物一生的事功、学术做出具体、全面的评价，分析其对国家前途的影响。他也喜欢把人物放在世界的范围来考察，从比较中确定人物的价值，引出教训。如在《意大利建国三杰传》的"结论"中，梁启超指出，旧时意大利国情与我国相类，甚或有不如，而三杰奋斗不息，终使意大利获得统一、独立，强大起来。欲使中国变新，则当学三杰之有"血诚"而"毋自欺""精一""寡欲""坚忍精进"、有"预备工夫"等品德学行。这也就是梁启超作传的目的。而在《李鸿章》的最后一章，梁启超干脆一连举出十六个古今中外人物，从各个方面与李相比。由于有了参照对象，对李鸿章的政治活动、品行学问的评定有了依据，在比较中也就为他找到了合适的位置。

在梁启超的所有评传中，议论总是与叙事紧密配合，把他对各个具体问题的看法及时传达给读者，帮助读者做出判断。而这些散见的评论又有一个共同的指向，即他对人物的整体评价，因此，它们作为最终结论的有机组成部分，读时也不能轻易放过。其中有些议论甚至是作为全传的核心思想提出的。如《罗兰夫人传》中有这样一段：

> 河出伏流，一泻千里，宁复人力所能捍御！罗兰夫人既已开柙而放出革命之猛兽，猛兽噬王，王毙；噬贵族，贵族毙；今也将张牙舞爪以向于司柙之人。夫人向欲以人民之势力动议会，今握议会实权者，人民也，饮革命之醉药而发狂之人民也。夫人凤昔所怀抱，在先以破坏，次以建设，一倒专制，而急开秩序的之新天地。虽然，彼高掌远蹠之革命巨灵，一步复一步，增加其速力，益咆哮驰突，以蹂躏蹴踏真正共和主义之立脚地。①

梁启超认为，这就是罗兰夫人的悲剧所在。这也是他由激进的革命论者转为渐进的改良论者的原因之一。可见，夹叙夹议不仅是传记文的一种写法，也是梁启超宣发他的社会观、人生观的一个途径。

重要的人物，特殊的事迹，错综的关系，复杂的社会，这一切都要求着一个与之相应的文章结构。梁启超于此也做了努力。他的传记文很有章法，一般先叙时代形势，为人物出场做好铺垫，人物在这一背景中、舞台上活动，或顺随形势（只李鸿章一人），

---

① 据日本学者松尾洋二在《梁启超与史传》一文中的考证，梁启超的《罗兰夫人传》乃是日本民友社 1898 年出版的《〈世界古今〉名妇鉴》（德富芦花编）中《法国革命之花》的编译本（狭间直树编《梁启超·明治日本·西方》，北京：社会科学文献出版社 2001 年版），此节亦为原文所有。但因其与梁启超当时的思想正合拍，故仍可认作体现了梁启超的心声。

或对抗形势，人物总是时代的产物。他又常将人物的一生分为几个阶段，其活动分为几个方面，纵的阶段与横的方面交织在一起。由于梁启超非常重视人物的政治、学术思想，序例中常有"以发挥政术为第一义"的说明，所以阶段的划分即体现了时局的变化及政治举措、学术思想的改变，而与此无关的事迹则舍去不论。这样，纬线便显得很粗，十分醒目，而以经线一以贯之，就能收到纲举目张之效。最典型的是《李鸿章》，除去总论外，关于李的事迹章目有：第三章"李鸿章未达以前及其时中国之形势"，第四、五章"兵家之李鸿章"，第六章"洋务时代之李鸿章"，第七章"中日战争时代之李鸿章"，第八、九章"外交家之李鸿章"，第十章"投闲时代之李鸿章"，第十一章"李鸿章之末路"。全书经中有纬，结构完整，功力很深。

而在合传中，尤能见出梁启超的经营匠心。因为出场人物多，线头多，如安排不妥，便会出现时间混乱、前后重复的现象。梁启超则从容不迫，调遣得法，将纷杂的线索一一理清，以人物在各个时期对国家政治影响的强弱为取舍，有分有合，有干有枝，分而不散，合而不乱，主干独立，枝叶披拂，正是大家手笔。《意大利建国三杰传》[①] 就是这样的成功之作。玛志尼、加里波的、加富尔的诞生前后相差不过五年，所以第一节三人并起，合叙其少年时代。第二、三节，因玛志尼创立"少年意大利"党，成为政治领袖，而加富尔日后在统一意大利的过程中有巨大作用，即各予一节，分叙玛的政治活动与加的躬耕生活。第四节再合叙玛志尼、加里波的亡命国外，加里波的是玛的追随者。但以后玛因久

---

① 据松尾洋二《梁启超与史传》一文，《意大利建国三杰传》大部分是根据平田久的《伊太利建国三杰》（日本民友社 1892 年版）及松村介石的《嘉米禄·加富尔》（《太阳》第 4 卷第 1—2 号，1898 年 1—2 月）编译而成。

居国外，影响渐小，便不再有专章写他。而加里波的的活动刚刚开始，第五节即专写他流亡南美。第六节写意大利革命前的形势，也将三人前一阶段的活动作一收束。第七、八节叙1848年革命、罗马共和国的建立与灭亡。玛志尼、加里波的虽赶回国内参加革命，但未能挽救罗马共和国的失败。第九节"革命后之形势"，阐明玛志尼事业的终结与加富尔事业的开始。而从第十节起，以加富尔为主角，写他的从政与政绩。至第十七节，再叙加里波的进行统一的军事活动，因此时加富尔辞去首相职位，加里波的声望正高。而到第十八节，加富尔再次出任首相，完成北意大利的统一，又以加富尔为主。第十九、二十节叙南意大利形势，写加里波的勘定、统一南意大利的功业，又转以加里波的为主。第二十一节"南北意大利之合并"，叙加里波的为了统一大局，将解放的南部土地并入以加富尔为首相的撒丁王国。第二十二节写第一次国会的召开，但犹以未能定都罗马为三人共同的憾事。第二十三节记加富尔去世，第二十四、二十五节再写加里波的为谋求意大利彻底独立，两次进攻教皇统治下的罗马，均告失败，遭到禁锢。虽然三人已离开政治舞台，而其所发动之趋势却不可阻挡，意大利终于定都罗马，统一大业至此告成，这就是最后一节的内容，同时还交代了玛志尼与加里波的的去世时间。章节的安排随人物重要性的转移而变化，以一人为主时，又不断提起其他人的线索，以与后文衔接，显示出作者有全局在胸的考虑。这篇合传与中国旧史合传不同，仍属于评传的一部分，在中国传记文学上是一个新开创。

先行者有不足是很正常的现象，因此，梁启超的新体传记文也存在着一些缺陷。即使是他比较满意的《李鸿章》也不例外。最后一章于人物比较后，拉杂记了一些李的琐事，虽云"以观其人物之一斑"，终觉与体例不符。有些本可放入传中叙述，不必堆列一起。这总是由于梁启超过分重视人物重大的思想、活动，而筛落下的零星材料又舍不得丢弃，以其有时可见传主的个性，于是便形成佚事录这一赘疣。梁启超基本还是以一个历史学者的身份记述史实，重事不重人也就成为他的新体传记最明显的弱点。这虽与他作传的现实目的有关，但不注重人物形象的塑造、性格的描写，就会使以人物为主角的传记因缺乏生动性而减色不少。他的有些传记写得很匆迫，文中露出草就的痕迹，甚至有事实的出入。如讲究结构的《意大利建国三杰传》，第二十节中便有按语订正第十八节中的史实错误。叙述语言也嫌繁复，这显然与梁启超有意打破旧史传行文"尚简"的传统有关，我们也不必过多责备了。

六

《饮冰室自由书》是梁启超的杂文总集，它选录了1899—1910年梁启超居日期间在《清议报》《新民丛报》《国风报》上发表的六十几篇短文。起初，这些杂文并没有一个确定的总称，与其他政论文一起放在"本馆论说"的栏目中。而从《清议报》第25册起，便统一冠以《饮冰室自由书》之名。除此之外，《饮冰室合集·文集》中还有许多篇幅较长、介于论说文与抒情散文之间的作品，也可归入杂文一类。

梁启超有一段时间十分热衷于写杂文，一期《清议报》上便可登出六篇。这种偏好与杂文本身的特点有关。杂文可长可短，不拘形式，内容广泛，有感即发，总之是用什么形式写，写些什么都听便作者。梁启超在《饮冰室自由书》①的《叙言》中谈到他的写作缘起与方法时说：

> 自东徂以来，与彼都人士相接，诵其诗，读其书，时有所感触。与一二贤师友倾吐之，过而辄忘。无涯生曰：盍最而记之。自惟东鳞西爪，竹头木屑，记之无补于天下。虽然，可以自验其学识之进退，气力之消长也。因日记数条以自课焉。每有所触，应时援笔，无体例，无次序，或发论，或讲学，或记事，或钞书，或用文言，或用俚语，惟意所之。

正是典型的杂文写法，而文俚夹杂，惟意所之，不拘一格，即是"新文体"在杂文中的具体应用。

由于《自由书》中的杂文具有随感录、读书笔记的性质，一事一语都会引发感想、议论，因此内容十分丰富。梁启超本有一种表现自己、劝导他人的强烈欲望，于是，无论发论、讲学、记事、钞书，都力求把自己认为具有新意的事物、见解及时告知读者。从《自由祖国之祖》到《地球第一守旧党》，从《世界最小之民主国》到《十九世纪之欧洲与二十世纪之中国》，从《国权与民权》到《无欲与多欲》，总之题目有大有小，而从新知识到新学理，从富国强民之术到心性修养之道，他都很感兴趣，无一不谈。

但梁启超毕竟是个改良派政治家，所以，他无论写什么文章，心中都悬有改良主义的政治目标，即改造国民性，建立现代国家。

---

① 《专集》第 2 册，改题《自由书》。

他的政论文如此，传记文如此，杂文也是如此。他的杂文内容看起来显得很庞杂，但通读一过，就可发现其中的每一篇最终都通向总的目标。《自由书》中有《中国魂安在乎》一文，集中表达了这一思想："今日所最要者，则制造中国魂是也。"爱国心与自爱心即"中国魂"。因此，在梁启超对晚清政治的批评中，往往包含着对民族心理、风习中那些有违于"中国魂"的落后部分的批判。他的《呵旁观者文》《说国风》，从题目上便已反映出他对这类问题的关心。他讲道德修养，似乎与政治离得很远，可是在《说悔》中明明有这样一段话："《大学》曰：作新民。能去其旧染之污者谓之自新，能去社会旧染之污者谓之新民。若是者非悔末由。悔也者，进步之原动力也。"则"悔"与新民之道也有关系。偶然见到日本军队新兵入伍、老兵退役的场景，由送行人"祈战死"的祝词，他也马上联想到"日本国俗与中国国俗有大相异者一端，曰尚武与右文是也。中国历代诗歌皆言从军苦，日本之诗歌无不言从军乐"[1]，这也是中国所以衰弱的一个重要原因。甚至见到某报列举近世不婚之伟人，他也能引出革除早婚、多婚陋俗的议论，认为其消耗国民的聪明才力，告诫"有志改良群治者，其勿以为一私人之事而忽之"[2]。如此等等，不一而足。其中不乏真知灼见，警言如：

> 人莫患为他人之奴隶，尤莫患为自己之奴隶。为人奴隶，犹可解脱；为己奴隶，则永无解脱之时。[3]

---

[1] 《祈战死》，《专集》第 2 册。
[2] 《不婚之伟人》，《专集》第 2 册。
[3] 《机埃的格言》，《专集》第 2 册。

又如：

> 办事者有成有败者也，而不办事则全败者也。知成
> 败之义者，其必知所择矣。①

许多思想的火花常常先在《自由书》及其他杂文中迸射出来，然
后又在梁启超的政论文中大放光华。尤其是《新民说》，大量吸收
了杂文中的精华，把杂文中批判国民性、改良群治的片断议论系
统化，形成了完整的"新民"理论。由此，梁启超杂文的重要性
也充分显示出来了。

和包罗万象、巨细并存的内容相适应，梁启超的杂文形式也
变化多端。

从体裁上看，《自由书》是各体兼备。其中有诗歌，如《二十
世纪之新鬼》的篇末，梁启超为文中提到的五人各作诗一首；至
于引古人诗句、人物自作诗的情况，更是屡见不鲜。有小说，如
《世界外之世界》引用了一段英国小说。有格言，如《机埃的格
言》。有谚语，如《成败》引粤谚"做过不如错过，错过不如错得
多"。有传记，如《张勤果公佚事》，其他篇中片断的记述更多。
有语录，如《养心语录》。至于论说更是触目皆是。其中形式最特
殊，写得最有特色的是《动物谈》。全文通过四个人谈论在世界各
地所见到的四种稀有动物，采用寓言的手法以警告国人。如第一
人所谈：

> 吾昔游日本之北海道，与捕鲸者为伍。鲸之体不知

---

① 《成败》，《专集》第2册。

其若干里也，其背之凸者，暴露于海面，面积且方三里。捕鲸者剖其背以为居，食于斯，寝于斯，日割其肉以为膳，夜然其油以为烛。如是者殆五、六家焉。此外鱼虾鳖虫贝蛤，缘之嚅之者，又不下千计。而彼鲸者冥然不自知，以游以泳，偃然自以为海王也。余语渔者："是惟大故，故旦旦伐之，而曾无所于损？是将与北海比寿哉？"渔者语余："是惟无脑气筋故，故旦旦伐之，而曾无所于觉。是不及五日，将陈于吾肆矣。"

其他三人侧重点不同，但谈法相类，都是用动物透切地比方腐败的清政府统治下的中国：受创的大鲸，象征列强瓜分下的中国，虽遭蚕食，却若无其事，以为手足之患，离心尚远，不足为虑，反以华夏大国傲视四邻。退化的盲鱼，象征闭关自守的中国，因闭目塞听已久，竞争能力减退，当门户被迫打开时，便不能与外界敌而日就衰亡。赴死的羊，象征有亡国之危的中国，虽然早已目睹朝鲜、越南等许多同类国家的先例，仍不以为意，嬉戏悠游，重蹈覆辙，自取灭亡。机关锈废的睡狮，象征老大帝国中国，已是生机全无，非经改革更张，建立新的政权机构，则不复有振作、强大的一日。四个比喻从各个角度状写了中国的危机，而因借助了形象化的寓言形式，种种险象变得触目可见、具体可感，使人读后，也会与梁启超一样"默然以思，愀然以悲，瞿然以兴"。

同样具有文学色彩、但写法更自由的是《少年中国说》《呵旁观者文》《过渡时代论》《说希望》等一批篇幅较长的杂文。这些文章并非对某个具体的政治问题发论，而是就某种具有普遍性的社会状况发感慨，这是它们与政论文的区别点。这种感慨来自梁启超对现实社会的总体认识，所以不排除其中夹有议论，却又用抒情成分很重的杂文方式表达出来，从而恰切地传写出他对新时代、新风习的向往热爱与对旧时代、旧风习的深恶痛绝。这类杂文突出的特点是：富于激情与活力的语言具有穿透力，大量形象、生动的譬喻错综排列，用诗、文合一的手法极力铺展，在层叠的排比、对比、对偶句中夹以韵文，造成强烈的节奏感。议论化而为感慨，作者的思绪自由驰骋，感情的热流滚滚而来。读者首先被文章激越的情感、逼人的气势所吸引，进而便会发现作者无远不届、独具只眼的思想见解，因而深受启发。这些杂文把"新文体"的特点淋漓尽致地发挥、表现出来了。脍炙人口的名作《少年中国说》[①] 可为代表，下面一段尤为人所熟知：

> 欲言国之老少，请先言人之老少。老年人常思既往，少年人常思将来。惟思既往也故生留恋心，惟思将来也故生希望心；惟留恋也故保守，惟希望也故进取；惟保守也故永旧，惟进取也故日新。惟思既往也，事事皆其所已经者，故惟知照例；惟思将来也，事事皆其所未经者，故常敢破格。老年人常多忧虑，少年人常好行乐。惟多忧也故灰心，惟行乐也故盛气；惟灰心也故怯懦，惟盛气也故豪壮；惟怯懦也故苟且，惟豪壮也故冒险；惟苟且也故能灭世界，惟冒险也故能造世界。老年人常厌事，少年人常喜事。惟厌事也，故常觉一切事无可为者；惟好事也，故常觉一切事无不可为者。老年人如夕照，少年人如朝阳；老年人如瘠牛，少年人如乳虎；老年人如僧，少年人如侠；老年人如字典，少年人如戏文；

[①]《清议报》第 35 册，1900 年 2 月。

老年人如鸦片烟，少年人如泼兰地酒；老年人如别行星之陨石，少年人如大洋海之珊瑚岛；老年人如埃及沙漠之金字塔，少年人如西伯利亚之铁路；老年人如秋后之柳，少年人如春前之草；老年人如死海之潴为泽，少年人如长江之初发源。此老年与少年性格不同之大略也。

任公曰：人固有之，国亦宜然。

文中将老年人与少年人反复对比，尽力发掘他们互相对立的特点以及由此产生的结果，由于采用了顶针手法，联贯而下，文气充沛。整段又全用比喻，以老年人代表旧中国，以少年人代表新中国，并且比中套比，愈转愈奇。一些令人想象不到的古今中外事物，如字典与戏文、鸦片烟与白兰地、陨石与珊瑚岛、金字塔与铁路等纷纷成对毕集笔下，却又是异常贴切，竟至改易一语不得。这些比喻淋漓尽致地写出了旧中国的日暮途穷，同时也反衬出新中国的前途无量。这样的文章，自然很容易感动读者。

除几千字的长文外，《饮冰室自由书》中还有许多几百字的杂文，因其形制短小，可以从容考虑，所以在很大程度上避免了在梁启超其他散文中常见的文笔拖沓的毛病。有些篇写得言简意赅，十分精彩。如《天下无无价之物》：

西谚曰："天谓众生曰：一切物皆以畀汝，但汝须出其价钱。"可谓至言。

任公乃自呵曰：革新者天下之伟业也。汝欲就此伟业，而可以无价得之乎？籴一斗之粟，尚须若干之价值；捕一尾之鱼，尚须若干之苦劳。汝视邦家革新之大事，其所值曾一斗粟、一尾鱼之不若乎？嘻！

语言含蓄凝练，发人深省。

　　如果要用一句话概括梁启超杂文的特点，可以说它是"杂而不杂"。"杂"是指其内容的丰富、形式的多样，"不杂"是指其题旨的集中。总之，这是一个善于运用多种文学手段的政治家所写的杂文。

第六章

反叛与复归

——梁启超与传统文学观念

一

梁启超对于传统文化的认识经历了从反叛到复归的过程；尽管表述不同，人们都认此为一个基本事实。如陈子展说："说起来真可笑。'戊戌'前后，梁任公太新；'辛亥'前后，梁任公又旧了；'五四'前后，梁任公'跟着后生跑'，还赶不上；这一个伟大的时代真有点捉弄人。"[①] 所谓"新""旧"，都是对传统而言。至于时代如何把梁启超置于这样尴尬的处境，陈子展并未详言。美国学者李文荪（J. R. Levenson）倒是做了中肯的分析。他认为："每个人对历史均有感情上之认同，对于价值均有思想上之认同；并欲合并此两种认同。"而近代西方思想涌入中国，导致"中国之历史与价值在许多人心中崩溃"。梁启超生活于这个特定的时代，"他于理智上反对传统，遂在他处寻求价值；但在情感上仍依赖传

---

① 于时夏（即陈子展）：《梁任公在湖南》，《申报·自由谈》，1934年2月6日。

统，固守历史"。在与传统文化的关系上，梁启超始则"生于中国传统的熏陶之中"，继而"放弃中国传统"，最后又"重新发掘中国"。这些论述大体符合事实。但由此断言"任公的开始就是其结束"[①]，则非笔者所能苟同。

从反叛传统到复归传统，这是中国近代史上许多人走过的共同道路。因而，选择梁启超做个案研究，观察他怎样和为什么走出传统，又怎样和为什么走回传统，借以探测处在新旧嬗变之际一代知识分子的思想轨迹，无疑是一件有意义的工作。为防止大而无当、语焉不详，本章不准备以整个传统文化为研究对象，而单从传统文学观念的角度切入，力图窥一斑而知全豹。

有必要指出，在研究传统文学观念时，时常发生大、小概念的混淆。一般所说的"传统文学观念"，仅指古代文学思想中处于中心地位的正宗，它只是部分而非全体。实际上，作为一个有悠久历史和文化的国家，中国的传统文学观念也具有广博、复杂的内涵，大致可以区分为正宗与非正宗两支。它们从同一母体发源，彼此有沟通，但并不混流，仍有各自的河道、流向，中国传统文学的丰富与生命力正是从这里产生。

首先，在文学的价值上，正宗观念抑文学为末等，"三不朽"的次序是"太上有立德，其次有立功，其次有立言"（《左传·襄公二十四年》），而道德须于事功中见。所以，不管政治才能如何，古代作家几乎都以"治国平天下"为己任。从第一位大诗人屈原开始，歌颂自己的政治理想与抱负便成为文学创作的重大主题，由此孳生出倾诉理想、抱负不得实现的苦闷这一副题。明白"文

---

① 李文荪著、张力译《梁启超》（ *Liang Ch'i-ch'ao and the Mind of Modern China* ），第1—2、11—12页，台湾：长河出版社1978年版。

章憎命达"（《天末怀李白》）道理的杜甫，仍然一心向往"致君尧舜上，再使风俗淳"（《奉赠韦左丞丈二十二韵》）的功业，原因就在于，古代作家总认为文学不过是"雕虫篆刻"，"壮夫不为也"（扬雄《法言·吾子》）。独以文传成为他们难言的耻辱与隐痛，能文而不为文人才是最高的境地。于是，韩愈"文起八代之衰"，还要加上"道济天下之溺"（苏轼《潮州韩文公庙碑》），才算功德完满。与之相对立的非正宗观念则肯定文学崇高，本身即有独立的价值。他们把文学当作高尚的精神活动，足与事功并列，作家可以专于此求不朽。司马迁宁愿忍受奇耻大辱，只是因为"恨私心有所不尽，鄙没世而文采不表于后也"，著成《史记》，期望"藏之名山，传之其人"（《报任安书》）。曹丕更直接道出："盖文章，经国之大业，不朽之盛事。""是以古之作者，寄身于翰墨，见意于篇籍，不假良史之辞，不托飞驰之势，而声名自传于后。"（《典论·论文》）虽然从正宗到非正宗看似只有一步之遥，仕途上的受挫者尽可以退而求其次，但价值观念的转变实则甚为艰难。

其次，在文学的功能上，正宗既以为"有德者必有言，有言者不必有德"（《论语·宪问》），立言者为求不朽，只能出以修德载道之途。而德与道只是存于内与见于外的关系。欧阳修说，"道胜者文不难而自至也"（《答吴充秀才书》），即是从作文者的道德修养与文章的合乎儒家之道两方面着眼。儒家本来视"修身齐家"为"治国平天下"的基础，推此理也，文章不仅可以见道，而且可以观政。文与政通的结果，使文以载道、文道合一集中体现在"所谓文者，务为有补于世而已矣"（王安石《上人书》），文学因而与政治、道德结下不解的姻缘。靠着"明道"的内容，文学的价值勉强得到提高。反之，非正宗则因文学本身已有崇高的价值，无待外求，故可专以适意为目的。有违于"诗言志"偏重于"表见德性"[1]的古训，陆机明确提出"诗缘情"（《文赋》）说。不但诗，文亦是因情而生。推而广之，凡能写出真性情的，即为天下之至文。

最后，从文学体裁的尊卑看，历来处于正统地位的是言志、载道的诗、文，起于民间、演述故事、感动俗人的小说及其后出现的戏曲，则一直被视为"小道"，"是以君子弗为也"（班固《汉书·艺文志》引《论语·子张》）。因而文人涉笔小说、戏曲，也必声明"不关风化体，纵好也徒然"（高明《琵琶记》第一出），"不害于风化，不谬于圣贤，不戾于《诗》《书》经史"（无碍居士《〈警世通言〉叙》），与诗、文同样有益于世道人心，故有可观处。此举虽然是为小说争地位的不得已之策，却也从反面证实了小说与戏曲在中国传统文学观念中的卑微，尚须借助载道，以确定本身的存在价值。可见，文学体裁的高低尊卑，主要是由文学功能决定的。

根据以上对传统文学观念的简单勾勒，笔者将分接受、反叛、复归三个阶段，观察梁启超与传统文学观念的离合聚散关系。

二

第一个阶段（1873—1894），梁启超对传统文化基本是全面接受，在文学上虽有过或此或彼的兴趣转移，但大体不脱正宗的范围。

根据梁启超的自述及有关传记材料，他幼年所受到的传统文化教育实与当时一般读书人无异。祖父"以宋明儒义理名节之教贻后

---

[1] 朱自清：《诗言志辨·诗言志》，上海：开明书店1947年版。

昆"①，梁启超的开蒙教材也是"四书五经"。史书中他熟读过《史记》《汉书》《纲鉴易知录》，以至多年后，"《史记》之文，能成诵八九"。他虽然不喜欢八股，"然不知天地间于帖括外，更有所谓学也"②，只得埋头钻研；内心深处，他倒是对词章更为迷恋，嗜唐人诗过于八股。他还研习过姚鼐编选的《古文辞类纂》，然而"夙不喜桐城派古文，幼年为文，学晚汉、魏、晋，颇尚矜炼"③。以后接触段、王训诂之学，入学海堂，又肆力于训诂，舍去帖括，"不知天地间于训诂、词章之外，更有所谓学也"④。由于训诂之学必以博闻多识为根基，在此期间，梁启超的读书范围大大扩大。

转机出现在梁启超十八岁时。他首次阅读了介绍西方情况的书籍，才知道中国以外，更有广大的世界；又往谒康有为，其所沾沾自喜的训诂、词章之学，不过是"数百年无用旧学"，遭康有为"更端驳诘，悉举而摧陷廓清之"⑤。梁启超自此重新向学，师从康有为于万木草堂。康有为的新学教育虽然增加了西学的内容，但他既未游异域，又不通外文，仅凭借当时译出的西方应用科学及历史纲要等书，因而其所谓"西学"，自然多"模糊"、"影响"之说，更多自己的创造、附会。通观万木草堂的课程设置，实际仍以旧学为主。其学纲是标准的儒家体系，以孔子"志于道，据于德，依于仁，游于艺"（《论语·述而》）的教育设想分为四大纲目⑥。"其为教也，德育居十之七"⑦。据梁启超《南海康先生传》所

---

① 《哀启》，《专集》第9册。
② 《三十自述》，《文集》第4册。
③ 《清代学术概论》第25节，《专集》第9册。
④ 《三十自述》，《文集》第4册。
⑤ 《三十自述》，《文集》第4册。
⑥ 参见康有为《长兴学记》。
⑦ 《南海康先生传》，《文集》第3册。

记，康有为所教学科分四类：义理之学包括孔学、佛学、周秦诸子学、宋明学、泰西哲学，考据之学包括中国经学史学、万国史学、地理学、数学、格致学，经世之学包括政治原理学、中国政治沿革得失、万国政治沿革得失、政治实应用学、群学，文字之学包括中国词章学、外国语言文字学。科外学科还有演说、札记、体操、游历。项目列得很多，其实并没有如此细致、完备。康有为所讲不过是"中国数千年来学术源流、历史政治沿革得失，取万国以比例推断之"①，"又出其理想之所穷及，悬一至善之格，以进退古今中外"。总而言之，康有为的教育是"以孔学、佛学、宋明学为体，以史学、西学为用"②。本着这一教学宗旨，梁启超在万木草堂求学时期，每日常课为攻读《公羊传》《宋元学案》《明儒学案》《朱子语类》《资治通鉴》《文献通考》、二十四史等，课外自习周秦诸子、佛典、清儒经世致用之书及西籍译本③。西学在整个教育中，只起一种批评旧学的参照作用，有益于开启学生的思路，却还不能给人准确、系统的知识。既然万木草堂的教育集中于两点，一为道德修养，一为经世致用，而以宋明义理之学为根本，那么，文学在其中所占比例必然是微乎其微。康有为在讲"文学，并讲八股源流"时，开宗明义就提出："学者当以义理、心性、气节为本，故《论语》谓'余力学文'。"④即概括出康有为授学的倾向。

这一时期，尽管接受了一点西学，梁启超的文学观念还是相当正统。在他所演述、传授与人的《万木草堂小学学记》中，记

---

① 《三十自述》，《文集》第 4 册。
② 《南海康先生传》，《文集》第 3 册。
③ 参见《三十自述》与《清代学术概论》第 25 节。
④ 《南海康先生口说》，第 89 页，广州：中山大学出版社 1985 年版。

"学文"一门云：

> 词章不能谓之学也。虽然，言之无文，行之而不远。
> 说理论事，务求透达，亦当屑意。若夫骈俪之章，歌曲
> 之作，以娱魂性，偶一为之，毋令溺志。[①]

这种重道轻文的思想直接来自宋代理学家，程颐便曾提出，"作文害道"，为文即是"玩物丧志"（《二程语录》卷十一）。梁启超同样认为诗文是"溺志"之具，只是为论道，才不得不留意于此，偶然用来娱乐性情，也时时警惕，生怕过度。梁启超早年受宋儒影响形成的正统文学观念，决定了他不会走上专力从事文学创作的道路，不会成为一个纯文学家；他后来的许多文学活动以及文学思想的许多特点，都可以在这里找到解答。

三

第二个阶段（1895—1917），梁启超意识到传统文化中的许多部分已不适用于当今的时势，开始激烈地批评传统，在文学观念上也表现出偏离正统的倾向。

梁启超在万木草堂的学习终止于1895年春，此后，激于国变，往来南北，从事政治活动，著书立论，讲课授徒，一以政治为本。戊戌变法失败后，他避居日本，直接学习、领会日本移植的西学，亲自考察明治维新对日本各方面的影响，比之以前的贫子说金，

---

① 《万木草堂小学学记》，《文集》第2册。

自然亲切、实在，因而"思想为之一变"①。他在政治观念上完全放弃了托古改制的老套子，承认西方的资本主义政治制度自有其本原，优胜于中国的封建专制政体；在道德观念上努力提倡公德，部分地脱离了传统的轨道；在学术思想上大量引进西方学说，不同程度地批判了中国旧学；而在文学观念上，则一改正统文人鄙视小说的倾向，大力倡导并亲自著译政治小说。

在梁启超文学观念的转变中，日本政治小说起了决定性的作用。还在戊戌以前，梁启超已隐约知道国外对小说的重视以及小说在明治维新时期起过重要作用。1897年作《蒙学报演义报合叙》②时，他就说过："西国教科之书最盛，而出以游戏小说者尤夥。故日本之变法，赖俚歌与小说之力。"此话虽然距事实很远，但已有值得注意的新动向：梁启超给予小说相当的地位，发觉它可以承担教育的功能。在《变法通议》中，梁启超更明确主张编写"说部书"作为幼学教材，"借阐圣教""杂述史事""激发国耻""旁及彝情""振厉末俗"，在社会教育方面发挥巨大的补益作用。他并且批评前此文人以小说为鄙俗，"务文采而弃实学，莫肯辱身降志，弄此楮墨"，结果使"小有才之人，因而游戏恣肆以出之，诲盗诲淫，不出二者"，败坏了天下的风气③。这些议论肯定了小说的价值，鼓励文人从事小说写作，其不合于正统文学观念，从当时顽固派的攻击中便可看出。叶德辉撰《非〈幼学通议〉》④，有一节专门驳梁启超论"说部书"，认为："彼其意殆欲摈去中国初学所诵之《孝经》《论语》，一以说部为课程。"提出：小说无论如何

---

① 《三十自述》，《文集》第 4 册。
② 《文集》第 2 册。
③ 《变法通议·论幼学》，《文集》第 1 册。
④ 苏舆编：《翼教丛编》卷四，武昌 1898 年重刻本。

也不能与十三经、二十四史同立学官，垂之久远。叶德辉摒弃小说的理由是，"其为风俗人心之害，亦已久矣"。有趣的是，在这一点上，他与梁启超的认识完全相同，而二人的结论又完全相反。正是看到了小说关乎世道人心，梁启超才起意改造小说，用作教育工具。日本政治小说的范例，更为梁启超提供了理论依据，并由此完成了小说观念的变革。

日本政治小说的兴起有其特定背景，它们配合政治上的自由民权运动，起到了启蒙的作用。借用小说中的人物、情节宣传自己的政治主张，以启发读者的政治觉悟，是这类小说对梁启超最有吸引力的地方，其创作形式与创作意图证实了梁启超先前对于小说功能的设想是可行的。于是，他决心以日本的政治小说为样板，进行"小说界革命"。而第一步，就是要提高小说在整个文学中的地位。这是一个十分艰巨的任务。梁启超面对的现实是，长期形成的鄙视小说、以小说为"小道"的正统文学观念对文人有根深蒂固的影响。为了说服他们改变看法，势必要采取这些旧文人能够接受的方式。幸好不久以前，梁启超还抱着与他们大致相同的观念，完成转变的经验对他的宣传很有用。

到日本后，梁启超已完全放弃了轻视文学的态度，突然一力抬高小说，盛赞"小说为国民之魂"[1]，"小说为文学之最上乘"[2]，就中对政治小说尤为倾心。这样急剧的转变的确令人惊奇。尽管我们可以相信梁启超有"不惮以今日之我与昔日之我挑战"[3]的决心和勇气，但出尔反尔总需要一定的理由。而如果我们考虑到梁启超的政治家身份，转变的发生倒还是比较容易理解的。

---

① 《译印政治小说序》，《文集》第 2 册。

② 《论小说与群治之关系》，《文集》第 4 册。

③ 《政治学大家伯伦知理之学说》，《文集》第 5 册。

梁启超从政治的角度研究文学问题，首先关心的当然是文学的社会效果。从此着眼，比较各类文学体裁，小说因具有通俗性、娱乐性等优点，获得了最大的读者群，社会影响也最广泛、最强烈，因而最有资格担当开通民智的启蒙工具。客观形势逼使梁启超不得不给予小说更多的注意；顺时应变的梁启超出于政治需要，也自觉地把小说作为政治斗争的一种武器。从《变法通议》开始，他的所有小说论述都把政治教化作为核心来讨论。无论是指斥小说"诲盗诲淫"，传播落后思想，为"中国群治腐败之总根原"，还是肯定社会意识形态各个方面，甚至包括科学技术的革新，俱依赖于小说，"故今日欲改良群治，必自小说界革命始；欲新民必自新小说始"[1]，正反两面的论证，都是对小说作用不切实际的夸大，小说既不能承其罪，也不能受其功。梁启超既然认准小说具有政治宣传的功能，便单在这一点上做文章，鼓吹小说的重要性。因此，他在主要的论文中，并未专门讨论小说的表现艺术。即使讲小说的"熏""浸""刺""提"四种感染力[2]时，已经接近艺术美感的作用问题，却是到此为止，限定在社会影响的范围，再不肯迈出一步。对小说艺术不作专门研究，说明在梁启超的小说观中，这个问题尚不成为大问题，梁启超对它既不关心，也不重视。十分清楚，小说之所以被誉为"文学之最上乘"，地位空前提高，主要不是因为它比其他文学样式的艺术表现力优胜，而是因为它更方便用来进行政治启蒙。小说只是依靠政治的力量，坐上了文学的头把交椅。

这样的小说主张对传统读书人来说并不陌生，和他们十分熟

---

[1] 《论小说与群治之关系》，《文集》第4册。
[2] 同上。

悉的文以载道、重道轻文实如出一辙。"文"本来无足轻重,只作为"载道"之具而存在,"道"才是真正的安身立命之处。所争只在能否"载道",至于用哪种器具来"载道",倒是次要问题。能"载道",小说也无妨写;不能"载道",诗文也不必作。道理就是这样简单。何况,"道"在梁启超那里,又被单纯表述为与国家命运、人民生活关系最密切的政治,这样,除了顽固不化的叶德辉之流,一般读书人是很可以被梁启超的小说有益社会论感动。晚清小说创作的空前繁荣,也未始不与作者以救国自责相关联。

其实,梁启超以"小说为文学之最上乘"的观点虽说是采自西方,却也接续了中国文学的传统,只是其非正宗而已。在这方面,梁启超很可能受到了清初学者刘献廷的启发。梁启超对刘献廷极为推服,《论中国学术思想变迁之大势》中,把他和顾炎武、黄宗羲、王夫之、颜元并列,称赞"近世学术史上而有五先生,又学术史之光也"[①]。而刘献廷的传世之作只有一本薄薄的笔记《广阳杂记》,与顾、黄、王的撰著宏富不能比。恰恰在《广阳杂记》中,刘献廷发表了一些对小说的看法,在当时很有些惊世骇俗。他批驳友人鄙视戏曲、小说,"以为败坏人心,莫此为甚,最宜严禁者"的论调,说:"戏文、小说乃明王转移世界之大枢机。圣人复起,不能舍此而为治也。"原因在于,通俗文化与"六经"相通:唱歌、看戏,"此性天中之《诗》与《乐》也";看小说、听说书,"此性天中之《书》与《春秋》也";信占卜、祀鬼神,"此性天中之《易》与《礼》也"。他认为:"圣人'六经'之教,原本人情。"只是"后之儒者乃不能因其势而利导之,百计禁止遏抑",终至

---

① 《论中国学术思想变迁之大势》第八章《近世之学术》第一节,《新民丛报》第53号,1904年9月。

"决裂溃败"（卷二）。比较梁启超批评"大方之家，每不屑道焉"的作法，表明"且从而禁之，孰若从而导之"、"善为教者，则因人之情而利导之"的用心，以及赞同康有为"故'六经'不能教，当以小说教之"①的议论，与刘献廷所言如响应声。

传统非正宗思想与西方崇尚小说的理论相结合，而以正统的"文以载道"相统贯，使梁启超对小说有了新的认识。旧小说因"不过文辞"，故不应列入十家，"与儒、道、名、法、墨等比类齐观"②；而如果像伏尔泰、托尔斯泰那样，"以其诚恳之气，清高之思，美妙之文，能运他国文明新思想，移植于本国，以造福于其同胞"，小说便可以成为学术之一种，具有左右世界的力量③。可见，小说之所以由"小道"变为"学"，至关重要的是以新思想救国的政治内容。这与古代文人津津乐道的"微言大义"，本是异曲同工。

梁启超对诗歌与小说的不同态度，为我们的研究提供了另一个参照系。尽管梁启超对小说推崇备至，毕竟只是以之为便俗的措施，专从政治内容考虑，所以小说还不能取代一向被视为高级文学、抒发个人情志的诗歌。小说是用来向人宣道，诗歌是用来言志咏怀，二者各有各的用处，并不互相妨害。从理智与自觉意识上，梁启超更偏向小说；而从感情与潜意识上，他却更偏向诗歌。证据很容易找到。早在试作小说之前，1896—1897 年，梁启超便和谭嗣同、夏曾佑一起试作"新诗"了。作诗对于他们来说，自是驾轻就熟；从此引起改造中国文学的想法，也很合情合理。

---

① 《译印政治小说序》，《文集》第 2 册。

② 《论中国学术思想变迁之大势》第三章《全盛时代》第二节，《新民丛报》第 4 号，1902 年 3 月。

③ 《论学术之势力左右世界》，《文集》第 3 册。

同一时刻，尽管梁启超在《变法通议》中大声疾呼撰写说部书，却并未认真动笔补阙。与正统文学观念的关系实在难于斩断，文人积习也不会一朝顿悟便荡然无存，它总要顽强地、不时地冒出来。抵日次年，在由日本去往夏威夷的船上，数日之内，梁启超便成诗三十馀首，自己也警觉到"吾于今乃始知鹦鹉名士之兴趣，不及今悬崖勒马，恐遂堕入彼群中矣"，于是"发愿戒诗"[1]。但戒诗的宏愿到底敌不过技痒难熬，以后又屡次破戒。1908年，其女梁令娴编选《艺蘅馆词选》，录下不少梁启超的评语，处处表现出他颇能领略这些旧词的好处。如没有一番玩味的功夫，是说不出这样有心得的话的。还在归国前两年，梁启超又通过潘博，纳交赵熙，虽远羁海外，并未识面，却已书信往还，向他请教、学习诗和古文[2]。归国后，梁启超忙于政治活动，仍然忙里偷闲，学当时"同光体"诗人结诗社的办法，邀一时名流四十馀人修禊于万牲园，分韵作诗[3]，并得意地自称是"兰亭以后，此为第一佳话矣"[4]。此时，他与旧诗人交往密切，曾将生平所作诗数百首送交陈衍，请求斧正[5]。钱基博断定，回国后四五年，"厥为启超文学之复古时期焉"[6]，固然是有据之言。不过，与其说是"复古"，不如说是始终未除、压抑已久、长期积蓄的旧习的一次总爆发。上举事

---

① 《夏威夷游记》，《专集》第5册。

② 见梁启超《庚戌秋冬间，因若海纳交于赵尧生侍御，从问诗古文辞，书讯往复，所以进之者良厚。顾羁海外，迄未识面，辄为长谣，以寄遐忆》。

③ 见梁启超《癸丑三日，邀群贤修禊万生园，拈〈兰亭序〉分韵，得激字》及《与娴儿书》（1913年4月10日）。

④ 《与娴儿书》（1913年4月12日），丁文江、赵丰田编《梁启超年谱长编》，第666页，上海人民出版社1983年版。

⑤ 见陈衍《石遗室诗话》卷九："任公乃衰其生平所为诗数百首，使纵寻斧"，上海：商务印书馆1929年版。

⑥ 《现代中国文学史》，第348页，上海：世界书局1936年版。

例，尽有发生在梁启超倡导文学改良运动之时，只是不及归国之初的集中而已。

更有力的证据是他的"诗界革命"主张。和"文界革命"论、"小说界革命"论稍做对比就可以发现，"文界革命"提倡以"俗语文体"写"欧西文思"，"小说界革命"提倡以政治小说改良群治，都要求一种全新的面貌，惟独"诗界革命"发生了保留"旧风格"的问题。从《夏威夷游记》第一次把"新意境""新语句"和"古风格"作为"诗界革命"的三项具体要求提出，到《饮冰室诗话》将这一纲领概括为"以旧风格含新意境"，减去了"新语句"一项，充分表现了梁启超对"旧风格"的重视。梁启超标举"三长兼备"时，便已经发现"新语句与古风格，常相背驰"，据此，对黄遵宪的诗歌也有所批评，称其"新语句尚少"，因为黄遵宪乃是"重风格者"①。发现"新语句"与"古风格"很难协调后，梁启超不是决意打破旧形式，创造新风格，相反，他却为了保全"古风格"，放弃了"新语句"。《饮冰室诗话》谈到"新名词"时，已是否定多于肯定。其中有一段很著名的话，常常被引用作"诗界革命"的总结：

> 过渡时代，必有革命。然革命者当革其精神，非革其形式。吾党近好言"诗界革命"。虽然，若以堆积满纸新名词为革命，是又满洲政府变法维新之类也。能以旧风格含新意境，斯可以举革命之实矣。苟能尔尔，则虽间杂一二新名词，亦不为病。

---

① 《夏威夷游记》，《专集》第5册。

通常人们从中注意的是"诗界革命"的不彻底，而忽略了梁启超对"新名词"的态度。这里，"新名词"不仅与"满洲政府"的比喻联系在一起，引起人们的强烈反感，而且在"亦不为病"的宽容口气中，也显示出一种推拒的倾向。以新标准再来评价黄遵宪诗歌时，梁启超不仅说："近世诗人，能镕铸新理想以入旧风格者，当推黄公度。"而且说："生平论诗，最倾倒黄公度，恨未能写其全集。"① 对黄诗已是赞扬备至，视其为最符合"诗界革命"精神。从"诗界革命"中抽去"新名词"的做法，与梁启超在"文界革命"中把"新名词"当作传播新思想不可替代的媒介、文章中大量使用"新名词"形成了鲜明对比。因而他写的文章号称"新文体"，编撰的小说是"新小说"，唯有诗歌自言是"诗半旧"②，倒不完全是自谦，其间的差别确实存在。

梁启超如此看重"旧风格"，为解开其中奥秘，这里也有必要对"旧风格"作一点考察。中国古典诗歌有一定的格律要求，由此形成了各体诗歌不同的风格。如一般而论，四言简朴，歌行纵放，"五言绝尚真切"，"七言绝尚高华"（胡应麟《诗薮》内编卷六）等等。梁启超所说的"风格"又不限于此，它还包括中国古典诗歌整体所含有的独特韵味。这种与其他民族诗歌相区别的韵味，是由中国诗歌语言的多义性造成的。许多常见的诗语，本身通过积累所得，负担着超出本义之外的多项意义。一个"酒"字，便足以引发豪壮、悲愤多种复杂的情绪，并非"饮酒"一种实义所能解。而诗歌中如果出现过多表述新事物的外来"新名词"，这些确切实在的词语势必限制了人们习惯的联想思路和范围，破

---

① 《诗话》，《文集》第 16 册。

② 《赠别郑秋蕃兼谢惠画》，《文集》第 16 册。

坏了由特定词语搭配所构成的意义场，结果形式空存，韵味全失。梁启超检讨戊戌以前作"新诗"，"夏穗卿、谭复生，皆善选新语句，其语句则经子生涩语、佛典语、欧洲语杂用，颇错落可喜，然已不备诗家之资格"，因"已渐成七字句之语录，不甚肖诗矣"[①]，便指出了这种情况。诗要作得像诗，就要保存诗歌的特性；对于中国古典诗歌来说，就是要保留由格律和语言共同产生的特殊美感。梁启超重视"旧风格"，意味着他尊重中国古典诗歌特有的创作规范。所以，他选中"旧风格"、拒绝"新名词"的举动，完全是从艺术性出发，与推许小说的标准截然两样。这不能不使我们认为，梁启超在内心深处是把诗歌置于小说之上的。一种并未意识到的恋旧心理，使他在诗歌革新上顾虑重重，手下留情，保留最多；不像在小说创作中无所顾忌，即使"似说部非说部，似裨［稗］史非裨［稗］史，似论著非论著"，写成"四不像"，也心安理得，借口是"既欲发表政见，商榷国计，则其体自不能不与寻常说部稍殊"[②]。梁启超日后总结这一时期"其保守性与进取性常交战于胸中"[③]，即此便为一例。

梁启超的"小说救国"论影响深广，在一个救亡图存、启蒙自新的时代自有其积极意义。当然，其中也存在着偏失，忽视艺术创作的规律即是最重要的一条，它给创作带来了损害。而笔者关心的是，在梁启超的小说意识转变中，正统文学观念扮演了一个什么样的角色。实际上，正是凭借着对文学功能的正统理解，梁启超在文学体裁的尊卑观念上才突破了正统文人的偏见。很难说，梁启超做这种选择时有多少自觉性，旧的濡染太深，他实在

---

① 《夏威夷游记》，《专集》第 5 册。
② 《新中国未来记·绪言》，《专集》第 19 册。
③ 《清代学术概论》第 26 节。

无力彻底解脱。这样，在比较表面的层次上，梁启超接受了西方和传统中非正宗的文学观念，强调小说的价值；但在更深的层次上，他仍然固守正统文学观念，坚持文以载道。因此，梁启超追随变动的时代，倡导文学革新，但受制于思想模式与心理定势，当他自认为偏离传统时，实际上仍在维护传统。

四

第三个阶段（1918—1929），梁启超发现传统文化中有很多优秀的成分，对当今世界有用，于是热心于用西方的科学方法，做整理、介绍的工作，在文学上也呈现出向传统复归的倾向。

1912 年回国后，梁启超虽然仍热衷政治活动，可毕竟不同于以往在海外独树一帜，须与更相迭代的当权者合作，影响力、号召力大为减弱。"学问兴味"与"政治兴味"的矛盾遇到归国后的现实，政治上的不得意对学问欲倒是一种刺激，因而显现出若干复归传统的迹象。前面所说的"文学复古"，即是表现之一。在此期间，梁启超也产生过放弃政治生涯"乘愿理旧业"①的念头，但又接连卷入倒袁、讨伐复辟两次行动。直到 1917 年底，发现自己并不适合做政治实行家，正式脱离政界，研究古代文化的兴趣才真正占了上风。

1918 年底至 1920 年初的欧洲之行，标志着梁启超的思想完成了又一次转变。他抱着西天取经的想法来到西方，看到的却是西方社会物质高度发达后，人的精神生活的空虚。与美国著名记者

①《甲寅冬，假馆著书于西郊之清华学校，成〈欧洲战役史论〉，赋示校员及诸生》，《文集》第 16 册。

赛蒙的一席谈，对梁启超震动很大。当梁启超表示要把西洋文明带回中国时，赛蒙却叹气说："西洋文明已经破产了。"又说："我回去就关起大门老等，等你们把中国文明输进来救拔我们。"从柏格森的老师蒲陀罗那里，梁启超也听到了对中国古代哲学的赞叹以及"中国人总不要失掉这分家当才好"的希望[1]。这样的话听多了，梁启超才由起初怀疑是奚落变得认真对待起来。这一次的观感与他1903年的美洲之行截然不同。在《新大陆游记节录》中，梁启超通过对比，发现"中国人性质不及西人者多端"，择其要者，列举出"有族民资格而无市民资格"，"有村落思想而无国家思想"，"只能受专制不能享自由"，"无高尚之目的"，由此证明国民性改造之必要[2]；而游欧归来，则提出中国古代政治上的民本主义，社会关系中的互助主义，经济上的小农制度，都是应该保留的国粹，结论是："吾人当将固有国民性发挥光大之。"引导梁启超做出这一论断的，是他认为欧洲与中国的社会和政治固有基础不同，所以学而不似反为病，注定不能成功[3]。于是他重新看待中国传统，有了新的发现，激发起输出中国精神文明拯救世界的雄心。

在中西文化传统不同的思想前提下，梁启超的文学观念又一

---

① 《欧游心影录节录·欧游中之一般观察及一般感想》，《专集》第5册。

② 《新大陆游记节录》，《专集》第5册。这种中西比较小而至于言行举止，如说："试集百数十以上之华人于一会场，虽极肃穆毋哗，而必有四种声音：最多者为咳嗽声，为欠伸声，次为嚏声，次为拭鼻涕声。吾尝于演说时默听之，此四声者如连珠然，未尝断绝。又于西人演说场、剧场静听之，虽数千人不闻一声。"又对比"西人行路，脚步无不急者"，"中国人则雅步雍容，鸣琚佩玉，真乃可厌"；西人讲话，随听者人数之多寡而高下其声，"中国则群数人坐谈于室，声或如雷；聚数千演说于堂，声或如蚊"，等等。因而认为徐勤所说"中国人未曾会行路，未曾会讲话""真非过言"，表现出对中国国民性的彻底批判。

③ 《梁任公在中国公学演说》，1920年3月15日《申报》，转引自《梁启超年谱长编》，第900—902页。

次转向，与反叛期形成鲜明对照。既然不必以西方观念为高，"近世学于域外者，多能言之"的"小说为文学之最上乘"①不攻自破；既然要尊重民族文化，诗、文乃文学正宗的地位重获确立。梁启超为《清华周刊》撰写的《国学入门书要目及其读法》清楚地显示了这一重新建立的文学价值观。梁启超希望人们熟读成诵的有两类文字："一种类是最有价值的文学作品；一种类是有益身心的格言。"在梁启超开列的这张书目中，就明确地把"最有价值的文学"界定为诗歌，"专资学者课徐讽诵"的文学作品全部收入"韵文书类"，与"修养应用及思想史关系书类""政治史及其他文献学书类""小学书及文法书类""随意涉览书类"构成了国学书五大基本部分。至于小说，他只淡淡地说了几句："吾以为苟非欲作文学专家，则无专读小说之必要。"②

　　这次小说与诗歌的换位，显示出梁启超从来就把二者放在不同的层次上，不能平等看待。然而就文学的本质来说，小说与诗歌并无高低之分，只是表现形式不同。梁启超看不到这一点，是因为他的小说观过于狭隘，他只把小说与社会政治捆绑在一起。"小说为文学之最上乘"这一观念形成于他作为政治领袖的特定时期，因而，一旦政治活动不再成为他的生活所必需，退居次要地位，小说的价值自然就消失了。观念的崩溃当然与梁启超受到的传统影响有根本关系，文人偏见使他始终不能正确地估价小说。在他眼中，小说终究不过是下里巴人之类的玩意儿，唤醒民众、开通民智既然不再是他注意的中心，现在要做的只是阐发传统文化的工作，此事非文人不能，为没有文化的下层人民说法的小说

① 《〈新小说〉第一号》，《新民丛报》第 20 号，1902 年 11 月。
② 《国学入门书要目及其读法》，《清华周刊》第 281 期之《书报介绍附刊》第 3 期，1923 年 5 月。

自然也可以不必理会。本来在这次文学观念的转变中也包含着合理的因素，即把文学看作文学，承认它有独立的价值；但梁启超的偏执，使他在文学问题上的每次反复，于得到部分真谛时，也必会失去部分不应失去的东西。

明了小说遭冷眼的原因，也就容易懂得梁启超为何对诗歌刮目相看了。中国诗歌的历史可以说和中国文学的历史一样长久，要追寻文学的传统，自然最好从诗歌开始。并且，梁启超的情感丰富、热烈，自称"我是个感情生活的人"①。这使他对抒发个人情感的诗歌有一种天生的领悟力，这类诗歌也对他有一种天然的吸引力。梁启超幼年嗜唐诗，好词章之学，也早已为他亲近诗歌传统埋下了伏线。尽管后来在政治的挤压下，隐藏起个人的兴趣，诗歌仅成附庸；而一旦解脱了政治的束缚，认识到"文学是人生最高尚的嗜好"②，梁启超天性自然外露，附庸又蔚为大国。此外，脱离政界，摆脱了政治因素的干扰，载道便不再是文学的重要功能，言情的诗歌也因此脱颖而出。

更值得注意的是，梁启超后期的扬诗歌而抑小说，实际上隐含着一种文学功能观的转换——从正宗的文以载道转为非正宗的"诗缘情"。而在这一转换过程中，西方文化起了不容忽视的作用。因而梁启超重新发现中国诗歌的表情功能，闭口不谈小说的社会作用及审美价值，已不能单纯归于传统文人的偏见。

梁启超晚年努力运用现代科学方法，研究了中国诗歌中的情感问题。《中国韵文里头所表现的情感》③一文，将古代诗歌按照表情方法的不同，归纳分为"奔迸的表情法""回荡的表情法""蕴

---

① 《外交欤？内政欤？》，《文集》第 13 册。
② 《晚清两大家诗钞题辞》，《文集》第 15 册。
③ 《文集》第 13 册。

藉的表情法""象征派的表情法""浪漫派的表情法"与"写实派的表情法"六大类。《屈原研究》《陶渊明之文艺及其品格》《情圣杜甫》则着重分析了诗人的情感及其在诗歌中的表现。梁启超强调"艺术是情感的表现,情感是不受进化法则支配的"[①],也就是说,情感使艺术作品具有永久价值,由此显示了情感的极端重要性。

要从情感入手提高诗歌的地位,依照梁启超的一贯作风,非使用十分夸张的语调大谈情感不可:"若是发心着手做一件顶天立地的大事业,那时候,情感便是威德巍巍的一位皇帝,理性完全立在臣仆的地位。情感烧到白热度,事业才会做出来。""人类所以进化,就只靠这种白热度情感发生出来的事业。"[②]情感成了社会进步、人类进化的杠杆,岂不伟哉!尊重以至崇拜情感的结果,是梁启超把情感神圣化:"天下最神圣的莫过于情感。"[③]为热烈、辉煌的情感所眩惑,这一时期,梁启超无论讨论什么问题,每每归结到情感方面。他论宗教,便将"白热度情感""名之曰宗教",说:"宗教这样东西,完全是情感的。"[④]论人生观,便说:"我是个主张趣味主义的人","凡属趣味,我一概都承认他是好的"[⑤]。声称自己的人生观是"拿趣味做根柢"[⑥]。而"趣味"(或曰"兴味")"是偏于感情方面的多,偏于理智方面的很少"[⑦]。论做学问,也抱定"趣味主义"宗旨,"因为学问的本质能够以趣味始、以趣味

① 《情圣杜甫》,《文集》第 13 册。
② 《评非宗教同盟》,《文集》第 13 册。
③ 《中国韵文里头所表现的情感》第 1 节。
④ 《评非宗教同盟》,《文集》第 13 册。
⑤ 《学问之趣味》,《文集》第 14 册。
⑥ 《趣味教育与教育趣味》,《文集》第 13 册。
⑦ 《"知不可而为"主义与"为而不有"主义》,《文集》第 13 册。

终"，所以他就提倡研究学问①。这固然是推己及人，"常为自身感情作用所刺激，而还以刺激他人之感情"②，但也与欧洲之行有潜在联系。

梁启超观察欧洲社会思潮的演变，发现西方工业革命以后，科学昌明，人们遂相信"科学万能"，由此产生"一种纯物质的纯机械的人生观，把一切内部生活、外部生活，都归到物质运动的'必然法则'之下"，形成变相的命定论，压抑精神生活，否认自由意志，使人在物质繁荣的世界，反而找不到自己的位置，人生也毫无价值可言。于是，"科学万能"的梦破产了。应运而起的各派哲学又从唯心的角度，研究人的精神意识。梁启超所注意到的有詹姆士（梁文中记为"占晤士"）的"人格的唯心论"与柏格森的"直觉的创化论"（《欧游心影录节录·欧游中之一般观察及一般感想》）。尤其是对柏格森的著作，他很下过一些功夫。到法国后，他专门拜访过柏格森，并视之为在法"所见人最得意者"。走访之前，他与蒋方震、徐新六连夜准备谈话资料，"其所著书，撷择要点以备请益"。"及既见为长时间之问难，乃大得柏氏之褒叹"，称赞他们"研究彼之哲学极深邃云"③。对于我们的研究有意义的，不是梁启超对柏格森哲学真正领会了多少，而是他的"创造性"发挥。非理性主义在梁启超著述中的回声，便是情感高于理智：

> 理性只能叫人知道某件事该做、某件事该怎样做法，却不能叫人去做事；能叫人去做事的，只有情感。我们

---

① 《学问之趣味》，《文集》第 14 册。
② 《吾今后所以报国者》，《文集》第 12 册。
③ 《与仲弟书》（1919 年 6 月 9 日），《梁启超年谱长编》，第 881—882 页。

既承认世界事要人去做，就不能不对于情感这样东西十分尊重。①

从欧洲归来，梁启超一直大讲"情感""趣味"。在"科学与人生观"论战中，他认为，"人类所以贵于万物者在有自由意志"，"人类社会所以日进，全靠他们的自由意志"，但"自由意志是要与理智相辅的"。因而他批评"人生观"方面的主将张君劢否定理智的作用，也批评"科学"方面的主将丁文江的"科学万能"论，说：

> 人类生活，固然离不了理智，但不能说理智包括尽人类生活的全内容；此外还有极重要一部分——或者可以说是生活的原动力，就是"情感"。

他对于论战的意见是：

> 人生问题，有大部分是可以——而且必要用科学方法来解决的，却有一小部分——或者还是最重要的部分是超科学的。

> 人生关涉理智方面的事项，绝对要用科学方法来解决；关涉情感方面的事项，绝对的超科学。②

---

① 《评非宗教同盟》，《文集》第 13 册。
② 《人生观与科学》，《文集》第 14 册。

这些话表面看来不偏不倚，其实重心明显偏向"情感"，即从"生活的原动力""最重要的部分"等用语已可窥见。同时可以看得很清楚的是，在梁启超那里，"理智"与"科学"直接挂钩，"情感"从"自由意志"转化而来。可见，认为欧洲近代社会思潮对梁启超的"情感中心"说有影响并非猜测。

于是，一个奇妙的连锁反应发生了：受欧洲近代非理性思潮启发，梁启超因而对情感高度重视；突然以全新面目出现的"诗缘情"说，又使他对以抒情见长的诗歌格外器重。西方文化这一次不动声色地起到了点化作用，它不是从形式上，而是从精神上促使传统文学观念内部发生调整与更新。

然而，即使在突出情感、注重文学的审美价值时，梁启超也绝对不是个唯美主义者。对情感的关注，不过是梁启超从关心政治转到关心人生的一个精神侧面。西欧之行，使他坚信中国古代的人生哲学将流行于世界[1]，而从人生角度研究文学问题，情感是再适当不过的桥梁。

有益人生成为梁启超后期研究文学的出发点。他要求熟读成诵的"最有价值的文学作品"，其价值即表现在"陶写情趣之用"上。他说："好文学是涵养情趣的工具。做一个民族的分子，总须对于本民族的好文学十分领略。能熟读成诵，才在我们的'下意识'里头，得着根柢，不知不觉会'发酵'。"这与记诵"有益身心的格言"是为了道德修养，以及作为社会一分子，有必要了解

---

① 梁启超《治国学的两条大路》(《文集》第14册）谈及："盖欧人讲学，始终未以人生为出发点。至于中国先哲则不然。无论何时代何宗派之著述，凤皆归纳于人生这一途，而于西方哲人精神萃集处之宇宙原理、物质公例等等，倒都不视为首要。"中国先哲的人生哲学，"可以救他们西人物质生活之疲敝"。

社会共同意识相同[1]，都是从应用与责任两方面着眼。在文学的有用性上，梁启超从来就不超脱。倡导文学改良运动，企望以文学直接推动政治改良的急功近利自不必说，即使是此时提倡熟读成诵"好文学"，也是要用潜移默化的功夫，培养优美的情感与趣味，"有用"宽泛地表现在有益于人的全面修养。强调文学与政治的关系，把小说当作身外的工具，一旦事过境迁，小说便丧失了本身的存在价值。而强调文学与人生的关系，肯定用来表情、"涵养情趣"的诗歌具有永久价值，显然更切合文学自身的特性。只是后期的梁启超基本上是个学者，其文学观念对整个社会很少影响，而且在那么一个发扬踔厉的时代，也确实需要呐喊的文学，因此，后世的研究者自然更注重梁启超粗糙的"文学救国"论，而非精致的"情感中心"说。

五

在对待传统文化的问题上，梁启超用几十年时间走了一个大圆圈。但这只是平面的观察。如果立体地看，则起点与终点并不重合；如果再分别画出政治、道德、文学等各部分的轨迹，某些起点与终点甚至距离较远。

由于个人总是在历史背景中存在着，考察梁启超的思想发展时，也就必须注意到在不同阶段历史与个人两个因素的相关变化。

面临近代列强入侵、民族危亡的历史形势，梁启超作为改良派政治家，首先关注的是救中国的问题。他赴日后鼓吹国家主义，

---

[1] 《国学入门书要目及其读法》，《清华周刊》第281期之《书报介绍附刊》第3期，1923年5月。

目的在此。从他对康有为教育的批评中，也可以证实这一点。他认为，康有为的教育"最缺点者有一事，则国家主义是也"：

> 先生教育之所重，曰个人的精神，曰世界的理想。斯二者非不要，然以施诸今日之中国，未能操练国民以战胜于竞争界也。①

在世界与个人之间，梁启超最重视的是国家。反映到文化问题上，即表现为以本位文化为视点。本位文化有欠缺，所以要吸收外来文化。"淬厉其所本有而新之"，"采补其所本无而新之"②，是梁启超为"新"下的注语，也说明他的新学，旨在采西学之长，补中学之短。

第一次世界大战以后，资本主义世界力量削弱，无产阶级革命运动在中国兴起。梁启超既已退出政界，救中国便不再是他操心的主要问题。作为研究古代文化的专门学者，他在游欧之后，受西方精神危机的刺激，遂产生了救世界的念头。这时，他从国家主义转向了世界主义。《欧游心影录节录》中《中国人之自觉》第一节，标题即为"世界主义的国家"，其中说：

> 国是要爱的，不能拿顽固褊狭的旧思想，当是爱国，因为今世国家，不是这样能够发达出来。我们的爱国，一面不能知有国家不知有个人，一面不能知有国家不知有世界。

---

① 《南海康先生传》，《文集》第3册。
② 《新民说·释新民之义》，《专集》第3册。

此时评价谭嗣同的《仁学》时，便与先前批评康有为持论完全相反，而极力加以赞扬：

> 《仁学》之政论，归于"世界主义"。其言曰："《春秋》大一统之义，天地间不当有国也。"又曰："不惟发愿救本国，并彼极盛之西国与夫含生之类，一切皆度之，……不可自言为某国人，当平视万国，皆其国，皆其民。"

另一面则检讨自己："其后梁启超居东，渐染欧、日俗论，乃盛倡褊狭的国家主义，惭其死友矣。"[1]梁启超后期经常谈到的是中国对世界的责任。反映到文化方面，即表现为以世界文化为视点。梁启超认为，中国对世界文明负有重大责任[2]。所以，发掘传统文化，输出精神文明，是中国对于世界文化应做的贡献。

在救中国的阶段，梁启超对中西不同的文化背景不太关心，他只想把西方的长处都采纳进来。这时他的名言是："二十世纪，则两文明结婚之时代也。""彼西方美人，必能为我家育宁馨儿以亢我宗也。"当务之急是"行亲迎之大典"[3]。中西合璧既是他的努力目标，也是其措手之处。这样，传统文化便失去了独立存在的价值。

而在救世界的阶段，梁启超认识到中国与西方固有基础不同，

---

[1] 《清代学术概论》第27节。

[2] 《欧游心影录节录·欧游中之一般观察及一般感想》下篇《中国人之自觉》第十三节《中国人对于世界文明之大责任》。

[3] 《论中国学术思想变迁之大势》第一章《总论》，《新民丛报》第3号，1902年3月。

从而正视两大文明并存的事实。这时他觉得，"中国固有之基础亦最合世界新潮"（《梁任公在中国公学演说》），更关心的是得到传统文化的好处，把它介绍到世界。其间并不排斥与西方文明的交流，但由此造成的"新文明""新文化系统"，仍然是在各自的文化基础上变化产生的[①]。他又认为："文艺复兴者，由复古得解放也。"[②]因而中国文化的复兴之路便在于传统文化的重新发现，传统文化的独立价值于是显现出来。

在梁启超的思想转变中，个人的性格、经历也是不容忽视的因素。

梁启超对自己的个性下过"太无成见"[③]的断语，说："吾学病爱博"，"尤病在无恒"[④]。究其原因，诚如蒋方震所说："任公之无常，系原于对于新者兴会之佳，非对于旧者之厌倦。"[⑤]因为喜新，故可以趋向西学；因为不厌旧，故对于传统文化始终有兴味。

梁启超的经历在近代很有代表性。中国近代史有一个特点，政治形势迅速变幻，代表人物不断更替，每一批人物出现，只能各领风骚一二十年。戊戌前后，梁启超作为有影响的政治家，是个风云人物，领导潮流；五四以后，他作为有成就的学者，只剩下"名流"身份，不能与《新青年》同人一争短长。政治上得意时，政治欲强烈，注重功利，以学问为政治的手段，所以对传统

---

① 《欧游心影录节录》中《中国人对于世界文明之大责任》一节云："我希望我们可爱的青年，第一步，要人人存一个尊重、爱护本国文化的诚意；第二步，要用那西洋人研究学问的方法去研究他，得他的真相；第三步，把自己的文化综合起来，还拿别人的补助他，叫他起一种化合作用，成了一个新文化系统；第四步，把这新系统往外扩充，叫人类全体都得着他好处。"

② 《欧洲文艺复兴史序》，《文集》第 12 册。

③ 《清代学术概论》第 26 节。

④ 《题艺蘅馆日记第一编》，《文集》第 16 册。

⑤ 张东荪《致□□书》（1920 年 10 月）中夹注，引自《梁启超年谱长编》，第 926 页。

文化作了较多的批判；政治上失意时，学问欲旺盛，强调趣味，为学问而学问，所以对传统文化保留较多①。自信心极强时，便向外发展，在西方文化中找到斗争武器；产生失落感后，便向内收缩，在传统文化中找到精神支柱。

充满矛盾的时代造成了充满矛盾的人物。在传统文化与西方文化的碰撞中，中国知识者必须重新选择、建立他们的文化价值观。以梁启超为代表的从传统读书人中分裂出来的一群，比起他们的前辈、只认得西方技术的洋务派是先进多了。他们已觉察到西方的科学技术是以西方的社会制度为保证的，因而无论是直接的政治运动，还是曲线的开通民智，所要达到的目的都是促进社会制度的改良。在这个过程中，传统的文化价值观发生了动摇，西方文化的独特价值日益显现出来，引起梁启超们的无限神往。但一个先决的限制是他们的根基在中国传统文化，他们肩上的历史因袭太重，并且传统的影响已形成条件反射、思维定势。被传统的力量干扰着，他们学到的西方文化总有一点不那么像，然而，这一部分仍然成为他们"不中不西即中即西"的文化价值观中闪光的成分。在梁启超们改造过的文化基础上成长起来的一代，与传统文化的亲和力大为减弱。在梁启超们那里始终未能真正成为意识（包括潜意识）主体的西方文化，却成了新一代知识分子的精神食粮。和他们相比，梁启超们是大大落后了。但这不等于说梁启超们完全抛弃了西方文化，起码梁启超重"诗缘情"而轻"文以载道"，明显得益于柏格森哲学与西方文化思潮。也就是说，当他们复归传统时，实际上是复归到经过西方文化重新照亮、重

---

① 1920年作《清代学术概论》，批评说："而一切所谓'新学家'者，其所以失败，更有一总根原，曰：不以学问为目的而以为手段。"（第29节）可见梁启超治学方针的转变。

新选择的传统。当然，梁启超们"放大的小脚"与《新青年》一辈的天足有很大区别。由于旧习气太重，接受新思潮往往打很大折扣，一旦回归，难免旧病复发。即使如此，复归传统也并没有完全回到原出发点。

总而言之，当梁启超倾心西方文化，提倡政治小说时，依靠的是正宗的"载道"文学观念；而当他回归传统，重视中国古代诗歌时，依靠的却是非正宗的"缘情"文学观念。如果按照通常的说法，把"传统"限定为正统观念，那么我们甚至可以说，当梁启超反叛"传统"时，离"传统"更近，当他复归"传统"时，离"传统"更远。

第七章

借途日本　学习西方

——梁启超与日本明治文化

一

梁启超与日本的关系之深，他本人并不讳言。尽管这种感情发生过微妙的变化，从"觉日人之可爱可钦"，到"发现日人之可畏可怖而可恨"①，但本章旨在探讨日本明治文化对梁启超的影响，故不涉及梁启超后期对日人之憎恶，而专门考察其前期对日本文化的倾慕；并将时间范围大体限定在 1898—1903 年，因为这是梁启超新思想形成并对舆论界最具感召力的时期。

晚年在与学生谈天时，梁启超曾经详述对日本感情的转变过程。讲到戊戌年间初到日本的印象，他仍然使用了热情洋溢的语言：

---

① 吴其昌：《梁任公先生别录拾遗》，《子馨文在》（下），第 456—457 页，重庆：独立出版社 1945 年版。

> 戊戌亡命日本时，亲见一新邦之兴起，如呼吸凌晨
> 之晓风，脑清身爽。亲见彼邦朝野卿士大夫以至百工，
> 人人乐观活跃，勤奋励进之朝气，居然使千古无闻之小
> 国，献身于新世纪文明之舞台。回视祖国满清政府之老
> 大腐朽，疲癃残疾，赃贿蹉跎，相形之下，愈觉日人之
> 可爱可敬。[1]

这番话颇足以描画出梁启超当时对明治维新后的日本惊喜、爱慕的心情。

新奇感的产生既是与腐臭的晚清社会对比的结果，也是由于闭锢无知所造成。中国与日本虽然号称"一衣带水"，然而晚清的中国人对日本的情况却十分隔膜。即使是得风气之先、注重西学的梁启超，在去国以前，所能见到的有关日本的可读性记述也实在是屈指可数。康有为倒是早就托人到日本购求过一批数量可观的书籍，并编成《日本书目志》[2]十五卷。梁启超写过一篇《读〈日本书目志〉书后》[3]，在万木草堂时期，也读过其中很少的几本[4]，可惜因为不懂日文，守着一座金山却无法开采。梁启超还为黄遵宪的《日本国志》作过《后序》[5]，该书是当时中国人介绍日本情

---

① 吴其昌：《梁任公先生别录拾遗》，《子馨文在》（下），第 456—457 页，重庆：独立出版社 1945 年版。

② 《日本书目志》，上海：大同译书局 1898 年版。

③ 《时务报》第 45 册，1897 年 11 月。

④ 如《致品川弥二郎书》中说："启超昔在震旦，游于南海康先生之门。南海之为教也，凡入塾者皆授以《幽室文稿》，曰：苟志气稍偶衰落，辄读此书，胜于暮鼓晨钟也。"（《民报》第 24 号，1908 年 10 月）《幽室文稿》系吉田松阴所作。又，《日本书目志》卷四著录了吉田的《幽囚录》。

⑤ 作于 1896 年 12 月，载 1897 年 3 月《时务报》第 21 册，收入上海图书集成印书局 1898 年版《日本国志》。

况最翔实可靠的一部著作。这样，主要通过这些极其有限的文献，梁启超间接了解到一些日本明治维新的消息。但无法逾越的语言障碍和缺少详细的中文材料，又使得梁启超虽然心目中以明治维新为中国变法的榜样，亟亟鼓吹，不遗余力，可实际上仍不过是雾里看花，论及之处，自然错谬甚多。即如 1897 年他在《蒙学报演义报合叙》①中关于"日本之变法，赖俚歌与小说之力"的说法，便不确实。实则"日本之变法"，也就是明治维新，主要是迫于外来威胁起而应变，采取的是自上而下的"王政复古"方式。以下级武士为主导力量的倒幕运动，迫使德川幕府把大政奉还皇室，由此完成了变革。在这种情况下，倒幕运动的领导者并无必要利用通俗文学获取下层人民的支持，因而文学上的革新变化反而出现在明治维新以后。甚至直到明治初年，文坛上仍然是旧文学的天下。这些情况，梁启超当时不可能有深入了解；而一旦置身日本，他很容易就能够发现过去的错误。更令梁启超兴奋不已的是，他终于可以自由自在地直接接触那些纷至沓来的新事物和新学理了。

登载在《新小说》第 1 号上署名"学生某"的《东京新感情》②，在反映中国知识者初到日本内心的感情波动方面很有代表性。其中《最得意二十一条》，历数在日本心情畅快、最为得意的二十一件事情，例如"渡大洋，长风破浪"，"南方人初坐火车"，"叠上赤足行步"，"割辫"，"改西装，身轻如燕"，"日日洗身"，"自由民权等议论，倡言无碍"，"痛骂官场"，"一动笔，一开口，觉新异议论、新异名词满肚"，"旅行"，"海水浴"，"体操"，"礼拜日"等。料知梁启超当初，也必有同感。就言谈交往方面来说，

---

① 《时务报》第 44 册，1897 年 11 月。

② 《新小说》第 1 号，1902 年 11 月。

居留国外，却不通外语，本来是最苦恼之事。然而中国人在日本，"不通言语，幸可笔谈"，故也成为"最得意"之一事。梁启超抵日之初，也是借助笔谈与日人对话，如1898年10月26、27日，梁启超即与日本外务大臣大隈重信的代表志贺重昂有长篇笔谈[①]。能够通过笔谈交流固然快意，可毕竟太费事，而且"见东人不能与谈论，又身无笔墨"时，便成为《难过十七条》中所述的一件难过事了。所以，接下来又有"渐通东文，最得意"一条，以补"幸可笔谈"的不足。梁启超也并不满足于与日人的纸笔交谈，为了广求新知，能够阅读日文书籍是最起码的必备条件。于是，一到日本，梁启超即积极努力地学习日文。

比梁启超早一年到达日本的万木草堂同学罗普充任了他的日文老师，中日的"同文之便"也为他提供了方便。梁启超的创造性随处发挥，即使在学日文上也有表现。他不肯如一般人按部就班地进行，偏要寻求捷径。1899年夏，他与罗普到底共同研制出了著名的《和文汉读法》[②]。此书出版后风靡一时，成为国人学习日文的速成教材。梁启超曾经不无得意地夸耀说："余辑有《和文汉读法》一书，学者读之，直不费俄顷之脑力，而所得已无量矣。"

[①] 《志贺重昂与梁启超的笔谈》，1959年7月9日《光明日报》。

[②] 关于《和文汉读法》的成书，梁启超在1902年9月《新民丛报》第15号"问答"栏曾有记述："鄙人初徂东时，从同学罗君学读东籍。罗君为简法相指授。其后续有自故乡来者，复以此相质，则为草《和文汉读法》以语之。此己亥夏五六月间事也。其书仅以一日夜之力成之，漏略草率殊多；且其时不解日本文法，讹谬可笑者尤少，惟以示一二亲友，不敢问世也。后鄙人西游，学生诸君竟以灾梨枣，今重数版矣，而一覆读，尚觉汗颜。顷乞罗君及一二同学重为增补改定，卷末复用此法译东籍十数章以为读例，既将脱稿矣。"罗普《任公轶事》亦云："己亥春，……时任公欲读日本书，而患不谙假名，以孝高本深通中国文法者，而今又已能日文，当可融会两者求得捷径，因相研索，订有若干通例，使初习日文径以中国文法颠倒读之，十可通其八九，因著有《和文汉读法》行世。"（丁文江、赵丰田编《梁启超年谱长编》，第175页，上海人民出版社1983年版）

用他的"简便之法","学日本文者数日小成，数月大成","慧者一句，鲁者两月，无不可以手一卷而味津津矣"。这种"专学读书"的"急就之法"①，对于当时有志西学的中国知识分子，无疑极具诱惑力。

"和文汉读法"的奥妙之处即在于：

> 日本文汉字居十之七八，其专用假名、不用汉字者，惟脉络词及语助词等耳。其文法常以实字在句首，虚字在句末。通其例而颠倒读之，将其脉络词、语助词之通行者，标而出之，习视之而熟记之，则已可读书而无窒阂矣。②

简单说来，要义与诀窍只在"颠倒读之"一语。所以《和文汉读法》③第一节即告诫学人："凡学日本文之法，其最浅而最要之第一着，当知其文法与中国相颠倒，实字必在上，虚字必在下。"明了此理，再通晓日文"愈实之字，则愈在首；愈虚之字，则愈在末"（第二节）的细则，"知其一定之排列法，即每句之中，副词第一，名词第二，动词第三，助动词第四"（第八节），熟记常用的几十个以假名书写的助动词、脉络词及语助词，便可以自由阅读日文书籍了。

其实，梁启超与罗普发现的"颠倒读之"一法，很可能是受到了日本人读汉文书的启发。日本人对汉文语法同样感到不习惯，

---

① 《论学日本文之益》，《清议报》第 10 册，1899 年 4 月；《东籍月旦》，《新民丛报》第 9 号，1902 年 6 月。

② 同上。

③ 无锡丁氏畴隐庐 1901 年重印本。

为方便阅读，便发明了可以称之为"汉文和读"的方法。黄遵宪在《日本国志》中已做了记载：

> 凡汉文书籍，概副以和训，于实字则注和名，于虚字则填和语；而汉文助辞之在发声、在转语者，则强使就我，颠倒其句读，以循环诵之。今刊行书籍，其行间假字多者，皆训诂语，少者皆助语；其旁注一二三及上中下、甲乙丙诸字者，如乐之有节，曲之有谱，则倒读递读先后之次序也。①

直到现在，日本出版的汉文读本也依然如此。而日本人过去用来学习中国文化所创造的方法，又被梁启超借用来学习日本文化，这件事实本身，即已显示出日本文化对梁启超的初步影响。

由于梁启超当时并不深谙日语文法，因而仿效日本人读汉籍的方法创造出来的"和文汉读法"，其粗陋、欠准确自不待说，更可能给人造成日语容易学的错误印象。不过，明治维新时期有影响的日本思想家，大多具有深厚的汉学修养，汉文体的日文在其时也不乏作者。这样一些客观因素，还是为"和文汉读法"的流行提供了基本条件。尤为重要的是，一种简便易行的学日文方法，对于当时患着焦渴症的中国进步知识者，无异于一帖救急之方。不少人就是依靠它，迅速跨越了外国语的阻隔，在日文书刊中大量寻找、攫取新知识。其中不乏似是而非的理解，更多半通不通或生硬拗口的翻译。如包天笑回忆叶瀚（浩吾）的译稿说，"他是

---

① 《日本国志》卷三十三《学术志二》，上海图书集成印书局 1898 年版。

直译的，甚而至于就在日本书上钩钩勒勒，不再另纸起稿"①。这种直译方式明显脱胎于"和文汉读法"。然而，就是这种生吞活剥的翻译，也给正在更新中的中国文化界输入了必需的养料。因此，"和文汉读法"的意义主要不在于它作为一种日文学习方法有多大的应用价值，而在于它从一个侧面反映了中国人通过日本学习西方文化的普遍热情和开放心态。否则，便无法解释《和文汉读法》一书为何在短时间内接连重版、大获青睐、不胫而走这一社会现象。

二

"新习得一外国语言文字，如新寻得一殖民地。"（《东籍月旦》）此话出自梁启超之口，是深有感触之言。梁启超固然知道东学不如西学，因其本源自西方；无奈英文较之日文，更难掌握。远水解不了近渴，所谓"久厌糟糠之人，享以鸡豚，亦已足果腹矣，岂必太牢然后为礼哉"②，不得已取道日本，转手贩卖，成了当时中国知识分子学习西方的通行方式。

而日本方面，随着明治政府"文明开化"政策的制定，一度出现了趋于极端的崇尚西方、模仿西方的社会风气。趁此时机，各种西方思想学说也很少选择地被竞相翻译、输入日本，使启蒙活动蓬勃发展起来。难怪梁启超在日文书中会有发现新大陆之感。

日本明治文化给予梁启超的影响可从两方面看：一方面是"肄日本之文，读日本之书，畴昔所未见之籍，纷触于目，畴昔所

---

① 《钏影楼回忆录》，第220—221页，香港：大华出版社1971年版。

② 《论学日本文之益》，无锡丁氏畴隐庐1901年重印本。

未穷之理，腾跃于脑，如幽室见日，枯腹得酒，沾沾自喜"[1]，于精神、心理上获得极大满足；另一方面是他在思想上也发生了极大变化，因"广搜日本书而读之，若行山阴道上，应接不暇，脑质为之改易，思想言论，与前者若出两人"[2]。欣喜之馀，梁启超忍不住推己及人，作了一篇《论学日本文之益》："大声疾呼，以告同志曰：我国人之有志新学者，盍亦学日本文哉！"梁启超之所以普劝国人学日本文，是因为"待译而读之缓而少，不若学文而读之速而多也"。何况，"夫日本于最新最精之学，虽不无欠缺，然其大端固已粗具矣"。康有为以前所设想的"譬如作室，欧、美绘型，日本为匠，而我居之也。譬如耕田，欧、美觅种灌溉，日本锄艾，而我食之也"[3]，经过梁启超的实践与鼓吹，也大有实现的可能了。

通过大量的阅读，梁启超对日本的熟悉甚至已达到了亲密无间、忘其为异国的程度，自言：

> 每日阅日本报纸，于日本政界、学界之事，相习相忘，几于如己国然。盖吾之于日本，真所谓有密切之关系，有许多之习惯，印于脑中，欲忘而不能忘者在也。[4]

证之以1910年所写的《双涛阁日记》[5]，每天功课有"读报纸"一项，可知梁启超所说"每日阅日本报纸"确非虚语。

---

① 《论学日本文之益》，无锡丁氏畴隐庐1901年重印本。

② 《汗漫录》（即《夏威夷游记》），《清议报》第35册，1900年2月。

③ 《进呈日本明治变政考序》（1898年），《康有为政论集》上册，第223页，北京：中华书局1981年版。

④ 《汗漫录》（即《夏威夷游记》），《清议报》第35册，1900年2月。

⑤ 《双涛阁日记》，《专集》第8册，上海：中华书局1936年版。

在与日本文化自觉的认同中，特别应该指出的是，梁启超强烈的现实感，诱使他避开了日本古代文化，而选择了明治新文化。也就是说，不是所有的日本文化同时影响于梁启超，他也并非全面地接受日本文化。他所认同的，并且对他的新思想形成有决定意义的，仅仅是其中受西学影响新发生的部分。撇开日本的传统文化，而接受日本的"西学"，使梁启超迅速缩短了与欧美文化的距离。借助日文书刊，从古到今、各种流派的西方学说一古脑儿涌进他的视野，远至亚里士多德（前384—前322），近到斯宾塞（1820—1903）[①]，都成为他上下求索的对象。细细地消化虽然还来不及，却也让他大致触摸到西学发展的脉络，大开了眼界。

　　受西方学术思想的刺激，日本思想界的异常活跃，翻译界的异彩纷呈，在梁启超的著述中也有及时反映。于是形成了这样一种有趣的状况：日本著译界时兴过的每一种新学说，也必在梁启超的思想中引起相当反响，并在其著述中留下深刻的印记。如明治初期，约翰·穆勒（John Stuart Mill）一度是在日本最受欢迎的西方思想家。由中村正直1871年翻译的《自由之理》，在日本知识青年中曾经几乎是人手一册。影响所及，"浴池有自由澡塘、自由温泉，点心有自由糖，药店有自由丸，饭店有自由亭"[②]等等。穆勒自由主义思想传播的热潮也波及梁启超。在他到达日本第二年写作的《饮冰室自由书·叙言》[③]中，即已称引道："西儒弥勒约翰曰：人群之进化，莫要于思想自由、言论自由、出版自由。"如

---

　　① 梁启超有《亚里士多德之政治学说》与《记斯宾塞论日本宪法语》等文。前者载《新民丛报》1902年11月第20—21号，后者载《新民丛报》1903年12月（实为1904年出版）第42、43号合刊。

　　②《自由党史》，转引自马采译《近代日本思想史》（第一卷），第71页，北京：商务印书馆1983年版。

　　③《清议报》第25册，1899年8月。原无小节标题。

今"三大自由，皆备于我焉"，因而这一批有感而发的杂文便命名为《自由书》。"自由"问题也成为那时梁启超谈论的热门话题。《饮冰室自由书》中有《放弃自由之罪》[①]、《精神教育者自由教育也》[②]，《新民说》中有《论自由》[③]，除多篇专论之外，散见的议论更多。梁启超对"自由"的热衷甚至引起了康有为的极度不安，去信严加指责。梁启超在回信中力辩自由"为今日救时之良药，不二之法门耳"，决然说："来示于自由主义，深恶而痛绝之，而弟子始终不欲弃此义。"[④]足见受感染之深，竟不惜冒犯师尊。此外，梁启超专门作过学案的许多西方思想家，在日本也都有很高的知名度。即使是一些具体的原理、原则，如"君主无责任""最大多数之最大幸福"[⑤]"破坏主义"[⑥]等，也无一不是明治思想界的熟语。日本读书界的热门书，梁启超更是责无旁贷地推介给中国读者。如中村正直1871年翻译的英国斯迈尔斯（Samuel Smiles）的《西国立志编》（又名《自助论》），是明治前期流传最广的启蒙读物[⑦]。其中中村所作的七篇序，又都是用中文写成。梁启超在《饮冰室自由书》中，便以《自助论》[⑧]为题，对该书做了介绍，推尊中村为"维新之大儒"，将各编之序全部录入。

---

① 《清议报》第 30 册，1899 年 10 月。

② 《清议报》第 33 册，1899 年 12 月。

③ 《新民丛报》第 7—9 号，1902 年 5—6 月。

④ 《致南海夫子大人书》（1900 年 4 月 29 日），《梁启超年谱长编》，第 234、237 页。

⑤ 梁启超有《政治学学理摭言》一文，包括《君主无责任义》与《最大多数最大幸福义》两篇，载《新民丛报》第 15、18 号，1902 年 9、10 月。

⑥ 《饮冰室自由书·破坏主义》言："日本明治之初，政府新易，国论纷糅。伊藤博文、大隈重信、井上馨等共主破坏主义，又名突飞主义，务摧倒数千年之旧物，行急激之手段。"（《清议报》第 30 册，1899 年 10 月）

⑦ 《西国立志编》出版后，出现大批仿作。仅据康有为《日本书目志》所录，即有《万国立志编》《（少年必携）日本立志编》《妇人立志编》《商人立志编》等。

⑧ 《清议报》第 28—29 册，1899 年 9—10 月。

不难看出，当时梁启超从日本转述的学说可谓五花八门。尽管如此，一些客观的限制仍然存在。一般说来，明治初期，日本对于西方文化的介绍是全面铺开，很少系统，但在社会上最为流行的，却是与日本社会现实关系密切的西方近代学术思潮。各派政治势力竞相标举其中的某一派学说，作为思想斗争的武器。受到日本时代气氛的熏陶、诱导，梁启超的目光也集中到西方最新流行的思想，尤其对于在日本社会思潮中涌动的势力最大的学派，更投以最多的注意。

如果按照《日本维新三十年史》[1] 的说法，将明治时期流行的最重要的西方学派分为三派，即以福泽谕吉为代表的"英吉利派之功利主义"，以中江兆民为代表的"法兰西派之自由主义"，和以加藤弘之为代表的"德意志派之国家主义"（第一编《学术思想史》），那么，我们可以看到，梁启超对三派学说均曾力加推崇和介绍：

关于英国功利主义 代表人物有边沁（Jeremy Bentham）和穆勒。梁启超的译述主要有《乐利主义泰斗边沁之学说》[2] 一文。篇末附言曰：

> 边氏之说博大精深，其著书浩如烟海。著者既未能遍读，而各译本中，亦未有荟萃其精义为一篇可供重译者（西籍中当或有之，恨未得见）。本篇之作，以有限之日力，涉猎原著，兼取材于各书所征引者，颇极艰辛。虽然，东鳞西爪，其不能尽揭边氏学说之精华无漏无误也明矣。

① 原名《明治三十年史》，为东京博文馆约请高山樗牛等十二位著名学者分纂而成。中文本由罗普译出，上海广智书局 1902 年出版。

② 《新民丛报》第 15—16 号，1902 年 9 月。

同时列出一张引用书目，除一本"*Theory of Legislation*"是原文著作外，其他十一种都是日人的译介，如《利学正宗》（陆奥宗光译）、《理学沿革史》（中江兆民译）、《主乐派之伦理说》（纲岛荣一郎著）、《泰西政治学者列传》（杉山藤次郎著）、《政体论》（有贺长雄著）等。可见梁启超所谓"涉猎原著"，也仅限于浏览陆奥宗光的日译本，更多的材料，还是从日人有关译著中摘引来。"兼取材于各书所征引者"，把片断材料组织成文，是梁启超写作此类学案的通用办法。可以肯定的是，以梁启超当时的英文水平，阅读原本甚为艰难。他之开列英文著作，不过是方便学人、显示采择之广罢了。另一位功利主义代表人穆勒，梁启超的著作中也时常提起，在他主持的《新民丛报》上，还刊发过马君武写的《弥勒约翰之学说》[1]。边沁与穆勒的学说在日本思想界大为盛行，仅从他们所主张的"最大多数之最大幸福"甚至成为改良派的思想纲领[2]，即可见一斑。

关于法国自由主义　代表人物为卢梭。梁启超的译述主要有《卢梭学案》（又名《民约论巨子卢梭之学说》），该文在《清议报》与《新民丛报》上两次刊出[3]，可以证明梁启超对卢梭学说的高度重视。《民约论》在日本有多种译本，其中最著名的是中江兆民附

---

① 《新民丛报》第 29—30、35 号，1903 年 4、8 月。

② 1885 年 3 月 14 日发表的改进党发起书中说："幸福是人类所希望获得的东西，但少数人专有的幸福，却不是我党所赞成的。因为这种幸福是所谓利己的，是与我党所要争取的王室尊荣、人民幸福相反的。王室尊荣、人民幸福是我党所深切希望的，但暂时的尊荣幸福则非我党所欲，因为这种尊荣幸福是所谓顷刻的，是与我党所希望的无穷尊荣、长远幸福相反的。"（引自《近代日本思想史》第一卷，第 84 页）

③ 《卢梭学案》载 1901 年 11—12 月《清议报》第 98—100 册，《民约论巨子卢梭之学说》载 1902 年 7 月《新民丛报》第 11—12 号。

加注解的汉译本《民约译解》，此书于 1882 年出版，中江也因此获得"东洋卢梭"的美称。我们虽然不能肯定梁启超读的是哪种译本，但日本自由民权运动理论家对卢梭思想的崇仰，必然给他留下了很深的印象。

关于德国国家主义　代表人物为伯伦知理（Johann Kaspar Bluntschli）。梁启超的译述有《政治学大家伯伦知理之学说》。《新民丛报》第 32 号先已发表过署名"力人"的同题文章，第 38、39 号又刊出以梁启超常用笔名"中国之新民"题署的大作，且附有说明："此题已见本报第三十二号中，以其所叙述尚简略也，且夫著者之所感触别有在也，故不避骈枝之诮，再撰此篇，读者谅之。"[①] 此前，梁启超还翻译了伯伦知理的《国家论》，在《清议报》连载[②]；以后，广智书局于 1902 年又出版了他节译的《国家学纲领》[③] 一书，并作广告宣传说：

> 伯伦知理为国家学第一巨子。其书一出，而全世界之政治思想为之一变。译者为广开民智起见，特撷其纲领，先为一小册，载之于小丛书中。学者先卒业此编，则于政治学之门径思过半矣。[④]

而 1870 年，加藤弘之即翻译了伯伦知理的《国法泛论》，成为在日本传播德国国家主义思想的第一人。

---

① 《政治学大家伯伦知理之学说》，《新民丛报》第 32 号，1903 年 5 月；《新民丛报》第 38、39 号合刊，1903 年 10 月。

② 《清议报》第 11、15—19、23、25—31 册，1899 年 4—10 月。

③ 即前译《国家论》卷一部分，为"政治学小丛书"之一。

④ 《广智书局出版书目》，《新民丛报》第 25 号广告，1903 年 2 月。

三派学说在日本虽然是泾渭分明，特别是作为自由民权运动理论柱石的法国自由主义，与反对民权运动者所鼓吹的德国国家主义更是势如水火，梁启超对它们却是兼收并蓄，一概倡导。在1899年写成的《饮冰室自由书》篇目中，他就以同样的热情宣说民权思想与国家主义。《破坏主义》[1]中断言：

> 欧洲近世医国之国手不下数十家，吾视其方最适于今日之中国者，其惟卢梭先生之民约论乎！

结尾处的一大段韵文也一再呼唤："呜呼！民约论兮，尚其来东！"称颂："大同大同兮，时汝之功。"对民权思想寄予厚望。而在《答客难》[2]中，梁启超又宣称：

> 世界主义，属于理想；国家主义，属于事实。世界主义，属于将来；国家主义，属于现在。今中国岌岌不可终日，非我辈谈将来、道理想之时矣。

国家主义也成为救国的良方。从中国的现实政治出发，梁启超本着为我所用的原则，广采各家学说，发掘出其中带有积极意义的成分，加以引申、发挥，从而调和、构成了一个庞杂却有其合理性的新的思想系统。正如他本人所表述的："苟能理会其全体，而不藉口其一端，则无论何学派而皆有裨于群治。"[3]当然，在梁启超思想发展的不同时期，也发生过重点的转移。如他在鼓吹破坏、

---

① 《清议报》第 30 册，1899 年 10 月。
② 《清议报》第 33 册，1899 年 12 月。
③ 《加藤博士天则百话》，《新民丛报》第 21 号，1902 年 11 月。

趋于激进的时期，便偏向于民权思想；而赞成渐进、转向保守以后，则偏向于国家主义。

三

借途于明治文化，梁启超不仅跨过了东西方之间巨大的鸿沟，并且一跃而接近了西方的最新思潮。虽然他对西方文化的选择是建立在日本思想界的选择之上，难免因为片断的抽取而割断了学说演变的线索，或因为外在的诱导而限制了自由采择的范围，但中国国情与日本的相似，使得梁启超的"翻版"译介仍然适合于中国思想界的需要。正是基于效法明治维新、改革中国政治的意图，梁启超不但密切关注日本各派思想家所译述的西方学说，与此同时，对他们本人的著作也极为重视。

梁启超居日期间的著述，引用日本思想家言论的频率很高。特别是《饮冰室自由书》中，往往大段照抄日人的文章。如《草茅危言》①一篇，题目是借自深山虎太郎发表在上海《亚东时报》上的一组文章，梁启超将所含三文全部录出，仅加了很短的几句说明，冠于篇首。这自然是《自由书》所采用的杂文形式提供的方便。其他学术论文，借助日人研究成果，隐括日文著作成文的也不在少数。如《亚洲地理大势论》与《欧洲地理大势论》，文末均有识语，说明该文是以志贺重昂的《地理学讲义》为蓝本，而"略加己意"②。著名的《论中国学术思想变迁之大势》中的《佛学时代·诸宗略纪》③一节，也有"著者识"明白昭示，此节是据日

① 《清议报》第 27 册，1899 年 9 月。原刊《亚东时报》第 3 号，1898 年 8 月。
② 前文载 1902 年 3 月《新民丛报》第 4 号，后文载 1902 年 6 月《新民丛报》第 10 号。
③ 《新民丛报》第 21 号，1902 年 11 月。

人所著诸书"獭祭而成"，功劳只在"撮而录之"。这是梁启超的坦白处，"知之为知之，不知为不知"。而在批评时政的政论文中，却不便连篇累牍、以抄代写，而必须亮出自己的观点。这时，日本思想家的影响更多地表现为某一观点对梁启超的启发，片断的引述引出大量的发挥，这种引证本身也起着"谓余不信，有说为证"的确信作用。比较大段抄录的形式，它已加进自己的理解，选择和接受也因而进入了一个更深的层次。

对梁启超有影响的日本思想家很多，也很杂。其中既有属于先进的启蒙主义的学者，如中村正直、中江兆民等；也有属于保守的儒教主义的学者，如西村茂树[①]等。虽然如此，就中对梁启超整体影响最大的明治思想家，还是福泽谕吉（1834—1901）和加藤弘之（1836—1916）。

福泽谕吉是明治时期最负盛名的启蒙学者，有"日本伏尔泰"之称。他一生著译很多，约六十种，发行量极大。著作中最重要的是《西洋事情》（1866—1869）、《劝学篇》（1872—1876）和《文明论概略》（1875）。他还创办了庆应义塾，培养出一大批学生。福泽谕吉毕生从事著述和教育两项事业，对日本近现代社会影响深远。

梁启超对福泽谕吉极为敬佩，在他主办的《新民丛报》第7号上，即以"日本维新二伟人"之题，刊印了福泽谕吉与西乡隆盛的照片，显然把福泽视为对明治维新贡献最大的人物。对其生平，梁启超也十分熟悉，曾在《论学术之势力左右世界》[②]

---

① 西村茂树奉日本皇后之命，编写过《妇女鉴》（1887），又著有《日本道德论》（1887）。梁启超翻译过他的《自识录》，在识语中称赞他"于德育智育，皆最有功焉"（《西村博士〈自识录〉》，1902年10月《新民丛报》第18号）。

② 《新民丛报》第1号，1902年2月。

中规缕道：

> 福泽谕吉当明治维新以前，无所师授，自学英文，尝手抄《华英字典》一过。又以独力创一学校，名曰"庆应义塾"，创一报馆，名曰"时事新报"，至今为日本私立学校、报馆之巨擘焉。著书数十种，专以输入泰西文明思想为主义。日本人之知有西学，自福泽始也；其维新改革之事业，亦顾问于福泽者十而六七也。

在梁启超主持的《清议报》与《新民丛报》上，也先后译载过福泽的《男女交际论》和《福泽谕吉语录》[1]；由梁启超间接掌握的广智书局，于1903年出版过《福泽谕吉丛谈》（冯霈译）。福泽的著作在晚清虽有数种中译本，可惜上述几部代表作并未见译出，原因恐怕是《劝学篇》与《文明论概略》中对封建道德（如忠君观念等）的激烈批判，使这两部书在当时清朝统治下的中国很难正式出版。只要回想一下，福泽否定忠义思想的大胆言论，即使在明治初期的日本，也曾引起轩然大波，招致猛烈攻击，即可以此类推。

从晚清出现的福泽谕吉著作中译本看[2]，当时人对他介绍、传播西方文明的一面比较注意，故翻译了《训蒙穷理图解》《男女交际论》等书，而他批判封建思想体系的一面，则很少被人认识。

---

① 前文载1900年3月《清议报》第38册，后文载1903年10月《新民丛报》第38、39号合刊。

② 据陈应年《近代日本思想家著作在清末中国的介绍和传播》（《中日文化交流史论文集》，北京：人民出版社1982年版）一文统计，晚清出版的福泽著作共有五种：《训蒙穷理图解》《福泽谕吉政权论》《福泽谕吉丛谈》《男女交际论》和《国民道德谈》。

梁启超尽管可能没有读过多少福泽的原作①，可对其精义的把握还是颇准确。他不但称颂福泽"输入泰西文明思想"，对日本明治维新有巨大的启蒙之功，而且在文章中引述福泽批判封建传统的论点，加强抨击的火力。

《新民说》中《论自尊》②一节，开篇即说："日本大教育家福泽谕吉之训学者也，标提'独立自尊'一语，以为德育最大纲领。"随后即发挥"自尊"之义："自尊所以尊国民故"，"自尊所以尊人道故"。有自尊的国民才有独立的国家，因而，"自尊"是西方立国的精神，恰恰又是中国人所缺乏的新道德。梁启超把"自尊之道"归纳为"自爱""自治""自立""自牧"和"自任"五件事。整篇文章都是从福泽"独立自尊"的教育纲领发挥出来。《新民丛报》第12号在刊载《论自尊》时，还专门把《庆应义塾讲师演释福泽先生独立自尊之义十四条》附在后面，便于读者了解"独立自尊"的具体含义，又正好与梁启超的"自尊之道"五项内容互相发明。在《福泽谕吉自传》中，我们可以找到福泽本人对其教育方针的阐释。这一节的小标题为"教育方针以数理和独立为本"，自述在智育方面，"我的教育主张是着重于自然原则，而以数、理两方面为其根本"；而"在道德论方面，我认为人为万物之灵，假如自尊自重，就不会做卑鄙之事，也不会使品行失常"。"我还主张应该修养身心，使之达于极其高尚的地步，以便能够安心于所谓'独立'这一点上。"福泽对比了东西方进步的先后快慢与国势的强弱，归结到国民教育方法的差异，说："因此拿东方的

---

① 福泽谕吉以通俗文体写作，对梁启超来说，阅读难度较大。因为对于日本人越容易懂得的文章，越难运用"和文汉读法"。从梁启超的译介看，他读的主要还是有浓厚汉文影响的日文著作，如中村正直、矢野文雄、柴四朗、德富苏峰等人的书。

② 《新民丛报》第12、14号，1902年7、8月。

儒教主义和西方的文明主义相比，那么东方所缺少的有两点：即有形的数理学和无形的独立心。"二者的不可或缺，"往近处说，只要有今天所谓的立国；往远处想，只要有人类，那么可以说人间万事绝不能离开数理，也不能撇开独立"。他批评数理学与独立心在日本受到轻视，就"不会使我国做到真正开放而与西方列强并驾齐驱"。寻根求源，他"深信这完全是汉学教育之过"①。整段话在湖南编译社 1903 年印行的《日本维新二大杰》（湖南生编辑）的《福泽谕吉》篇中，即已译出，足见其教育思想很早就受到了中国知识分子的高度重视。从上述摘引中，我们不难看出，梁启超在"独立自尊"问题上的提法与论证，与福泽之说很接近。不及福泽之处，只在他没有挖掘中国人缺乏独立自尊意识的根源，不认为儒家思想应负责任，相反，他还正面引用了不少孟子、颜渊、朱熹的话。梁启超所受儒家思想影响之深，在这一点上也表现出来。

梁启超不但对福泽谕吉积极引进西方文明思想的意图深有领会，并起而效法，而且对福泽批判传统思想的努力也有足够的认识。

《饮冰室自由书》中《精神教育者自由教育也》和《积弱溯源论》②第三节《积弱之源于政术者》，先后两次引用了福泽谕吉的同一段话："支那旧教，莫重于礼乐。礼者所以使人柔顺屈从也，乐者所以调和民间勃郁不平之气，使之恭顺于民贼之下也。"③尽管在后文中，梁启超表示"以此科罪于礼乐，吾虽不敢谓然"，对福泽的说法有所保留；但接下来便说，"而要之中国数

---

① 福泽谕吉著、马斌译《福泽谕吉自传》，第 179—180 页，北京：商务印书馆 1980 年版。
② 《清议报》第 77—84 册，1901 年 4—7 月。
③ 两次引文字句略有不同，此处据《精神教育者自由教育也》（《清议报》第 33 册，1899 年 12 月）录。

千年来，所以教民者，其宗旨不外乎此，则断断然矣"，又是毫无保留的肯定。梁启超以为，以"驯伏"为统治之术，使国民尽为奴隶，不但是中国积弱的一大根源，而且会"亡天下"。有鉴于此，他提出以"自由"意识为精神教育之本，力求造成国民独立的人格。梁启超是从对中国现实的历史批判中接受福泽的思想的。他很清楚，封建中国的奴性教育，是西方自由、独立精神的对立物。这一点，福泽谕吉在《自传》中说得更明白。福泽也是汉学出身，后来"却屡次抓住汉学的要害"，"毫不容情地予以攻击"，"恩将仇报"。他解释自己的动机说："我与汉学为敌到此地步，乃是因为我坚信陈腐的汉学如果盘踞在晚辈少年的头脑里，那么西洋文明就很难传入我国。"[1] 在他看来，输入西方文明与批判封建思想是两位一体的事情，所以做起来很自然。梁启超与福泽抱着同样的目的，当然也很容易从批判传统的角度切近福泽的思想。

在日本近代重要的思想家中，只有福泽谕吉始终保持着民间学者的身份。而与他同为"明六社"[2] 成员的加藤弘之，则是一位典型的官僚学者。明治初期，加藤也曾写过《真政大意》（1870）、《国体新论》（1875）等书，宣传"天赋人权"思想。但自由民权运动兴起后，他又站在反对派的立场上大加攻击，发表《人权新说》（1882），以进化论否定以前所服膺的"天赋人权"说。以后又著有《强者的权利竞争》（1893）和《道德法律的进步》（1894），系统地阐述他的社会达尔文主义思想。终其一生，加藤弘之主要

---

① 《福泽谕吉自传》，第 181 页。

② "明六社"是日本明治初期一些著名知识分子组成的带有启蒙性质的学术团体，成立于1873 年（明治六年）7月，1875 年 11 月解散。成员有福泽谕吉、加藤弘之、中村正直、森有礼、西村茂树、西周、津田真道等。

还是德国国家主义思想的传播与信奉者，因而在日本，他是作为德国政治学研究专家而著名于世的。

加藤弘之对梁启超的重大影响，也集中在国家主义思想。尽管梁启超晚年转向世界主义，对当年"染欧日俗论"、倡"褊狭的国家主义"表示痛悔①，在日期间，他却非常热衷此说，把它作为爱国主义的理论概括加以使用。到达日本不及半年，梁启超就发表了《爱国论》②，阐明西方人评论中国人"无爱国之性质"，是由于中国人没有国家思想。而国家思想是相对于世界意识而发生。中国长期的大一统封建社会，造成了长期的自我封闭，中国即是"天下"的观念深入人心，国家思想自然无从产生。梁启超认为，这是中国在近代列强竞争的世界中日益衰败的重要原因。为了补阙救时，梁启超不但介绍了在日本流行的德国国家主义政治学家伯伦知理的学说，而且连带介绍了把这一学说引进日本的加藤弘之。

早在 1899 年，梁启超就已阅读了加藤弘之的著作，并把他与福泽谕吉相提并论，评价甚高："加藤先生者，日本大儒，与福泽谕吉先生齐名，盖德国学之导师，进化论之泰斗也。"对加藤学说中"与人权自由之说若相悖"之处，他虽有意识，却努力弥合，以使之"相成"③。1902 年，在《加藤博士天则百话》的识语中，梁启超又简明扼要地评述了加藤的政治思想：

> 日本文学博士加藤弘之，德国学派之泰斗也。专主进化论，以爱己心为道德、法律之标准。其言固多偏激

---

① 《清代学术概论》第 27 节，上海：商务印书馆 1921 年版。

② 《清议报》第 6—7、22 册，1899 年 2—3、7 月。

③ 《论强权》，《清议报》第 31 册，1899 年 10 月。

有流弊，然持之有故，言之成理，故其影响及于日本学
界者甚大焉。

并表白自己"余夙爱读其书"①。由他筹办的广智书局先后出版过
加藤的《十九世纪大势略》《天则百话》《道德法律进化之理》和
《政教进化论》四种著作，在晚清翻译的加藤著作中，占了一半以
上②。《清议报》也发表过加藤的《十九世纪思想变迁论》③，而且，
梁启超本人还亲自翻译了《天则百话》中的四篇，刊登在《新民
丛报》上。

　　从晚清对加藤弘之著述的介绍看，包括梁启超在内的中国学
者，普遍注意的只是加藤后期从进化论发展而来的国家主义思想。
梁启超对加藤的后期著作显然比较熟悉。如他的《论强权》一文，
明显受到了加藤《强者的权利竞争》等书的影响。在篇首的"题
记"中，梁启超称："今日所讲，乃译述加藤弘之先生之馀论而引
伸之者也。"文章开头解释"强权云者，强者之权利之义也"，也
说明这个词来自英文，是由"加藤氏译为今名"。梁启超欣赏加
藤的国家主义、强权思想，还是从振奋民族精神、改变中国的落
后状态着眼的。他也清楚地认识到，加藤的思想在当时的中国不
宜过分宣传，所以，尽管他本人很喜欢读加藤的著作，却还是说，
"顾不欲绍介其学说于中国，盖虑所益不足以偿所损也"。加藤提
倡"利己心"，梁启超"平心论之"，也以为有偏激之处，说："故

<hr>

① 《加藤博士天则百话》，《新民丛报》第21号，1902年11月。
② 据陈应年《近代日本思想家著作在清末中国的介绍和传播》一文，晚清翻译的其他加
藤著作尚有《物竞论》、《加藤弘之讲演集》和《人权新说》三种。
③ 《清议报》第52册，1900年7月。

此等学理，最不宜行于今日之中国。"①

梁启超一方面介绍加藤的思想，一方面又指出其不合于目前中国的需要。这种矛盾的态度，是由晚清的社会状况所造成的中国人的矛盾心理决定的。封建大帝国的衰落已是有目共睹的事实，不输入西方资本主义文明，就不能挽救中国；但帝国主义瓜分中国的威胁也是现实的存在，要使中国在世界上具有独立的地位，就要提倡民族自尊心。这样，在吸收西方文明的同时，又警惕西方国家的侵略野心，就使晚清中国的知识分子在努力传播新思想的同时，也不断挖掘传统文化中的民族精神、爱国思想。

此外，梁启超对加藤著作"爱"而"不欲绍介"，还有另一层考虑。他从社会进化必须循序而进的认识出发，指出国家思想也有一个变迁的过程。从"平权派"的民约论发展出来的民族主义，和从"强权派"的进化论发展出来的民族帝国主义，各适应于特定的历史阶段。"盖必先经民族主义时代，乃能入民族帝国主义时代。"② 即先要造成以全体国民为主体的民主政体，才能强化国家机器，要求国民为国家牺牲个人利益。"而吾国于所谓民族主义者，犹未胚胎焉"，所以梁启超很担心"他日之所谓政治学者，耳食新说，不审地位，贸然以十九世纪末之思想为措治之极则，谓欧洲各国既行之而效矣，而遂欲以政府万能之说，移殖于中国，则吾国将永无成国之日矣"。梁启超所谓"民族帝国主义"，在国家学说中，即是指国家主义思想。由此可以明白，梁启超之所以对介绍加藤著作心存疑虑，也是因为他认为，从当时中国的国情来看，最需要的是民族主义思想（含民族思想与民主

---

① 《加藤博士天则百话》，《新民丛报》第 21 号，1902 年 11 月。

② "问答"栏，《新民丛报》第 25 号，1903 年 2 月。

政治两重意义），而国家主义思想的大量输入，此时只会起到加固封建专制统治的不良作用。于是，他呼吁说："知他人以帝国主义来侵之可畏，而速养成我所固有之民族主义以抵制之，斯今日我国民所当汲汲者也。"①

梁启超对加藤的国家主义思想有别择的时期，正当他倾向破坏的革命论之时。而后来他"自美国来而梦俄罗斯"②，赞赏强权政治、国家主义，而放弃了民族主义思想，转而鼓吹"开明专制"论，这一倒退行动很像加藤当年在《人权新说》中对"天赋人权"论的反叛和清算。说是加藤著作种下的一点远因，也并非无稽之谈。

四

以上我们揭示出梁启超新思想的主要来源是明治文化（包括融会其中的西方文化）。这对晚清到过日本的人来说不是秘密。如孙宝瑄的《忘山庐日记》便记载，有人从日本归来，告诉他：

> 梁任公《新民丛报》，新理盈篇累幅，我国人读之莝目惊心，而自日人观之，皆唾馀也，其程度相去悬远。③

此语虽然有贬低梁启超为拾人牙慧之意，但在我看来，所谓"唾馀"也是可以分析的。日本输入西方文明比中国早，在发展过程中，有些用来启蒙的思想显得陈旧了，被新的学说所取代，这是

---

① 《国家思想变迁异同论》，《清议报》第 95 册，1901 年 10 月。
② 《政治学大家伯伦知理之学说》，《新民丛报》第 38、39 号合刊。
③ 《忘山庐日记》（上），第 549 页，上海古籍出版社 1983 年版。

学术研究的正常现象。而晚清中国知识者（包括梁启超在内）从日本转输西方思想时，必须根据中国的国情和普遍的接受水平有所选择。这样，对于日本来说可能是过时了的思想，在中国倒很可能是启蒙利器，是最新的思想学理。实际上，每一种学说的有效价值，并非在任何国家都是恒定的。一种学说的传播，需要一定的社会基础。不同的国家情况，往往是选择、判断的重要依据。因此，问题不在于学说的新旧，只在于其是否有利于社会进步和文化发展。如果借口"唾馀"，不屑引进，在人类思想发展的链条中拆去几环，想直接与世界最新思潮同步，这样的想法固然美好，可惜线索中断的结果，恐怕只能导致思想的茫然。

至于我们指出梁启超的新思想有所本这一事实，也并非简单地"拆碎七宝楼台"，剔骨还父剔肉还母，梁启超思想的丰富绝不会因为我们的考证变得一无所有。恰恰相反，在前面的描述中，尽可以看到梁启超对于外来思想的分析态度，其中既有清醒的肯定和策略的考虑，也有因深入儒家传统而不自觉地保持距离。确认梁启超与明治文化有深刻、密切的关系，目的除了有助于考察梁启超思想发展的轨迹，肯定其作为启蒙思想家的历史地位，还想表明，外来文化作为具有参照作用的价值系统，使梁启超获得了一个新的观察视角和一种新的批判眼光。这对于包括梁启超在内的中国知识者是最有意义的事情。中国旧学的知识并没有成为废物，反而转化为梁启超接受新思想的基础。所谓"以新眼读旧书，旧书皆新书也"[1]，说的就是这个道理。通过明治文化，梁启超比较全面地接触了西方文化，才使他在一段时间里，达到了对传统文化无人企及的批判深度。因而，梁启超并不是简单地稗贩外

---

① 《忘山庐日记》（上），第 526 页，上海古籍出版社 1983 年版。

来思想，而是通过自己的吸收、理解，与对中国现实的历史思考结合起来。在发挥的过程中，自然免不了误解误用，粗疏、浅陋本来就是启蒙者很难避免的通病，我们却还是要赞赏他们的热情与勇气。

在梁启超真正接触明治文化时，一个有重要意义的先决条件是，他并非可塑性很强的留学生，而是思想基本成型的流亡政治活动家。这就决定了他对明治文化的基本理解与抉择的方向与特点。伴随着强烈的求知欲的，是同样强烈的现实感，因而梁启超所考察的主要不是某一学理的真伪高低，而是其对中国现实的作用大小与正负。这使得他对东西洋文化的介绍带有很大的直接的功利目的。缺点是难得穷根究底，未免浅尝辄止，不见得十分准确、全面；优点是学以致用，很快能融进自己的思想体系中，并作用于中国现实。不能称之为严谨的学问家，却实在是善于借鉴外来文化的政治家。

以知名度很高的政治家而求学日本，梁启超一切都求速成。学日文有"和文汉读法"——这帮助他迅速接近了日本文化，可也限制了他对日本文化的了解。主要阅读日本人汉译的西文著作或用汉文调写作的日文著作，而对难以"颠倒读之"的通俗文体则敬而远之，这不能不使他对明治文化的了解有一定的偏差。接受西方主要学说，大抵靠日本人消化过的译本、介绍——这既帮助他尽快缩短了东西文化的距离，接触世界最新学理，可也使他对西方文化的理解难以超出日本学者划定的范围。

以梁启超"不惮以今日之我与昔日之我挑战"①的勇气，不断自新，才有可能成名后，仍于流亡日本时孜孜求学，接受西方文

---

① 《政治学大家伯伦知理之学说》，《新民丛报》第 38、39 号合刊。

化与明治文化，不断改造自身的思想体系。但也正因为赴日求学于思想基本定型后，接受新思想难免会用已有的知识作评判标准，即使倾慕于明治文化，在具体借鉴中依然要以自己的眼光进行抉择，盲目性虽然很少，可是在一些根本问题上却总是无法彻底转变，并且很容易回潮。

第八章

"以稗官之异才，写政界之大势"

——梁启超与日本明治小说

一

日本明治维新以后，随着"文明开化"定为国策，全国普遍兴起了否定旧传统的热潮，各方面的"改良"口号相继提出。在推进"社会改良"的同时，"文学改良"问题也逐渐引起了人们的重视。

明治十六年（1883）6月，在自由党系统的重要报纸《日本立宪政党新闻》上，刊出了题为《播殖自由种子于我国之一手段即在改良稗史戏曲等》①的文章，明确提出了小说改良问题：

> 是以苟欲矫正时弊，芟锄陋习，变我国为佳气霭然
> 之自由乐园者，不可不谋求改良此稗史戏曲等。是实可

————————

① 文章无署名，据日本研究者推定，为小室信介所作，收入吉田精一、浅井清编：《近代文学评论大系》第1卷，第15—19页，（日本东京）角川书店1978年版。

谓播殖、培养自由种子于我国之一良好手段也。

作者对这一观点反复加以强调，以之为文章立论的核心，是因为小说改良作为实现社会改良的重要手段，引起了自由民权运动理论家的密切关注。文章作者注意到小说对于下层社会感化诱导力最大，而总结过去流行的旧小说，"其主旨所在，大略非忠孝节义之事则优胜劣败之战纪，非绻绻之恋情则因果报应之理，非侠客力士之事则盗贼博徒之事，非怪说鬼谈则滑稽谐谑"，使专制陋习深入人心，流毒于全社会。为了改变这种状况，传播自由思想，文章作者也针锋相对地提出以小说为下层社会启蒙的要求：小说应发挥"教育工具"的效能，"启其蒙而破其陋，得奏伟功"。这一改良小说的思想，又是当时学习西方、文明开化的直接产物。被文章作者推尊为稗史戏曲改良典范的，正是英国的莎士比亚。作者赞叹说：

> 呜呼！天降此人于英国，莎士比亚以其无比俊秀之
> 才、灵妙之笔，可谓适逢改良戏曲之机运而生欤！

他认为，当前也是日本稗史戏曲改良的难得机会，有志之士正当趁此时机，大力促进改良事业。

这篇文章是明治时期小说改良论的代表作，它所提出的几个问题，即小说改良的意识，以小说为启蒙工具，以及取法西洋文学，概括地反映了小说改良思想的基本内容。梁启超虽不一定读过此文，但神往于明治维新的变革，使他对日本的小说改良精神也深有领会。

去国之前，梁启超仅在《变法通议》中谈及小说问题。把小

说作为幼学教育的课本，是他最关切之点。为此，他也批评了旧小说"诲盗诲淫"，败坏了社会风气，可是，这种批评还是局限在教育的范围内，尚未与文学革新发生关系。梁启超此时所提倡编写的说部书，也只是一种包容"圣教""史事""国耻""彝情"等各类知识并以俚语写作的通俗百科全书①，而并非属于文学的一部分。到日本以后，情况才发生了明显的变化。

首先是作为文学革新运动的一个方面，梁启超明确提出了"小说界革命"的口号。小说革新的自觉意识在《论小说与群治之关系》一文中充分体现出来。该文发表在《新小说》第1号上，显然有代发刊词之意。刊物的取名则直接借用了日本1889年和1896年两次创办的同名杂志的名称，明显表现出日本文学的影响。

讲求"新民"之道，是梁启超这一时期注意的中心问题。于是，文章一开头便开门见山提出：

欲新一国之民，不可不先新一国之小说。

"新小说"因而具有头等重要的地位，掌握了道德、宗教、政治、风俗、学艺等革新的命脉。文章的结尾处，梁启超又再次强调肯定了改良小说的思想：

故今日欲改良群治，必自小说界革命始；欲新民必自新小说始。②

---

① 《论学校五·幼学》(《变法通议》三之五)，《时务报》第18册，1897年2月。

② 《论小说与群治之关系》，《新小说》第1号，1902年11月。

不仅有理论上的宣告，他还创办了栏目众多的小说杂志《新小说》，切实从文学创作方面全力推进"小说界革命"。虽然梁启超与日本自由民权运动理论家的具体出发点不同，后者以培植自由思想为中心，目的是配合民权派反对专制政府、要求开设国会的斗争，而梁启超则以比较宽泛的新民理论为基础，仍然属于改良派开通民智的总体努力之中；但二者在精神上又是完全相通的。他们都反复强调小说改良的重要性与迫切性，视之为改良群治也即是改良社会不可或缺、并且必须优先考虑的大事。这种本质上的相同，使梁启超有可能借鉴日本小说改良的经验。

其次，作为文学的一个门类，此时梁启超已不再把小说局限在幼学课本的范围内，但也并不抹杀其教育、启蒙功能。相反，他对此倒是给予了足够甚至是过分的重视。

像日本自由民权运动的理论家一样，梁启超也觉察到小说有巨大而神奇的感化力，即"小说有不可思议之力支配人道"。他以"熏""浸""刺""提"四种力来概括描述这"不可思议之力"，称：

> 此四力者，可以卢牟一世，亭毒群伦，教主之所以能立教门，政治家所以能组织政党，莫不赖是。文家能得其一，则为文豪；能兼其四，则为文圣。有此四力而用之于善，则可以福亿兆人；有此四力而用之于恶，则可以毒万千载。而此四力所最易寄者惟小说。

于是，梁启超不禁慨叹道："可爱哉小说！可畏哉小说！"小说所具有的四种力既然可以使小说家成为教主，成为政治家，成为文圣，因而小说也完全可以成为教义、政论、义理的载体，即成为

载道的工具。如所载为封建专制之道，则"毒万千载"，梁启超
一一指陈：

> 吾中国人状元宰相之思想何自来乎？小说也。吾中
> 国人佳人才子之思想何自来乎？小说也。吾中国人江湖
> 盗贼之思想何自来乎？小说也。吾中国人妖巫狐兔［鬼］
> 之思想何自来乎？小说也。

种种封建社会恶习恶行的造成，在梁启超看来，可以一言以蔽
之，"曰惟小说之故"。小说之"可畏哉"，便在于它作为传播封
建思想的教育工具，"陷溺人群，乃至如是"。反之，如果小说所
载为"新民"之道，发挥其"新道德""新宗教""新政治""新风
俗""新学艺"以至于"新人心""新人格"的启蒙作用，便可以
将"陷溺"于有毒思想中的"人群"救拔出来，使之"化身为华
盛顿"，"化身为拿破仑"，"化身为释迦、孔子"，如此，则可以
"福亿兆人"。小说之"可爱哉"，正在于此。从这个意义上，梁
启超才把"小说界革命"视为"改良群治"[①]关键的第一步。

　　在对旧小说的批判中，梁启超使用了与日本民权派理论家几
乎相同的说法，片面夸大了旧小说对造成旧意识所起的作用。单
从社会意识反作用于社会存在一方面考虑，而忽略了社会存在决
定社会意识的主导方面，这在论证小说的社会影响力这个具体问
题时，应该说是可以原谅的偏执。更何况梁启超与日本启蒙思想
家正是从旧小说的为害之深、为害之广，看出了小说中潜藏着巨
大的教育能量，从而得出了通过小说改良，把小说转化为播殖文

---

① 《论小说与群治之关系》，《新小说》第 1 号，1902 年 11 月。

明思想的启蒙利器这一最终结论。如果说与日本民权派的小说改良论比较，梁启超尚有不足的话，那就是他对旧小说的批判，本身还带有不自觉的封建意识。以"诲盗诲淫"斥责通俗小说，正是突出的一例。而对于"忠孝节义"这一同样存在于中国通俗小说、流行于下层社会的封建思想，因为其作为支撑封建统治的意识形态，更深地植根于封建社会体系中，梁启超便不能如日本民权派思想家一般，抉剔之而挞伐之，未免显得藕断丝连。

再次，西方小说传入日本，以其迥然不同于日本传统小说的新内容与新形式，吸引了日本知识分子，并由此引发出改良小说的愿望。梁启超则以取法西洋的日本近代小说为学习范本，开始了"小说界革命"的尝试。这种直接学日本、间接学西方的小说革新，也经历了与日本相似的进程。以提倡和创作"政治小说"为鲜明的标志与开端，中国小说从此走上了缓慢而艰难的近代化之路。为此，我们有必要回溯一下日本近代文学的发展史。

二

日本小说改良的机运是由明治第二个十年翻译文学的勃兴带来的。1878 年（明治十一年），曾经留英的丹羽（织田）纯一郎翻译了英国通俗小说作家李顿（Edward G. E. Bulwer-Lytton，1803—1873）的《(欧洲奇事) 花柳春话》，在日本大受欢迎。随后，李顿的其他作品，如《(欧洲奇话) 寄想春史》（织田纯一郎译）、《(开卷惊奇) 伦敦鬼谈》（井上勤译）、《(讽世嘲俗) 系思谈》（藤田茂吉、尾崎庸夫译）、《(开卷悲愤) 慨世士传》（坪内逍遥译）也竞相译出。《花柳春话》的翻译成功，还为日本小说界输入了"政治小说"这一新概念。除李顿的作品外，同一时期介绍到日本的西洋小说，如英国迪斯累里（Benjamin Disraeli，1804—1881）的《（政党馀谈）春莺啭》（关直彦译）、《（三英双美）政海之情波》（渡边治译），司各特的《春风情话》（坪内逍遥译）、《（泰西活剧）春窗绮话》（坪内逍遥、高田早苗译，原作为叙事诗）、《（政治小说）梅蕾馀薰》（牛山鹤堂译），法国大仲马的《（法国情话）五九节操史》（松冈龟雄译）、《（法兰西革命记）自由之凯歌》（宫崎梦柳译）、《（法国革命起源）西洋血潮小暴风》（樱田百卫译），费奈隆的《（欧洲小说）哲烈祸福谭》（宫岛春松译）等，也都被当作政治小说看待。而实际上，名符其实的政治小说只有李顿、迪斯累里的作品。另外，描写俄国虚无党活动的《虚无党退治奇谈》（川岛忠之助译）、《（虚无党实传记）鬼啾啾》（宫崎梦柳编译），也可以归入此类。至于其他翻译的欧洲小说，大多属于历史小说，如司各特的《艾凡赫》（即 Ivanhoe），在译为《梅蕾馀薰》时，被冠以"政治小说"的标目，也是强使就范。即使从莎士比亚表现古罗马历史的戏剧《裘力斯·凯撒》中，日本的翻译家也读出了其中的政治意味，于是该剧获得了《（该撒奇谈）自由太刀馀波锐锋》（坪内逍遥译）的译名，带上了其时正在日本流行的自由思想的色彩。

在这种有意无意政治化的翻译文学刺激下，政治小说的创作一时大为兴盛，并赢得了广大读者群。最早出现的日本政治小说是户田钦堂的《（民权演义）情海波澜》（1880），从书名即可看出，作者的政治倾向在自由民权派一边。其后，大批政治小说纷纷问世，如坂崎紫澜的《（天下无双人杰海南第一传奇）汗血千里驹》，小室案外堂（信介）的《（勤王为经民权为纬）新编大和锦》，末广铁肠的《二十三年未来记》《（政治小说）雪中梅》《（政事小说）花间莺》，须藤南翠的《（一颦一笑）新妆之佳人》《（雨窗漫笔）

绿蓑谈》《(慨世悲歌)照日葵》，尾崎行雄的《新日本》，藤田鸣
鹤（茂吉）的《济民伟业录》等。即使是写作《小说神髓》、批评
劝善惩恶的小说主旨的坪内逍遥，此时不但翻译了好几部李顿等
人的作品，而且自己动手，创作了《(内地杂居)未来之梦》《外
务大臣》等政治小说。而当时影响最大、成为政治小说代表作的，
则是东海散士（柴四朗）的《佳人奇遇》和矢野龙溪（文雄）的
《(齐武名士)经国美谈》两部书。

　　显然，翻译文学的政治化和政治小说的兴起，与自由民权运
动之间存在着不可分割的深刻联系。有一种说法，政治小说的翻
译和创作之所以盛行于世，是曾任自由党总理的板垣退助旅欧时，
接受了法国著名作家维克多·雨果的意见。德富芦花在他的《回
忆录》中即提到：

　　　　当板垣君问"假如要把自由平等的理想灌输到人民
　　中间应该怎么办才好"的时候，雨果不也是回答说"应
　　当让他们读我的小说"吗？ ①

政治运动造成了特定的文学现象这种实际的关联以及由此引起的
小说改良思潮，早就引起了文学史家的注意。《日本维新三十年
史》② 第九编《文学史》的作者即做了如下评述：

　　　　比及十五六年，民权自由之说，盛行于世。新闻纸
　　上，有载西洋小说者，如《绘入自由》《自由之灯》，皆

---

①《回忆录》第六卷第十二节，日本东京：民友社 1901 年版。此书为自传体小说，以上引
语有根据。

② 罗普译：《日本维新三十年史》，上海：广智书局 1902 年版。

传法兰西、罗马革命之事者也。自是翻译泰西小说者，源源不绝，则当日人心之渴望新文学，即此可见一斑；而他日小说之推陈出新，亦于兹伏线矣。今试举其例，则织田纯一郎之《花柳春话》，最先问世，他如关直彦之《春莺啭》，藤田鸣鹤之《系思谈》，及《春窗绮话》《梅蕾馀薰》《经世伟观》等。其原书多为英国近代历史小说家之作。译本既出，人皆悦之，遂不知不觉，竟成小说革新之媒。柴东海之《佳人奇遇》，第一破格而出，继而末广铁肠著《雪中梅》《花间莺》。又有别为一体，不纯乎小说者，则藤田鸣鹤之《文明东渐史》、矢野龙溪之《经国美谈》等是也。

梁启超在《东籍月旦》①中曾推荐此书，称其为"实近史中之最适于我学界者也"，证明他读过此书。在他的《饮冰室自由书》中，有一则《文明普及之法》②，也着重谈到了明治维新以后小说演变的情况：

> 于日本维新之运有大功者，小说亦其一端也。明治十五六年间，民权自由之声，遍满国中。于是西洋小说中，言法国、罗马革命之事者，陆续译出，有题为《自由》者，有题为《自由之灯》者，次第登于新报中。自是译泰西小说者日新月盛。其最著者则织田纯一郎氏之《花柳春话》，关直彦氏之《春莺啭》，藤田鸣鹤氏之《系

---

① 《新民丛报》第 11 号，1902 年 7 月。

② 初刊于 1899 年 9 月《清议报》第 26 册，无题目，《清议报全编》（日本横滨：新民社 1902 年版）卷六署此题，《饮冰室合集》题为《传播文明三利器》。

思谈》《春窗绮话》《梅蕾馀薰》《经世伟观》等。其原书
多英国近代历史小说家之作也。翻译既盛，而政治小说
之著述亦渐起，如柴东海之《佳人奇遇》，末广铁肠之
《花间莺》《雪中梅》，藤田鸣鹤之《文明东渐史》，矢野
龙溪之《经国美谈》（注略）等。

与上引《日本维新三十年史》的译文对照，如出一辙。不仅梁启
超所举书目与之完全相同，而且次序丝毫未变。在转述时，梁启
超甚至可能误会了原文，取消了"藤田鸣鹤之《系思谈》"后的
"及"字，便使人以为《春窗绮话》《梅蕾馀薰》《经世伟观》等
书俱出自藤田的译笔，而根据我们前面的叙述，实际是大谬不
然。考虑到《日本维新三十年史》的原本《明治三十年史》出版
于 1898 年，中译本译者为罗普，梁启超在向罗普学习日文时，有
机会看到此书，因而可以肯定，梁启超关于日本明治小说发展史
的了解和描述，在很大程度上是依靠了这部日文著作。当然，这
样说也并不排除梁启超从其他渠道接受消息。起码他在叙述中指
明《佳人奇遇》等一系列作品为"政治小说"，并将《明治三十年
史》中认为"不纯乎小说者"或指为"传奇小说"的《文明东渐
史》与《经国美谈》①，毅然归入"政治小说"，便表明他对明治的
小说创作确有一定的接触，并非只是人云亦云。

　　康有为早年购买的日文书中，有不少政治小说，一般流行的
作品几乎都收藏了②。虽然我们不能肯定梁启超去国前看过其中的

---

　　①《日本维新三十年史》："至有传奇小说，……其中佳作，以矢野龙溪之《经国美谈》，
首屈一指。"（第九编）
　　② 据康有为《日本书目志》（上海：大同译书局 1898 年版），诸如《花柳春话》《春莺啭》
《佳人奇遇》《经国美谈》《花间莺》《雪中梅》《绿蓑谈》等，均有著录。

哪一本，但最迟到 1898 年 9 月 21 日戊戌政变发生后，梁启超避难出走，在东渡日本的轮船上，便已开始阅读日本的政治小说。据《任公先生大事记》载：

> 戊戌八月，先生脱险赴日本，在彼国军舰中，一身以外无文物，舰长以《佳人之奇遇》一书俾先生遣闷。先生随阅随译，其后登诸《清议报》，翻译之始，即在舰中也。①

尽管梁启超在 1900 年所作的《纪事二十四首》② 中已自认译者，云"曩译《佳人奇遇》成"，却仍有人对此说法表示怀疑，根据是梁启超其时不懂日文，无法进行翻译。我以为，以上推断忽略了原作者所用文体这一重要情况，因而尚欠说服力。

凡是读过《佳人奇遇》原文的人，很容易发现该书是以典型的汉文直译体写成。现录其开头几句：

> 東海散士一日費府ノ獨立閣二登リ仰テ自由ノ破鐘（注略）ヲ觀俯テ獨立ノ遺文ヲ讀ミ當時米人ノ義旗ヲ擧テ英王ノ虐政ヲ除キ卒二能ク獨立自主ノ民タルノ高風ヲ追懐シ俯仰感慨二堪ヘス愾然トシテ窓二倚テ眺臨ス③

---

① 丁文江、赵丰田编：《梁启超年谱长编》，第 158 页，上海人民出版社 1983 年版。
② 《清议报》第 64 册，1900 年 11 月。
③ 录自《现代日本文学全集》第一编《明治开化期文学集》，第 141 页，日本东京：改造社 1931 年版。

梁启超译为：

> 东海散士一日登费府独立阁，仰观自由之破钟（注略），俯读独立之遗文，怃然怀想，当时米人举义旗，除英苛法，卒能独立为自主之民，倚窗临眺，追怀高风，俯仰感慨。[①]

不独梁启超，而且只要是对日文稍有了解的中国读者，便不难猜出大意，并破译成上述文字。

三

自《清议报》创刊，梁译《佳人奇遇》即开始在该刊"政治小说"栏连载；至第36册，又续刊《经国美谈》[②]，到第69册全部载完，该栏目即撤销。由于《清议报》的文学栏目只有"政治小说"和"诗文辞随录"，并且只出刊一百期，因此，日本政治小说在梁启超主办的《清议报》上的确是获得了殊荣地位。《清议报全编》[③]卷首的《本编之十大特色》也夸耀说：

> 本编附有政治小说两大部，以稗官之体，写爱国之思。二书皆为日本文界中独步之作，吾中国向所未有也，令人一读，不忍释手，而希贤爱国之念自油然而生。为他书所莫能及者三。

---

① 《佳人奇遇》卷一，《清议报》第1册，1898年12月。

② 二书刊出时均未署译者名。

③ 《清议报全编》，日本横滨：新民社1902—1903年辑印。

选中《佳人奇遇》与《经国美谈》两部书向中国读书界郑重介绍，是因为梁启超认为，在日本的政治小说中，"其浸润于国民脑质，最有效力者，则《经国美谈》《佳人奇遇》两书为最云"①。梁启超希望它们对中国读者也能发生效应，引起"希贤爱国之念"，提高国人的政治思想觉悟。

令梁启超最感兴趣的，并不是政治小说的艺术技巧，而是作者的政治寄托。总结《清议报》出至一百册的重要内容时，他就明确讲过：

> 有政治小说《佳人奇遇》《经国美谈》等，以稗官之异才，写政界之大势。美人芳草，别有会心；铁血舌坛，几多健者。一读击节，每移我情；千金国门，谁无同好？②

而没有政治寄托，不能启发读者的政治觉悟，恰恰是梁启超对旧小说作者最不满之处，也是他决心改造"诲盗诲淫""游戏恣肆"③的旧小说的根本原因。

认为中国的文学家缺乏政治意识，这是当时新学界中普遍流行的看法。《清议报》登载政治小说《新日本》的作者尾崎行雄的《论支那之运命》（《支那处分案》第二章）时，译者称尾崎"于中国之内情，洞若观火"。而尾崎对中国文学的一个认识便是：

---

① 《文明普及之法》，《清议报全编》卷六。

② 《本馆第一百册祝辞并论报馆之责任及本馆之经历》，《清议报》第100册，1901年12月。

③ 《论学校五·幼学》（《变法通议》三之五），《时务报》第17册，1897年1月。

故吾得以一言断之曰：支那人虽有文学思想，而无政治思想。故其政治上之奏议论策，不过是文学上之述作耳。

这段话也得到了译者的衷心推服，以至要求："凡今日自命政治家有言责常建议者，及与我辈同业为报馆主笔者，皆当书此节末数言（按：即上引文字）于座右，每将执笔时则内自省之。"[1] 不仅政治家撰写政论文时要充满强烈的政治意识，切忌抱有藏山传世作文章的念头，而且小说家创作小说时，也应如此。蔡奋（衡南劫火仙）即批评"吾邦之小说"，"其立意则在消闲，故含政治之思想者稀如麟角，甚至遍卷淫词罗列，视之刺目者"。小说界的腐败状态既亟须改变，而改变的办法，唯有增强小说作者的政治责任感，使小说成为特定政治思想的载体，以"小说为振民智之一巨端"[2]。

正是从"载道"（指宣传维新思想）小说的层面上，梁启超把日本的政治小说选作中国"小说界革命"的范本，期望从政治小说入手，改变小说家的创作意识和小说的创作内容。梁启超的政治家身份，也决定了他必然效法明治政治小说的作者，走政治小说的创作道路。

《日本维新三十年史》已经指明，政治小说的译者、著者并非一般舞文弄墨的文人，而是颇有影响的政治家：

---

[1] 尾崎行雄：《论支那之运命》，《清议报》第24—25册，1899年8月。

[2] 《瀛海纵谈·小说之势力》，《清议报》第68册，1901年1月。

然此等著译诸人，悉为当时论政大家，不过假托人物，以自写其所见，故不得谓之专为文学而作。①

梁启超复述此意时，单举创作，称：

　　著书之人皆一时之大政论家，寄托书中之人物，以写自己之政见，固不得专以小说目之。②

明明是小说作品，又"不得谓之专为文学而作"，"不得专以小说目之"，道理即在作者别有怀抱，意不在小说。说穿了，不过是政治家把政论文的内容改写成小说，编派几个虚构人物，制造几段故事情节，让人物有机会代替作者发言，宣说作者的政治主张。这才是兼营小说的政治家注目之点。因而，日本著名的政治小说作者中便不乏有名望的政治活动家。如矢野龙溪，是立宪改进党的领袖人物，改进党重要报纸《邮便报知新闻》的社长及主笔，1897—1898 年曾任日本驻中国特命全权公使。末广铁肠，组织、参加过"樱鸣社""国友会"及"自由党"，任自由党常议员，先后担任过《曙光新闻》（后改名《新闻杂志》）、《朝野新闻》的主编，《樱鸣杂志》《国友杂志》的主笔。二人俱为自由民权运动的积极鼓吹者。柴四朗，曾出任农商务大臣秘书、代议士、农商务次官，为大阪《每日新闻》第一任社长。其他像坂崎紫澜、宫崎梦柳、小室案外堂、尾崎行雄等，也都是民权派著名的报人和记者。

---

　　① 《日本维新三十年史》第九编《文学史》。
　　② 《文明普及之法》，《清议报全编》卷六。

如此众多的知名政治家操笔写作流行小说，这在日本文学史上也属绝无仅有。而溯其起因，则与西方小说的传入有关。翻译小说特别是其中的政治小说之所以在日本流行一时，是有其特定的时代条件和社会基础的。"假如说我们日本的开化实际是学习西方现在的开化，那么，关于西方现在社会的政治小说自身便富有感动日本人的效力，盖为无疑的事实。"[①] 于是，"翻译小说之有关于革命者，人争先睹，立通、智斯黎等之政治小说，亦盛行于世"[②]。李顿、迪斯累里也因此成为明治前期最受欢迎、享有盛誉的两位西方小说家。不过，这一事实无论如何也不能改变二人小说文学价值很低的基本评价。倒是不恰当地抬高其地位的误解，反映出日本社会现实的特殊需要。

　　李顿和迪斯累里的小说能够一度成为明治年间的畅销书，在很大程度上是得益于二人的政治背景。他们不仅以政治小说作者闻名，而且本人也是英国社会中地位显赫的人物。李顿先后加入自由党与保守党，两次当选国会议员，并担任过英国殖民大臣，获男爵爵位。迪斯累里的政声更在其文名之上。他是著名的保守党领袖，两次出任英国首相，1875 年被封为贝肯斯菲尔德伯爵（the Earle of Beaconsfield）。上流社会的贵族，又是赫赫有名的政党领袖、政府要员，同时也作为小说家，为"俗人"编写"稗史"，这在与中国一样视小说为"末技小道"的日本社会中，无疑会引起震动、惶惑、觉悟以至于兴奋。西方上流社会并不鄙视小说，写小说也并非见不得人的事情，相反，小说家在西方可以成为受尊重的社会名流，有身份的政治家也乐于接受小说家的桂冠。这个

---

　　① 乌乌道人（坂崎紫澜）：《政治小说之效力》，载明治十八年（1885）5 月 28 日《自由灯》，收入《近代文学评论大系》第 1 卷，第 26 页。

　　②《日本维新三十年史》第一编《学术思想史》。

发现犹如一股强劲的冲击波，动摇了日本文学界对小说的传统看法。看来颇为奇怪，旧小说观念的摧毁，新小说观念的建立，竟然开始于并不高明的李顿和迪斯累里的译作。然而这却是事实，本身具有合乎逻辑的必然性。从此，日本的文人从事小说创作，已不必因担心受人指责而心中不安，他们完全可以理直气壮、引经据典地回答："迪斯累里不也是小说家吗？"① 还可以顺便补上几句，"古今欧美诸国之小说家，往往为学者社会中杰出超群之有名大家，殆不遑偻指"②。谁又能够轻视小说家呢？何况，政治家的头衔会保证小说有更大的销行量，成倍地提高作品的影响力，甚至有人评论说："现在我们日本翻译并出售的诸如《俄国虚无党退治奇谈》以及《春莺啭》之类，其效力几乎超过了读普通政论的译本。"③ 这也令日本的政治家们怦然心动，竞相效法。

注意到作家成分的改变，小说从下层文人之手转而出自著名政治家笔下，身为改良派政治家、宣传家的梁启超自然深受启发，大受鼓舞。在日本翻译文学与政治小说的迷惑下，他总结这一时期对日本及西方小说的观察时，才会有意无意做出如下夸张的描述：

> 在昔欧洲各国变革之始，其魁儒硕学、仁人志士，往往以其身之所经历，及胸中所怀政治之议论，一寄之于小说。于是彼中缀学之子，黉塾之暇，手之口之，下而兵丁、而市侩、而农氓、而工匠、而车夫马卒、而妇

---

① 德富芦花《回忆录》第六卷第十二节。

② 《论政治稗史小说之必要》，文章无署名，载明治十六年（1883）8月28日《绘入自由新闻》，收入《近代文学评论大系》第1卷，第21页。

③ 乌乌道人：《政治小说之效力》，《近代文学评论大系》第1卷，第26页。

女、而童孺，靡不手之口之。往往每一书出，而全国之
议论为之一变。①

梁启超心目中足以改变"全国之议论"的"魁儒硕学、仁人志
士"，当然包括了日本的政治小说作者柴四朗②、矢野龙溪、末广
铁肠等，而且也包括了《花柳春话》的作者李顿、《春莺啭》的作
者迪斯累里。特别是后者，在改良派中相当吃香。麦孟华（蜕庵）
即推迪斯累里之作为英国"最著名之小说"③；《新民丛报》答读者
问介绍英国首相格兰斯顿的文字时，也特意问一答二，抬出迪斯
累里，称："时与彼齐名之的士黎里（亦曾数度为宰相者），则兼
以文学名。所著小说数种，多嬉笑怒骂语。"④此外，梁启超经常提
到的伏尔泰、托尔斯泰，也属于这一行列。他赞扬伏尔泰：

> 福禄特尔当路易第十四全盛之时，慭然忧法国前途，
> 乃以其极流丽之笔，写极伟大之思，寓诸诗歌、院本、
> 小说等，引英国之政治，以讥讽时政，被锢被逐，几濒
> 于死者屡焉。辛乃为法国革新之先锋，与孟德斯鸠、卢
> 梭齐名。盖其有造于法国民者，功不在两人下也。

赞扬托尔斯泰：

---

① 《译印政治小说序》，《清议报》第 1 册，1898 年 12 月。

② 《译印政治小说序》后作为《佳人奇遇序》，印于该书卷首，见《清议报全编》第叁集
《新书译丛》第十三。

③ 《小说丛话》中蜕庵语，《新小说》第 7 号，1903 年 9 月。

④ "问答"栏，《新民丛报》第 26 号，1903 年 2 月。

托尔斯泰，生于地球第一专制之国，而大倡人类同胞兼爱平等主义。……其所著书，大率皆小说，思想高彻，文笔豪宕，故俄国全国之学界，为之一变。近年以来，各地学生咸不满于专制之政，屡屡结集，有所要求，政府捕之锢之放之逐之，而不能禁，皆托尔斯泰之精神所鼓铸者也。[①]

这两段文字，可以作为梁启超所说"欧洲各国变革之始"，"魁儒硕学、仁人志士"往往借写作小说改变全国舆论的具体事例和说明。只要承认伏尔泰是百科全书派的重要成员、法国启蒙运动的代表作家和思想家，承认托尔斯泰是思想深刻的小说大家，其影响超越了俄国而波及全欧，那么，我们便必须肯定，梁启超的话道出了部分事实真相，并非全属无稽之谈。但由夸张造成的失真也不容否认，起码就很难说，有哪一本小说曾经发生过"每一书出，而全国之议论为之一变"的神奇效力。全国舆论的改变，也并不是靠一部文学作品的出现就能办到的。非有可以互相沟通、彼此相近的思想意识作基础，便不会产生共鸣。

尽管如此，梁启超的看法在当时还是很有代表性的。如蔡奋也明确讲过：

欧米之小说，多系公卿硕儒，察天下之大势，洞人类之赜理，潜推往古，豫揣将来，然后抒一己之见，著而为书，用以醒齐民之耳目，励众庶之心志。或对人群之积弊而下砭，或为国家之危险而立鉴，然其立意，则

---

① 《论学术之势力左右世界》，《新民丛报》第 1 号，1902 年 2 月。

莫不在益国利民，使勃勃欲腾之生气，常涵养于人间世
而已。①

与梁启超几乎是异口同声。蔡奋更指明小说家中有"公卿"，则李
顿、迪斯累里必在其内，已无疑问。梁、蔡两位较早出现的小说
论者，其兴奋点都集中在西方小说作者的社会地位，与日本明治
年间的情形完全相同，从中倒是可以窥见中日文学家的共同心态，
也因此决定了中日小说在转折期必然经历类似的演变过程。

明治时期民权派作家模仿西方政治小说的模式，创作出了一
大批日本的政治小说，不但卓有成效地宣传了自由民权运动的精
神，而且以"小说改良"的第一批成果，为小说观念的革新、小
说创作的发展打开了道路。梁启超从翻译日本的政治小说也得到
启悟，进而效法，创作出中国第一部标明为"政治小说"的《新
中国未来记》，演述改良派的政治理想，并选择政治小说样式，开
始发动中国的"小说界革命"。

四

"魁儒""公卿"从事小说创作的发现，把小说从正统文人不
屑一顾的低级文学中解放出来了。"好风凭借力，送我上青云"，
小说又被一鼓作气，直接升送到"文学之最上乘"的地位，荣登

----

① 《瀛海纵谈·小说之势力》。商务印书馆主人《本馆编印〈绣像小说〉缘起》语意与之
相似，云："欧美化民，多由小说；博〔博〕桑崛起，推波助澜。其从事于此者，率皆名公巨
卿，魁儒硕彦，察天下之大势，洞人类之颐〔赜〕理，潜推往古，豫揣将来，然后抒一己之
见，著而为书，以醒齐民之耳目。或对人群之积弊而下砭，或为国家之危险而立鉴，揆其立
意，无一非裨国利民。"（《绣像小说》第 1 期，1903 年 5 月）

榜首。这样急剧的观念转变，看似不可思议，实则有迹可循。

"小说为文学之最上乘，近世学于域外者，多能言之。"[1] 此话明白说出了尊崇小说的观念来自国外的事实。所谓"域外"，究竟指的是哪些国家？很值得探究。因为众所周知，在西方，小说的地位既不像中国传统文学中那样低下，可也绝非压倒群芳，一枝独秀。梁启超在《论小说与群治之关系》中关于"小说为文学之最上乘"的结论，显然不是直接考察西方文学的结果（此时他英文不好，又未到过欧洲），那么，唯一的可能，便是经由日本这个中转站得到的印象。

由李顿、迪斯累里以公卿身份创作小说所引起的第一次推动，在日本产生了连锁反应。他们的译作被统称为"政治小说"，因而激发起人们对政治小说的巨大热情。内田鲁庵即指出：

> 在迪斯累里著作上附以政治小说之名的先例影响到日本，使《雪中梅》《新日本》等声誉颇高，但此等书并非皆应附以（政治小说这一）特定冠词。[2]

既然"政治小说"成了可以为作品带来声誉的定语，其地位自然应该在各类文学作品之上。果然，此时便出现了"甚至把迪斯累里的所谓政治小说尊崇为最上乘的文学"[3] 之议论。

"政治小说"是"最上乘的文学"作为一种文学价值评判标准

---

[1] 《〈新小说〉第一号》，《新民丛报》第 20 号，1902 年 11 月。

[2] 不知庵主人：《读〈浮城物语〉》，载明治二十三年（1890）5 月 16 日《国民新闻》，收入《近代文学评论大系》第 1 卷，第 109 页。

[3] 不知庵主人：《读〈浮城物语〉》，载明治二十三年（1890）5 月 23 日《国民新闻》，收入《近代文学评论大系》第 1 卷，第 111 页。

流行开来，彻底改变了鄙视小说的传统观念。身为小说宗族中的一员，"政治小说"一步登天，自然不可能冷落了同类。所谓"一损俱损，一荣俱荣"，连类而及，靠着政治小说的提携，小说也从各类文学体裁的底层扶摇直上，占据了文学殿堂中的第一把交椅。于是，反观西方，人们又发现"盖泰西诸国，稗史院本为文章之最上乘"[①]。

明治年间小说观念的逐步转变过程，在梁启超身上也重演一遍。以政治小说为中介，梁启超最终获得了与日本文学界大致相同的认识。他在《译印政治小说序》中已经承认：

> 彼美、英、德、法、奥、意、日本各国政界之日进，
> 则政治小说为功最高焉。

再进一步，从"为功最高"的"政治小说"推演开去，便自然诞生出"小说为文学之最上乘"的结论。

梁启超把"政治小说"引进中国，导致了传统小说观念的崩溃，建立全新的小说观念因而具有了无限的可能性。应该说，"小说界革命"真正的革命意义正在这里。当然，这一说法并不意味着"小说界革命"已彻底完成了小说观念的转换。恰恰相反，与传统文学思想"剪不断，理还乱"的关系，使梁启超的新小说观处处露出了旧徽记。

把小说送上"最上乘"文学宝座的是"政治小说"，而非一般纯艺术的创作。"政治小说"，顾名思义，是以政治思想取胜，作

---

① 半峰居士（高田早苗）：《评〈佳人奇遇〉》，载明治十九年（1886）《中央学术杂志》第25号，收入《近代文学评论大系》第1卷，第339页。

者最得意、读者最会心的只在此处，艺术高低倒不计较。实际上，抱着单纯的政治宣传意图，必然要以牺牲作品的艺术价值为代价。政治小说中不见佳品，正不足为怪。从内容方面考虑，政治小说仍然属于传统观念所重视的"载道"文学，它强调的仍然是作品的思想性，作者要有寄托。本来，政治小说不过是按题材分类的小说之一种，它只像一件外套，可以包裹各种各样的思想躯体。而在梁启超看来，"先新一国之小说"所以必要，便在于其"欲新一国之民"。小说要载"新民"之道，这才是梁启超提倡政治小说的本心。抨击"状元宰相""佳人才子""江湖盗贼""妖巫狐鬼"种种封建之道，并不等于放弃了对"道"的追求。梁启超不过是将"道"的内涵更新，换上维新思想，这样，小说照样可以成为载道之具。因此，说梁启超的小说观念貌新实旧可能太过分，但称之为半新不旧，倒并不冤枉他。与传统小说观念未斩断的联系，也使梁启超的思想有可能出现反复。

与之相似的情况在日本文学中同样存在，并可以为我们对梁启超的分析提供有力的佐证。

"有益于世道人心"的中国旧说在日本的翻版，即是以"劝善惩恶"为小说创作的宗旨。江户时代著名的小说家泷泽马琴之说可作代表。马琴曾批评前辈小说家平贺源内："其人诚为游戏文学之巨擘，但未见有足以劝善惩恶、启发蒙昧之作品。"[①] 他认为："无本之学，虚构之说，稗官以传于稗官。幻缘化境，追风捕影，其书虽奇而妙，君子不取也。谓之无益于世教，可以废焉。"而他

---

① 转引自西乡信纲等：《日本文学史——日本文学的传统和创造》中译本，第 216 页，北京：人民文学出版社 1978 年版。

写作小说，则是因为"劝惩莫捷于此"①。这种看法深入小说作者与读者的头脑，形成了强大的传统势力。

明治维新以后，首先起来批判"劝善惩恶"的封建文学观念并发生了重大影响的是坪内逍遥。他在《小说神髓》一书中，明确把"模写（按：即写实）小说"与"劝惩小说"对立起来，认为"小说常以模拟为其全部根基。模拟人情，模拟世态，力求模拟得逼真"。因此，"小说的主脑是人情，其次为世态风俗"②。他尖锐地斥责："自古以来，我国习惯即视小说为教育之一方便法门，虽高唱以'劝善惩恶'为主眼，实际却以杀伐惨酷或猥亵故事娱乐读者。"③与此同时，作为其小说理论的具体实践，坪内逍遥还写了《（一读三叹）当代书生气质》一书。这部小说以几位书生为主角，描写了明治十年代的学生生活。小说一出版，立即招来非议。评论界几乎一致判定："其文章虽巧，但意近粗鄙，毫无慷慨悲壮之气"，"于世教不可谓之无害"④。而且，有"文学士"称号的坪内逍遥竟然也写作这样"粗鄙"的游戏小说，更令人不能容忍。自然，《当代书生气质》绝非上乘之作，可訾议处甚多，但上述的评价尺度仍太陈旧，不足为训。有意义的倒是从中透露的一点消息。原来批评者所持的标准不仅与"劝善惩恶"的小说旧旨一脉相通，而且适用于品评政治小说。偏爱慷慨悲壮的文

---

① 《皿皿乡谈·自序》，原文为汉文，此处转录自谢六逸《日本文学史》（下卷），第12页，上海：北新书局1929年版。

② 《小说的主眼》，伊藤整等监修《日本近代文学大系》第3卷《坪内逍遥集》，第141页，日本东京：角川书店1974年版。

③ 《小说神髓·绪言》，《日本近代文学大系》第3卷。

④ 半峰居士（高田早苗）《评〈当代书生气质〉》所述当时评论界对此书的一般评价，原载明治十九年（1886）《中央学术杂志》第21号，收入《近代文学评论大系》第1卷，第330页。

风，是政治小说出现后的新风尚，无怪乎重世态人情描摹的《当代书生气质》不合格。对比时人对《佳人奇遇》的赞美："其文奔放雄大，高迫云汉；其诗慷慨淋漓，远迈魏晋。全书以节义忠爱为骨干，以人间情思为肌肤。……勇壮快活之意气充溢全篇，一读使人意气飞扬，睥睨古今，叱咤英雄，不觉拍案大叫快哉！"①从一贬一褒之中，可以更清楚地看出，"劝善惩恶"的旧小说批评标准与政治小说的新批评标准完全可以重合，这恰好证明了政治小说与旧文学之间存在着内在、深刻的联系。还带有浓厚旧倾向与旧趣味的读者群，可以迅速接受文学士坪内逍遥翻译的李顿的政治小说《慨世士传》，也可以对他涉及外国人在内地杂居这一当时热门问题的政治小说《（内地杂居）未来之梦》有好感，其根本原因正在于此。

中日两国文学中利用载道与劝善惩恶的传统影响，借助政治小说的形式，获得提高小说地位的实际效果这一新旧共生的文学现象，其意义并不限于显示了传统力量的顽固与强大，更重要的倒是预示出新的小说观念即将诞生。无论是日本的"稗史改良"，还是中国的"小说界革命"，都是在固有文学的基础上发生的，并且，文学创作也需要相互感应的社会环境，因此不能企望观念的更新可以在顷刻间完成。利用旧概念偷运新内容，往往能够减少旧势力的阻力，在潜移默化中改造作者与读者，把看来不可能完成的"断裂"，变成由许许多多可能实现的环节勾连而成的一个长链条，逐步脱去旧壳，最终以焕然一新的面目为社会所接受。不管以什么方式，既然"小说为文学之最上乘"的观念得到普遍认可，

---

① 流芳浪人：《明治廿五年之文学界》，载明治二十五年（1892）《女学杂志》第303号，收入《近代文学评论大系》第1卷，第252页。

那么，政治小说势必不能再处于独尊的地位，其他题材、写法的小说也尽可以各领风骚。摆脱了"载道""劝善惩恶"观念对小说的羁绊，"道"与"善"不再成为小说必不可少的主眼，这时，小说观念的彻底更新便真正实现了。

五

除了小说观念发生转变，明治小说对梁启超的影响还表现在政治小说样式的全面接受。政治小说作为一种特定的模式，有一套区别于其他题材小说的写作方法。梁启超的《新中国未来记》正是一个可供对比、解剖的合适标本。《新中国未来记》在《新小说》第 1 号初次刊出时，即标明为"政治小说"。梁启超对政治小说的热衷已从翻译转向创作，日本明治文学的影响也随之深入一层。

既然日本政治小说的作者大多是自由民权运动的政论家，因而他们的作品必然以宣传其所属党派的政治主张为旨趣。在民权派中，持激进态度的为自由党，持渐进态度的为立宪改进党。尽管梁启超对日本政治小说发生兴趣时，自由民权运动已成为日本历史上过去的一页，日本政党各派已经过分化，重新组合，但从梁启超赴日后所接触的政界人物看，仍然多属改进党旧人。原改进党总理大隈重信此时出任首相兼外务大臣，是日本政坛的实力人物。梁启超初到东京，即与之联系，并与"大隈左右如犬养毅、高田早苗、栢原文太郎（此君与任公先生交厚，当时约为兄弟）时有来往"①。特别是日本政治小说的著名作者矢野文雄，梁启超在

---

① 杨维新:《与丁文江书》，引自《梁启超年谱长编》，第 169 页。

国内时便已见过。1897—1898 年，矢野文雄以公使身份驻北京，与维新派人士有密切接触①。在康有为早年收藏的日文书中，也有矢野的《经国美谈》《浮城物语》等主要作品。与原改进党领导者的多年交往及对其著作情况的熟悉，对梁启超创作政治小说产生了重大的影响。

在自由党政治小说作家中，最著名的当推末广铁肠，而改进党中足以与之匹敌的则数矢野文雄。末广铁肠的小说政治说教意图非常明显，这不仅表现在他的多部作品题目上都标写出"政治小说"字样，而且其中大部分也确是为配合某一政治运动而写的。如《二十三年未来记》《雪中梅》《花间莺》，便都以描写民权派要求开设国会的斗争为主要线索。而矢野龙溪从其《经国美谈·自序》②看，似乎与末广不同。他批评"世人动辄曰：稗史小说，亦有补于世道。盖过言也"，要求"读是书者，亦以游戏之具视之可也"，倒像是反对以小说为教育、宣传工具；但他的《经国美谈》恰恰不是一部无所用心的游戏之作，而是"论破政治之得失于记事之间，辨晰风俗之美恶于叙情之中"③的深有寄托的政治小说。书中叙述古代齐武（即底比斯）志士巴比陀（即派洛皮德）等人亡命阿善（即雅典），积聚力量，终于推翻专制党统治，恢复了民

---

① 梁启超《与志贺重昂笔谈》提及："矢野公使，昔仆在北京，曾数次相见，亲爱敦邦之情，深所感诵。"（《志贺重昂与梁启超的笔谈》，1959 年 7 月 9 日《光明日报》）《新民说·论进步》亦云："吾昔读黄公度《日本国志》，好之，以为据此可以尽知东瀛新国之情状矣。入都见日使矢野龙溪，偶论及之。龙溪曰：是无异据《明史》以言今日中国之时局也。"（《新民丛报》第 10 号，1902 年 6 月）黄遵宪《东海公来简》也称："二十世纪中国之政体，其必法英之君民共主乎？胸中蓄此十数年，而未尝一对人言，惟丁西之六月初六日，对矢野公使言之。矢野力加禁诫。"（《新民丛报》第 13 号，1902 年 8 月）

②《日本近代文学大系》第 2 卷《明治政治小说集》，第 163—165 页，日本东京：角川书店 1974 年版。

③ 藤田鸣鹤:《经国美谈·跋》，《明治政治小说集》，第 319 页。原文为汉文。

主政体，使齐武成为希腊诸国中的霸主。吉田精一先生评这部小说"是以希腊历史上底比斯的勃兴和完成霸业为主，同时也包含了作者自己的改进党的主张和意见。底比斯之所以兴旺，是由于实行了它的理想和主张；相反地，具有共和政治理想的雅典却衰落了。这样，作者从渐进主义的改进党的立场出发，提出了对激进的自由党的批判"①。因而，矢野龙溪的创作意图仍在借历史故事反映现实的政治斗争。

急于表现自由党与改进党的政治活动及其鲜明的思想分野，是明治政治小说的重要特色。在两党之争中，属于改良派的梁启超显然更倾心于改进党的政治主张。改进党宣布其宗旨为：

> 政治之改良进步者，乃我党人之所冀望；而行破坏急激主义，则非我党人所冀望也。盖不遵其顺序，而遽行破坏以谋变革，是为紊乱社会之秩序，而却妨碍政治之进步矣。②

这一政治主张在《新中国未来记》中引起了回声。奠定新中国基础的宪政党党章即明确规定：

> 本党以拥护全国国民应享之权利，求得全国平和完全之宪法为目的。

> 本党抱此目的，有进无退，弗得弗措。但非到万不

①《现代日本文学史》中译本，第 14 页，上海人民出版社 1976 年版。
② 转引自《明治政党小史》(据《清议报全编》，知为东京日日新闻社纂，陈超译)，《清议报》第 100 册，1901 年 12 月。

得已之时，必不轻用急激剧烈手段。①

宪政党领袖黄克强也宣称：

> 当那破坏、建设过渡时代，最要紧的是统一秩序。若没有统一秩序的精神，莫说要建设建设不来，便是要破坏，也破坏不到。②

在以改良派政治家黄克强为主角的同时，作为对明治政治小说的全面借鉴，梁启超还设计出黄克强与激进派政治家李去病的一场舌战。回想改进党与自由党虽然具体做法上有差异，但在自由民权运动中仍是同路人，同属社会改良的促进力量，便可以透视梁启超安排这场各不相让的大论战，原是对双方都抱有好感，肯定其俱为爱国志士，因而所论"句句都是洞切当日的时势，原本最确的学理，旗鼓相当，没有一字是强词夺理的"③，令读者"每读一段，辄觉其议论已圆满精确，颠扑不破，万无可以再驳之理。及看下一段，忽又觉得别有天地。看至段末，又是颠扑不破，万难再驳了。段段皆是如此"④。做如是想，才能够体会出梁启超的良苦用心，也算达到了他所预期的效果。

《新中国未来记》中不但有这一场被作者自我作古、称赞不已的大辩论，而且整部小说按其构思来说，便是一篇由孔觉民老先

---

① 《新中国未来记》第二回，《新小说》第 1 号，1902 年 11 月。

② 《新中国未来记》第三回，《新小说》第 2 号，1902 年 12 月。

③ 同上。

④ 平等阁主人（狄葆贤）：《新中国未来记》第三回总批，《新小说》第 2 号，1902 年 12 月。

生口中述出的绝长的演说辞。《〈新小说〉第一号之内容》① 便特意
介绍：

> 本书全部以史体出之，而皆由一人所讲演。这场大
> 演说，开宗明义，讲中国何以能维新自立之原因，语语
> 足为今日志士针砭。

以一人对众演讲的形式作小说，在中国文学中实为新创。孔老先
生绝不同于中国古代的说话艺人，说话艺人关心的是如何以曲折
的情节吸引听故事的人，而孔老先生则是"为国民演说国事"，因
此，"那紧要的章程，壮快的演说，亦每每全篇录出"②。作者要孔
老先生担任的，不过是政治启蒙家的角色，讲故事倒在其次。只
要注意一下，孔老先生所述不称为"讲史""演义"，而称为"讲
义""演说"，便见分晓。

　　以演说为小说虽可云中国文学中的新创，却不等于说梁启超
无所师承。考虑到其时演说之风甚盛的背景，溯其来源，仍要归
之于明治时代风气的感染。日本政界要人犬养毅即亲口对梁启超
说过：

> 日本维新以来，文明普及之法有三：一曰学校，二
> 曰报纸，三曰演说。③

演说成风，也是学习西方的产物。周桂笙就从阅读"外国丛报"

---

① 《新民丛报》第 25 号广告，1903 年 2 月。
② 《新中国未来记》第二回，《新小说》第 2 号，1902 年 11 月。
③ 《文明普及之法》，《清议报全编》卷六。

获知：

> 　　演说一道，最易动人。故欧美特多，分门别类，几
> 于无一处，无一业，无演说。晚近日本学之，亦几于无
> 一聚会，无演说，甚至数人之会，亦必为之。其状殆如
> 吾国之说书。不过一则发表意见，就事论事；一则抱守
> 陈腐，徒供笑谑。宗旨不同，智愚斯判。然在西国演说
> 极难，非有新理想，新学术，必不足以餍听者之望；而
> 其民之智识，又大都在普通以上，不若说书之可以随意
> 欺人也。[①]

演说具有普及新思想、新知识的功用，自然会大得日本启蒙思想
家的青睐。在日本最先倡导演说的便是福泽谕吉。他译过《会议
辩》，写过《论提倡演说》（收入《劝学篇》一书）等文，专门讲
论演说的好处，并带头当众演说，又在庆应义塾开办演说会，设
立演说馆，切实推动了日本社会演说风气的形成。即使"演说"
一词，也是由福泽从英文 Speech 译出、酌定的。
　　演说作为启蒙教育的重要手段，不仅被政治宣传家广泛利用，
产生了实际的效益，而且当这批人转而从事政治小说创作时，也
习惯性地沿用这种形式，从而形成了政治小说特有的演说调。日
本政治小说中不乏长篇大论的演说。如《雪中梅》第二回描述正
义社政谈演说会的盛况，便是典型的一例。众辩士轮番登台演讲，
作者只将主人公国野基的演说辞全文录出，即成该回的主干。演
说的一种转化形式——对谈，在政治小说中也得到了普遍的运用。

[①]《知新室新译丛·演说》，《新小说》第 20 号，1905 年 9 月。

《佳人奇遇》由于故事发生在外国，为了介绍背景，作者甚至不顾实际的可能性，强使人物在交谈中，不断重复在其国为常识、在日本为新知的话题，如第一回幽兰、红莲关于美国独立战争的一席话，即是如此。宁愿把人物变成可笑的传声筒，也不愿自己出面在叙述中交代，这除了以酷爱演说来解释，便不可理解。因为即使是两人对面谈心，也必设想有第三者在场旁听，这只能是演说家的心理。演说在整部小说的布局中，也占据着重要地位。藤田鸣鹤评《经国美谈》第一回即着眼于此：

> 开卷，先叙老教师演说，述阿善贤君义士爱国殉难
> 之迹，暗暗里呼起后段齐武国难。
> 一演说，大有关系于全篇，结构极妙。[①]

梁启超构思《新中国未来记》时，对此必有会心，而其高明之处，则在于故事叙述人的腔调与演说调的合一。采取一人演说的口气，就可以避免出现日本政治小说中常见的演说腔与小说叙述语言不协调的毛病。

演说进入小说，是造成政治小说特有的慷慨悲壮风格的一个重要原因。同时，这一风格的形成，也得力于政治小说所描写的人物。作为小说主人公的，都是意气风发的爱国志士。《经国美谈》中的巴比陀，《佳人奇遇》中的东海散士，《雪中梅》中的国野基，都属于这一形象系列。他们救国济民的事迹，便构成了小说的中心故事。此外，日本古代文学擅长抒写爱情的传统，也给予政治小说作者以影响。于是我们看到，几乎每一位志士身边，

[①]《日本近代文学大系》第2卷《明治政治小说集》，第177页。批语原为汉文。

都由作者配备上一位美女。巴比陀有令南，国野基有富永春儿；东海散士因游历欧美，更多奇遇，有幽兰、红莲两位异国女子倾心相爱。一种萦绕不已的感情纠葛，使政治小说在慷慨悲壮之外，又增添上秾丽哀艳的色调。实际上，这一"志士美人"的特定格局，早在日本第一部政治小说作品户田钦堂的《（民权演义）情海波澜》中即已奠定。单从小说的名称上，便可见其大意。户田本人在自序中也直言不讳：

> 此处所述一段新话，专系之以佳人奇缘之事。①

写"佳人奇缘"，无疑可以吸引更多熟悉旧小说的读者，扩大作品的社会影响。如末广铁肠著《雪中梅》，是因"当时对世态深有感愤，托以情话，意在描述出政治之状况"，但仍然声明：

> 是书于我为一部政论，读者将其与普通人情小说同一视之，则幸甚。②

原也有争取读者的用意。另外，乐于编述"佳人奇缘"，也反映了作者本人的志趣。民权派中人大多抱有志士意识，以先知先觉者自视，启迪蒙昧众生。和内心深处的优越感一同产生的，还有不被理解的苦闷。而在现实生活中，发泄苦闷的对象很容易选中歌伎（这也是由日本的社会结构、传统习惯决定的）。如

---

① 转译自越智治雄：《〈明治政治小说集〉解说》，《日本近代文学大系》第 2 卷《明治政治小说集》，第 12 页。

② 《〈订正增补〉雪中梅序》，《现代日本文学全集》第一编《明治开化期文学集》，第 329 页。

自由民权运动最激进的思想家植木枝盛，不但写出了《民权自由论》《天赋人权辩》等一批政论文以及政治小说《国会组织国民大会议》，而且经常出入妓院，眠花宿柳。将这种生活艺术化写成小说，受日本古代文学与中国文学中"美人香草"传统的合流影响，便出现了一批与志士志同道合、情爱甚笃、既是情人又是知音的佳人形象。

反观《新中国未来记》，已完成的前五回中虽然还没有佳人登场，但这也仅是由于梁启超半途而废造成的。细读作品，仍然不难发现明治政治小说"志士美人"珠联璧合的影子。

第三回，爱国志士黄克强、李去病在山海关登长城后，回到客店，醉中二人联句，作了一首《贺新郎》词题在墙上。第四回，黄、李二人于数日后重回此客店，却看见前日的题壁词后多了一首和韵。其中云："人权未必钗裙异。只怪那女龙已醒，雄狮犹睡。相约鲁阳回落日，责任岂惟男子？"末后有跋语两行，一方面为国民庆幸"众生沈醉，尚有斯人"，另一方面又感叹自己"东欧游学"，以致"蒹葭秋水，相失交臂，我劳如何"，落款为"端云"。可见这一位游学欧洲的女豪杰在救国壮心之外，也不乏爱慕柔肠。端云在书中必是一位重要人物。只看作者安排黄、李二君出游旅顺，仍要借"行李还在山海关"为由头，"仍在前日的客店前日的房里住下"，并且安排他们在晚上到达，"胡乱吃了晚饭"，"倒头便睡了"，而将这一首绝妙好词留待次日清晨，二人梳洗已毕，方才从从容容地"上前仔细看"，并做评论，"看这笔迹，那雄浑里头，带一种娟秀之气"云云，又郑重其事地将这一首词并题记抄入黄克强所写的笔记《乘风纪行》一书中，便可知我们的推论大体不错。作者还借李去病之口，说出"东劳西燕"这一常用来形容恋人分离的成语，与端云"蒹葭秋水"的感叹相呼应，也可料定这一位奇女子与黄、李二人中的一位日后必有奇缘。作者不仅以千回百折、千呼万唤始出来的方式写未曾露面的端云，而且为了加深读者的印象，在第五回郑伯才送给黄、李二人的同志名单上，"女士三人"中的第一位便赫然列着"王端云"，介绍其为"广东人，胆气、血性、学识皆过人，现往欧洲，拟留学瑞士"①。从其简历看，这一位"王端云"，便是在山海关作和词的"端云"女士，当无疑问。在这一部"于广东特详"，"书中人物""多派以粤籍"②的小说中，广东女子王端云也绝不会成为过场人物，而必有着落。从这些蛛丝马迹的通盘考察中，我们不难揣摩出作者"千里姻缘一线牵"的苦心构思，更何况第四回回目——

旅顺鸣琴名士合并　榆关题壁美人远游

也已暗示出"名士"与"美人"的适相匹配。

"系之以佳人奇缘"的政治小说本身便带有浓厚的浪漫传奇色彩，这不仅因为书中人物的结合是作者理想中志士与美人的天作之合，更因为在主要人物身上还寄托着作者的政治理想。无怪乎《日本维新三十年史》的作者要将《经国美谈》《照日葵》《南洋大波澜》（末广铁肠著）等书归入"传奇小说"。此外，他还进一步指出了此类作品"读者则比之写实小说，较为众多"③的现象。明治前期文学的趋于浪漫情调确是时代风气的反映。依据雨果"浪

---

① 《新中国未来记》第四、五回，《新小说》第 3、7 号，1903 年 1、9 月（后一期杂志实则 1904 年 1 月后始出刊）。

② 《新中国未来记·绪言》，《新小说》第 1 号，1902 年 11 月。

③ 《日本维新三十年史》第九编《文学史》。

漫主义，其真正的定义不过是文学上的自由主义而已"①的名言观察明治前期社会，则当时的日本可以说是热情奋发，充满自由的空气。在这样的时代氛围下接受西方文学，便很容易偏于传奇、浪漫一路。司各特、大仲马的传奇历史小说，雨果的浪漫主义小说，以及从司各特脱胎的李顿等人的政治小说，自然而然成为这一时期读者的心爱物，大有市场，大行其时。反转过来，迎合了读者口味的西方小说又作用于日本的小说创作，将这一股浪漫的气息带入政治小说作品。

归根结底，政治小说作者的根本目的是要改变现实，因而与现实相对立或超越现实的理想社会才是作者心向往之、作品精神汇聚之处。可以这样说，几乎每一部日本政治小说都透射出政治理想的光芒。而最能体现其理想光辉与浪漫性质的，当推"未来记"一类。明治年间的作者热衷于幻想未来社会，就使"未来记"成了政治小说的一种常见形式。单从书名看，便有末广铁肠的《二十三年未来记》、服部抚松的《（二十三年）国会未来记》、坪内逍遥的《（内地杂居）未来之梦》、牛山鹤堂的《（社会小说）日本之未来》等等。其他标题上未带出"未来"字样的"未来记"尚有多种，像尾崎行雄的《新日本》、须藤南翠的《新妆之佳人》等。这些小说固然是对当时译介的西方乌托邦小说如《良政府谈》（即托马斯·莫尔的《乌托邦》，井上勤译）、《（社会进化）世界未来记》（荫山广忠译）的模仿，但也显现出作者的政治热情与自由心态。"未来记"的影响甚至波及意在反映现实斗争的政治小说。末广铁肠的《雪中梅》，中心故事本来是描述明治十年代政治

① 《〈欧那尼〉序》，引自《欧美古典作家论现实主义和浪漫主义》（二），第134—135页，北京：中国社会科学出版社1981年版。

社会的状况以及志士们为开设国会所做的斗争，却采用了"未来记"的框架，从明治一百七十三年即国会开设一百五十周年庆祝日讲起。日本政治小说作者对于"未来记"实在是过于喜爱了。

无独有偶，梁启超的《新中国未来记》在开篇的结构上竟与《雪中梅》极为相似。《雪中梅》"发端"借两位老者的交谈，极口称颂举行国会一百五十周年庆典时国力的强盛：

> 若讲起商业来，只怕赛过伦敦、巴黎；讲起武事来，地上有几十万强兵，海上有几百只坚舰；讲起教育来，全国没有没设学堂的地方；讲起政治来，上有尊严的皇族，下有有智慧、有阅历的国会，改进、保守两政党又互相竞争，接代着做内阁，宪法法律都定得完备，言论集会都很可自由，没有一点弊窦。

两位老者不由得"想起一百年前，人家都说我们是亚细亚洲里头最弱最贫的国"①，引出历史的回顾。《新中国未来记》在夸说国家的富强上也不甘示弱。第一回"楔子"叙公元 1962 年"我中国全国人民举行维新五十年大祝典之日"的盛况，称：

> ……诸友邦皆特派兵舰来庆贺，英国皇帝、皇后，日本皇帝、皇后，俄国大统领及夫人，菲律宾大统领及夫人，匈加利大统领及夫人，皆亲临致祝。其馀列强皆有头等钦差代一国表贺意，都齐集南京，好不匆忙，好不热闹。

---

① 译文借用了江西尊业书馆 1903 年出版的熊垓的同名译本，只改动了个别字。

又在上海开设大博览会，"各国专门名家、大博士来集者不下数千人，各国大学学生来集者不下数万人"。"原来自我国维新以后，各种学术，进步甚速，欧美各国皆纷纷派学生来游学"，数达三万馀名，真是百川朝宗，气象非凡。于是，第二回"孔觉民演说近世史"，一开口便对"我们今日得拥这般的国势，享这般的光荣"无限感慨，不禁回想"六十年前我国衰弱到恁般田地"，就此提起话头，从"黄毅伯组织宪政党"①，开始演述民间志士为建立"新中国"而奋斗的历史。

据《中国唯一之文学报〈新小说〉》②以及《新中国未来记》第一回关于本书的介绍，我们知道，梁启超原意是要从1902年黄克强、李去病二人游学归来联络同志叙起，终止于1962年在中国首都南京召开"万国太平会议"、签订"太平条约"的盛举。从现在写至未来，而以未来的描述为主，梁启超因而为此书取名《新中国未来记》。稍加辨析就可以认出，这一名称来源于日本同类小说，是综合了《新日本》与《二十三年未来记》一类的书名而成。中国文学中从未有过以"未来记"形式出现的小说，即使偶尔记述对理想社会的构想，也必将其置于同一时代存在的海外异域或与世隔绝的桃花源，而绝没有超越时间限隔的未来社会提前出世。因此，康有为在评述日文小说时，才会对"未来记"特别感兴趣，一连举出《未来之面影》《未来之商人》《世界未来记》《新日本》等多部小说，赞扬其"怀思奥说""足以发皇心思"③。对康有为这

---

① 《新中国未来记》第一、二回，《新小说》第1号，1902年11月。
② 《新民丛报》第14号广告，1902年8月。
③ 《日本书目志》卷十四，上海：大同译书局1898年版。

段话以及《乌托邦》等空想小说非常熟悉①的梁启超也看中了"未来记"宜于表述政治理想的长处，毫不犹豫地选中"未来记"作为政治小说的基本形式。以"新小说报社"名义刊出的《中国唯一之文学报〈新小说〉》便明白说出：

> 政治小说者，著者欲借以吐露其所怀抱之政治思想也。其立论皆以中国为主，事实全由于幻想。

并且在"政治小说"栏目下介绍了三部著作，其中《新中国未来记》一种梁启超已动笔写作，拟议中的尚有《旧中国未来记》与《新桃源》（一名《海外新中国》）。前书"叙述不变之中国，写其将来之惨状"；后书"以补《新中国未来记》所未及"，虚构二百年前遁居荒岛的中国一大族，建立了第一等文明国，后终于帮助内地志士完成了祖国的维新伟业。囊括"政治小说"一栏广告的三部作品，竟都含有"未来"成分，具有幻想性质，则梁启超的偏爱"未来记"可谓证据确凿。

既然是写作"未来记"，便必不可少那种特有的浪漫情调。前引《新中国未来记》中夸耀新中国的话，便足以表见梁启超不乏这方面的情趣。实际上，正是从以"未来记"形式出现的政治小说中，梁启超才得到了对于浪漫主义文学的初步认识。与《新中国未来记》同期发表的《论小说与群治之关系》，在中国文学批评中最早提出了浪漫派小说与写实派小说的两分法。但在总结前一类小说的特点时，梁启超又用"导人游于他境界"的定语以偏概

---

① 梁启超《与康有为书》（光绪二十八年［1902］四月）中论大同学说，有"英国之德麻摩里"（按：即托马斯·莫尔）"著一小说，极瑰伟，弟子译其名曰《华严界》"等语，见《梁启超年谱长编》，第 286 页。

全，并冠以"理想派小说"的统称，便是出于对"未来记"的偏爱在作祟。梁启超不走写实派小说的路子，如李伯元辈创作《中国现在记》，而单单选中理想派小说，悬想新中国之未来，这除了表明他本人性格中具有浪漫的气质，也证明他与明治政治小说的作者确实是"心有灵犀一点通"，对明治政治小说的精髓确实是心领神会，并且确实攫取到了日本"文明开化"时期最富于时代精神的创作意识。

第九章

"欧西文思"与"欧文直译体"

——梁启超与日本明治散文

一

梁启超关于"文界革命"的思想同样受到了明治文学的启发和影响。和"小说改良"一样，明治年间的"文体改良"也是"文学改良"思潮的一个重要部分，而其产生与形成过程，则与文化界的"国语改良""言文一致"运动紧密关联。

未经改良的日本语文如同中国古代语文，也存在着严重的言文分离现象。特别是日本古代学者崇仰中国文化，仿照古代汉语而写作的汉文，更与日本的语言实际相脱离，只能局限在少数文人学者中流传、欣赏，无法为广大文化水平不高的下层民众所接受。随着"文明开化"思想普及于全社会，在西方文化的冲击和强烈的启蒙意识推动下，"国语改良"问题开始受到重视。接触了西方文化的启蒙学者，在追溯日本与西方文明程度的差异时发现：西方基本是言文一致，而日本则是语言和文字相脱离。他们认为，这就是日本文明落后的病根。在他们看来，日文书与洋文书的不同在于：

一个是主要地在文字上争巧，另一个是在语言上争巧的原故。①

在文字上争巧的结果，是日本文字的繁难、不易掌握：

日本文字如此之难，学生的宝贵时间空费在认字作文上面，实际学识得之甚迟，真可慨叹。

痛心于这种状况的日本学者从西方文化得到了启示：

一般地说，西洋人的思想活泼，他们的著作入精析微，条理明晰，这是稍微搞过西洋学术的人都能知道的。他们为什么能够这样呢？固然是由于他们的天资和教育的良好所致，但是他们的文字简单，容易表达出他们的思想，这不能不也是一个原因。

主张学习西方、改变现状的日本启蒙学者于是大声疾呼：

可是，如果热望我国与欧洲各国并驾齐驱于文明世界，就决不可安于这种状况，就应该断然决志图谋改革。②

---

① 南部义筹：《改换文字的建议》（1872），陈青今编译：《日本文字改革史料选辑》，第5页，北京：文字改革出版社1957年版。

② 矢田部良吉：《采用罗马字拼写日语》（1882），《日本文字改革史料选辑》，第9、11、10页。

这样，文字改革、国语改良的问题就自然发生了。

为此，日本国内展开了热烈的讨论，许多著名学者卷入争论中，各种各样的意见、建议纷纷提出，专门的研究学会也竞相出现。主张废除假名和汉字、采用罗马字拼写的，成立了"罗马字会"，代表人物为南部义筹和田中馆爱橘，这批人主要是受西方文化影响较多的洋学者；主张废除汉字、只用假名的，成立了"假名之会"，代表人物为前岛密、物集高见，这批人主要是主张保存国粹的国学者。此外，还有较为稳健的，主张限用汉字，如矢野文雄（龙溪）提倡把常用汉字限制在三千字；更加激进的则主张废除日语，如森有礼提出采用英语为社会通行语。不过，无论哪一种主张，都表现出对日本语言文字现状的不满和要求改革的愿望。

尽管早在庆应二年（1866），前岛密即有《废止汉字之议》，指出言文分离的现象与采用简便的文字的可行办法，但直到明治前期，国语改良运动才在全社会范围内展开。对日本文字的改革热情便现实地集中于言文一致的努力。因为采用英语为国语的极端主张本不可行，其他种种主张又都以简化文字、准确表达语言实际为目标，这对语、文合一当然不无促进作用。而启蒙学者之注意于文字改革，更有教育国民的直接的功利考虑。福泽谕吉即是如此。他一方面要求"专心做好准备逐渐废除汉字的工作"，方法是"努力注意在写文章的时候尽量不用繁难的汉字"，使汉字的字数可以限制在两三千内[1]；另一方面又表示，其写作"目的只在于利用通俗易懂的文章，以使广大民众普遍获得文明的新思想"。

---

① 《〈文字之教〉绪言》（1873），《日本文字改革史料选辑》，第6页。

他甚至说，自己写《西洋导游》（1867）、《穷理图解》（1868）等书的目的，"不仅在于要使未受过教育的农民工商之辈能够了解文明的新思想，而且要使乡下来的女仆隔着拉窗也能听懂书中讲的是甚么内容"[1]。而这种要求，只有采用言文一致的通俗文体才能实现。国语改良（"能听懂"）和启蒙功效（"能够了解文明的新思想"）因此紧紧联系在一起。

与日本一水之隔的中国在近代也发生了文字改良运动。这虽不能说全然是受日本国语改良运动的影响，但邻邦的新动向也为中国的改革者们提供了可资借鉴的信息。

据《清末汉语拼音运动编年史》一书，中国最早提出造"切音文字"的宋恕便曾去过日本，在所著《六斋卑议》（1891）中说：

> 今日本小学教法，先授和文，后授汉文；若师其意，江淮以南，须造切音文字多种，以便幼学。[2]

其关于"切音文字"的设想明显来源于日本。在后来出现的众多拼音方案中最流行的《官话字母》，又恰恰出自避难日本的王照之手。他创制的字母仿照日文假名，"皆假借旧字减笔为偏旁"[3]，因而被人称为"假名式"。已任命为京师大学堂总教习的著名桐城派古文家吴汝纶，在1902年去日本考察学制时，也聆听了日本教育界人士对中国文字改革的意见，在其《东游丛录》一书中有详

---

① 《〈福泽谕吉全集〉绪言》（1897），马斌译：《福泽谕吉自传》，第282页，北京：商务印书馆1980年版。

② 《变通篇·开化章》，转引自倪海曙：《清末汉语拼音运动编年史》，第18页，上海人民出版社1959年版。实则此节文字为1897年增写。

③ 王照：《〈官话合声字母〉原序》（二），《清末文字改革文集》，第23页，北京：文字改革出版社1958年版。

细记述。这时甚至出现了要求改用日文的议论[1]，更足以证明在中国语文改革者心目中，日本是应该效法的成功典范。

晚清较早倡导文字改良的维新派中，便有康有为与梁启超师徒。康有为早年有意识地收集了一批日本的教育学及语言文字学书籍，从而产生了设计"幼学捷字"[2]的想法。他提出：要改变中国言文分离、"为学极难"的现状，"宜多制小学书，多采俗字以便民"；并肯定："变法自治，此为第一事矣。"[3]文字改革已被提到极高的地位。

对康有为思想极为熟悉的梁启超，不仅从其师那里间接接受了日本国语改良的理论，而且在黄遵宪的《日本国志》中得到了印证。黄遵宪以驻日参赞身份亲身到过日本，居留四年多，对明治维新后的日本作过多方面的考察，言之有据，更可信服。于是，在1896年梁启超为沈学的《盛世元音》作序时，便把这些不同来源的信息汇聚一起，加上他对中国文字改革的认识，做了发挥。他既称述"吾师南海康长素先生，以小儿初学语之声为天下所同，取其十六音以为母"，又引述"吾乡黄君公度之言曰：语言与文字离，则通文者少；语言与文字合，则通文者多"[4]云云。

和日本国语改良人士一样，梁启超也认为中国文字与外国文字的差别是：

---

① 康有为《中国颠危误在全法欧美而尽弃国粹说》："顷更有妄人，欲改用日本文法，与其天渊远波，及五十一字母者，日人笑之。"（《康有为政论集》下册，第909页，北京：中华书局1981年版）

②《日本书目志》（上海：大同译书局1898年版）卷十："因喉腭唇齿舌之开合，以点撇波磔之长短大小阔窄，代以成极简之字，纬以字母，而童子之作字易矣。"

③《日本书目志》卷十。

④《沈氏音书序》，《时务报》第4册，1896年9月。黄遵宪之言出自《日本国志》（上海图书集成印书局1898年版）卷三十三《学术志二》。

> 中国文字畸于形，宜于通人博士，笺注词章，文家言也；外国文字畸于声，宜于妇人孺子，日用饮食，质家言也。

而"文者美观而不适用"，中国文字的求美性质决定了中国文字落后于语言的发展，由此造成了学习文字的极度困难：

> ……颛门之士，或乃穷老尽气，不能通小学；而山海僻壤，百室之族，知书者往往而绝也。

这种状况实在令人痛心。但真正使梁启超焦虑不安的，还是"中国文字，能达于上，不能逮于下"对国家命运的直接威胁。文章开篇即以自问自答的方式醒目地挑明：

> 国恶乎强？民智斯国强矣。民恶乎智？尽天下人而读书、而识字，斯民智矣。

言文一致的要求便理所当然地成为改良派开通民智、变法图强的重要内容。痛陈"文、言相离之为害"，赞许"通人志士，汲汲焉以谐声增文，为世界一大事"[1]，落脚点都在这里。

此时，梁启超身居国内，对日本国语改良情况的了解毕竟有限。尽管上述分析已指出其文字改良思想间接得自日本的很不少，

---

[1]《沈氏音书序》，《时务报》第 4 册，1896 年 9 月。黄遵宪之言出自《日本国志》（上海图书集成印书局 1898 年版）卷三十三《学术志二》。

并以之为论证的依据，但受康有为幼学教育拟议的囿限，其"必得简法以驭之，乃可便易"①的文字改良，便仅局限于初等教育。为启蒙目的，梁启超不妨呼吁研制简易方便的拼音，使"文与言合，而读书识字之智民，可以日多矣"；而中国文字唯美的性质亦是"天之道也"，与外国文字的主于质"不能相非，不能相胜"。因此，他主张学习外国的方法，既有"可以通今，以逮下学"的方音，又保存"可以稽古，以待上才"的古字，使"吾中土文字，于文、质两统，可不偏废"。这种两全其美的理想落到实处，便是文言、白话并存不废，各行其是，各有自己的通行范围。"上才"之士尽可以念他的"子曰诗云"，不屑于理会"逮下"的白话文，其结果当然不利于文、言合一在全社会的推广。并且，这一时期，梁启超显然认为，"文与言合"只有方便下民一种功用，是"适用而不美观"②的文字，而极中国文字之美的却惟有文言古字。与日本国语改良、言文一致论者相比，梁启超尚未体察到言文合一在精确表达现代思想上不可替代的作用，对"在语言上争巧"的外国文字之美也毫无感觉。这不能不说是很大的缺憾。

幸好戊戌以后，梁启超出逃日本，有机会亲自从容地访查日本语言文字的改革情况，才纠正了偏误，修改了原先的观点。再谈及言文合一问题，梁启超便肯定"畸于声"的外国文字比"畸于形"的中国文字进步：

> 文字为发明道器第一要件，其繁简难易，常与民族文明程度之高下为比例差。列国文字，皆起于衍形；

---

① 《论学校五·幼学》（《变法通议》三之五），《时务报》第 17 册，1897 年 1 月。
② 《沈氏音书序》，《时务报》第 4 册，1896 年 9 月。黄遵宪之言出自《日本国志》（上海图书集成印局 1898 年版）卷三十三《学术志二》。

及其进也，则变而衍声。夫人类之语言，递相差异，经千数百年后，而必大远于其朔者，势使然也。故衍声之国，言文常可以相合；衍形之国，言文必日以相离。

言文相离的结果，必然是僵化的古文字无法表达出现代人的生活和思想："数千年前一乡一国之文字，必不能举数千年后万流汇沓、群族纷挐时代之名物、意境而尽载之、尽描之。"而其为害之深，在"于当世应用之新事物、新学理，多所隔阂"上集中表现出来。这时，梁启超已不再从唯美的角度主张方音、古字两存，而是从进化的角度，强调文字从"衍形"趋向"衍声"乃是势所必然。而由"衍形"造成的"言文分"在阻碍进步（"虽有方新之机，亦不得不窒"）、不切实用（"无馀裕以从事于实用"）、难以掌握（"学三千、九千、四万之字母"）上，更构成现实的三大危害。他提倡"言文合"[1]也就不限于启蒙，而视之为人类文明发展的一个表现，要求在全社会范围通行，而没有为"上才"留下享用文言古字的特权。这种变化确实是接触日本明治文化以后一个很大的进步。

二

语言文字上的"言文一致"论很容易转为文学创作上的"言文一致体"。因为只从理论上探讨"言文一致"的必要性，无助于改变原有的言文分离状况。还必须在文章中真正使用"言文一致体"，

---

[1]《新民说·论进步》，《新民丛报》第 10 号，1902 年 6 月。

使社会各阶层普遍了解"言文一致"的切实可行、方便易解，学者们的讨论才真正具有意义。"言文一致"论需要"言文一致体"的证明。日中两国的语文改革者便不约而同由此及彼完成了这一转化，使"文体改良"、"文界革命"在各自的国家内相继产生。

在明治国语改良的热潮中，先后出现了物集高见的《言文一致》（1886）、林瓮臣的《言文一致歌》（1888）、山田美妙的《言文一致论概略》（1888）等重要的"文体改良"论著，把"言文一致体"的运用由散文扩大到诗歌和小说。风行一时的新体诗以自由使用"今言"相号召，小说中也出现了二叶亭四迷的《浮云》（1887—1888）、山田美妙的《繁茂的树丛》（1888）等堪称界碑的言文一致的作品。这些努力对"言文一致"运动的最后胜利具有决定性意义。而作为"言文一致体"基地的散文，变革的实践开始得更早。

明治初年，即有一些启蒙思想家使用口语文体进行写作，著名的如加藤弘之的《真政大意》（明治三年，1870年）等。其中努力最勤、坚持最久、影响最大的，则是福泽谕吉。福泽对口语作文有高度的自觉，他不满于幕府末期江户洋学界以汉文直译体译书的风气，"认为这无论如何也不能适用于今天"，决计加以改变。以后他追述自己对写作文体的考虑时说：

> ……在汉文的汉字当中插入"假名"，或把"俗文"中的"候"字去掉，两者都能在著译中使用，都能写成文章。但是，在汉文基础上写出的文章，就是加进一些"假名"，仍是汉文，仍然令人难以理解文意。反之，如果在"俗文"、俗语中去掉"候"字，则因其根本就是通俗文体，所以能够通用于民间。但是

为了弥补"俗文"不足之处而使用汉文，那就非常便利，所以决不可以丢弃汉文。写文章时则听其自然，不妨利用汉语词汇。俗文中插入汉语，汉语后面接以俗语，雅俗混杂一起，宛如冒犯汉文社会的圣地一样，使其文法紊乱。

他还学习白居易"老妪解诗"的办法，叫家里的妇女、小孩读他的草稿，如有不懂之处，随即加以改正。福泽一生从事各种著译，始终恪守"力求避免费解之词，而以平易为主"[①]的原则。他早在庆应年间（1865—1867）开始的打乱俗文和雅文界线的尝试，是带有示范意义的创举。福泽的写作，证明了他是一个善始善终、名符其实的启蒙学者。

福泽以通俗文体写作的情况，在晚清中国知识界也为人熟知。1903 年出版的《日本维新二大杰》[②]一书，即专列"文体"一节，照引了上述福泽谈其著译文体的一段文字，并称赞道："是实文体之达识，通俗之至要也。"作者对日本"是时毋论阁老学者，町人百姓，欲希进步之理想，必利用雅俗一致云"的事实也很感兴趣。对福泽谕吉极为推崇的梁启超，既有意做中国的福泽谕吉，"运他国文明新思想，移植于本国"，以"能左右我国"[③]，也必然有心学习福泽传布文明思想的写作方式。何况，从认识到"言文分而人智局"，"此性灵之浚发所以不锐，而思想之传播所以独迟也"[④]，自然会推进到以言文合一的著译为入手之处。于是，到日本以后，

① 《〈福泽谕吉全集〉绪言》，《福泽谕吉自传》，第 282、281 页。
② 湖南生编辑，《日本维新二大杰》，湖南编译社 1903 年版。
③ 《论学术之势力左右世界》，《新民丛报》第 1 号，1902 年 2 月。
④ 《新民说·论进步》，《新民丛报》第 10 号，1902 年 6 月。

"俗语文体"便成为梁启超"文界革命"新思想不可或缺的部分，而屡屡论及。

这一时期，梁启超不仅从进化论出发，主张改良文字，而且以之考究西方及日本的文体变迁，也得出"欧美、日本诸国文体之变化，常与其文明程度成比例"[①]的认识。就日本而言，这一历史的结论不限于古代日本学习汉文而发生的文体演变，倒更多地含指其时方兴未艾、引人注目的"文体改良"。梁启超关于"文体之变化"的确切涵义，在他论述文学的发展时，讲得更清楚：

> 文学之进化有一大关键，即由古语之文学，变为俗语之文学是也。[②]

据此，他批评严复"刻意摹仿先秦文体"的译著违背了进化法则，不利于"播文明思想于国民"。既然从言文分离的"古语文体"进化到言文合一的"俗语文体"显现了文明的发展，是历史的必然，又痛感"古语文体"在普及文明新思想中严重的阻碍作用，梁启超因而宣告：

> 夫文界之宜革命久矣！ [③]

中国文学史上，尽管宋元以来便有用"俗语文体"演述的白话小说，梁启超也肯定其为"祖国文学之大进化"的表征，但仍不满

---

① 《绍介新著·原富》，《新民丛报》第 1 号，1902 年 2 月。
② 《小说丛话》中饮冰语，《新小说》第 7 号，1903 年 9 月。实为 1904 年 1 月以后出版。
③ 《绍介新著·原富》，《新民丛报》第 1 号，1902 年 2 月。

足，仍然要求：

> 苟欲思想之普及，则此体非徒小说家当采用而已，凡百文章，莫不有然。[1]

只是由于梁启超英文不好，对西方文体缺乏体会，无从置喙，因而他的"文界革命"构想在很大程度上，便直接依靠了日本"文体改良"的提示。

而且，梁启超初到日本，正值日本的"文体改良"取得明显的成效，小说中的言文一致作品从 1898 年的 45%，又上升到 1899 年的 57%[2]，占了绝对优势。1900 年，"帝国教育会"里也设立了"言文一致会"。到 1902 年梁启超大力倡导使用"俗语文体"时，"言文一致体"在日本文学中的地位已经确立，不可动摇。而 1899 年梁启超在《夏威夷游记》中首次提出"文界革命"时所忽视的"俗语文体"，突然在三年后备受重视，这一思想变化过程，恰好与日本的"文体改良"发展进程，与梁启超对日本明治文化的了解日深是同步进行的，这绝非偶然。

但理论上的提倡与实践中的运用还不是一回事。有志"纯用俗话"著译的梁启超，真正握管落墨之时，却是心有馀而力不足，仍不得不"参用文言"[3]。造成"俗语文体"难以实行的原因，主要是"自语言、文字，相去愈远，今欲为此，诚非易易"[4]。习惯于用

---

① 《小说丛话》中饮冰语，《新小说》第 7 号。

② 据山本正秀的统计。参见《日本近代文学大事典》（日本东京：讲谈社 1977 年版）第四卷"言文一致"条，见该书第 141 页。

③ 《十五小豪杰》第四回批语，《新民丛报》第 6 号，1902 年 4 月。

④ 《小说丛话》中饮冰语，《新小说》第 7 号。

文言文说理论事、辨析精微的旧文人，一旦改用白话，等于另操了一副语言工具，自然处处不顺手，不达意。加之来自粤语区的梁启超，要改用非其母语的北方官话写作，因两种方言间的差异较大，更多了一重困难。倒是文言文是南北统一的书面语，写作时很少方言词语的顾忌。于是形成了"文界革命"论的"俗语文体"主张与"新文体"的"文俗并用"[1]现实之间的矛盾。

实际上，这种现象在日本"文体改良"中同样存在。"言文一致体"固然是"文体改良"的中心与最终归宿，但作家们对文体问题极为热心的关注，则使探索的范围更广，而出现各种文体纷然杂陈的景象。用中江兆民的话来说：

> 现在我们日本的文学，几乎有些象战国时代群雄割据的局面一样：有仿汉文体，有翻译（欧化）体，有言文一致体，有敬语体，有各种混用体。

中江兆民本人是赞成采用言文一致体的，认为将来"只有言文一致体是适当的"，但在当时，他还是承认上述"这些文体各有长短"，并逐一分析：

> 要想表现崇重典雅的风格，或描写慷慨悲壮的情况，以仿汉文体最为适当；要想达到委婉细腻，和充分透彻的目的，以翻译体或言文一致体为最好；要发挥优美的色彩，却是敬语体的专长。[2]

---

① 《十五小豪杰》第四回批语，《新民丛报》第 6 号，1902 年 4 月。
② 吴藻溪译：《一年有半、续一年有半》，第 25—26 页，北京：商务印书馆 1979 年版。

而他本人轰动一时的《民约译解》，却是用距言文一致精神最远的汉文写成，认识与实践的矛盾在此突出表现出来。

在文体意识高度自觉的明治作家中，发表过较多议论，并对梁启超有相当影响的是矢野文雄。他的《日本文体文字新论》（1886）持论平和，主张采取和汉混合体，在日本颇有影响。该书也漂洋过海，入藏康有为的书室，列入《日本书目志》，对康、梁了解日本的"国语改良""文体改良"情况有一定助益。矢野文雄的《经国美谈》后篇《自序》，也附有《文体论》^①一文，阐述了他对文体改良的看法及《经国美谈》一书所用的文体。

矢野认为，文体是不断变化、发展的，但须遵守一定的法则。他关于日本现时文体的分析，便与大大晚于他的中江兆民之言有很多相似之处：

> 今者，我邦之文体有四：曰汉文体，曰和文体，曰欧文直译体，曰俗语俚言体。而此四者各具长短。概而论之：悲壮典雅之场合，宜用汉文体；优柔温和之场合，宜用和文体；致密精确之场合，宜用欧文直译体；滑稽曲折之场合，宜用俗语俚言体。

正因为每种文体各有自己的表现特长与适用范围，在当时还不能互相取代，所以"杂用汉文、和文、欧文直译、俗语俚言四体，始能自由达意"，便成为他对文体改良的基本看法。杂用四体而

---

① 伊藤整等监修：《日本近代文学大系》第2卷《明治政治小说集》，第451—452页，日本东京：角川书店1974年版。

成之新体虽然看似"驳杂放逸"，矢野却肯定其能充分达意，最切时用，故足以传后。尽管有此认识，矢野本人对其《经国美谈》一书的文体设计并未完全实现。据他自己说：写作前篇时，本来"决意兼用四体"，但对日本旧时小说所用的"俗语俚言体"不习惯，"故转觉行文梗涩"，于是"任凭所用诸体之偏倚，听其自然"，不再勉强求全。比及写作后篇，已是"唯勉力写尽胸中之意，不拘泥于文体之别"，放弃了最初自觉的文体追求。这样，"及稿成，点勘文字，欧文直译体、汉文体占三分之二，和文体、俗语体居三分之一"。虽然四体皆存，可惜是"任意之文体"，只求写得方便、痛快，没有多少人为的努力在里头，也不太注意各体应用的场合了。这和梁启超翻译《十五小豪杰》，"原拟依《水浒》《红楼》等书体裁"，"但翻译之时，甚为困难"，为"贪省时日"[1]，只得放弃初愿很相像。

相像还不止这一点。矢野文雄主张"杂用四体"，梁启超的"新文体"也号称"杂以俚语、韵语及外国语法"[2]；矢野看重"欧文直译体"，梁启超也对"仿效日本文体"[3]极有兴趣。这后一个相像更重要，因为在梁启超的"文界革命"思想和"新文体"实践中，移用日本新近创造的新名词，在旧文体的改造方面最具实效。而其"仿效日本文体"的努力，也可视为日本明治作家仿效西洋文体而创造的"欧文直译体"的翻版。有这一层关系，矢野文雄对"欧文直译体"的看法便不容忽视。

矢野文雄尽管承认同时并存的四种文体"各具长短"，但并非没有偏向。四体之中，他对"欧文直译体"尤为重视：

---

[1] 《十五小豪杰》第四回批语，《新民丛报》第 6 号，1902 年 4 月。

[2] 《清代学术概论》第 25 节，《专集》第 9 册，上海：中华书局 1936 年版。

[3] 《论中国人种之将来》，《清议报》第 19 册，1899 年 6 月。

随社会之累年发展，人事益趋繁密。故以往代旧时之文体，叙记现世之新事物，甚感局束。故将欧美之进步、且叙记繁密世事毫无遗漏之语法、文体移入，用于我现代文，极感便宜。余深信，日后欧文直译体侵入我现代文势必益盛。[①]

这一认识在当时很有眼光。实际上，"言文一致体"的内涵并不应只包括"俗语俚言体"一种。提倡者的目的既然是为了能够更精确地表现现代生活与情感，就不能满足于向传统的、日常应用的俚言看齐，而是需要提高口语。社会生活的进步、日趋复杂，人类情感的丰富、日趋细腻，都要求在"言文一致体"中得到反映。特别是明治维新以后，日本的社会生活、人们的思维方式已发生巨大的变化，新事物、新思想层出不穷，并进入千家万户，成为日用必需，作为其载体的"欧文直译体"也就具有了融进"言文一致体"的现实可能性。

不独矢野文雄有此觉悟，以标榜"言文一致体"小说出名的山田美妙，在创作中也确实自觉地这样做。本间久雄曾分析山田"言文一致体"的特征，列出四点：第一便是运用当时欧文体的句读法，引进标点符号；第二是插入当时的流行语，即接受西方文化而产生的新词语；加上其他两点：大量使用拟人法和大量采用倒置法及咏叹法[②]，就使山田的"言文一致体"带有当时"欧文直译体"所独具的新异感。可以认为，山田美妙的"言文一致体"

---

① 《文体论》，《日本近代文学大系》第2卷《明治政治小说集》，第451—452页。
② 《明治文学史》上卷，第468—469页，日本东京：东京堂1938年版。

是在西方文体影响下出现的一种新文体，并且是在新的语言环境中形成的新的言文合一文体，它与传统的"俗语俚言体"已有很大区别。因而，它并不排斥包括欧文直译在内的其他文体，恰恰相反，它倒是以兼容众长而专美于前的。本来，言文一致就是一个双向的运动过程，既包括书面语通俗化靠拢口语，也包括口语文雅化靠拢书面语。片面地强调单方面移位，是不正确也不可能的。据此看来，我们也就不应对梁启超在文体改造方面的言行不尽统一过于苛责了，因为在"俗语文体"上虽然未能如愿，但在"新名词"的输入上尽可补其失而有馀。

可以肯定，在梁启超的"文界革命"论和"新文体"研究中，矢野文雄偏爱的"欧文直译体"应占有与福泽谕吉的"通俗文体"同样重要的地位。因此，这样的比较是有意义的：矢野文雄体会到，把欧美"语法、文体移入，用于我现代文，极感便宜"；梁启超也自称"好以日本语句入文"[1]，以之为输入新思想的方便途径。像矢野一样，梁启超认识到"社会之变迁日繁，其新现象、新名词必日出"[2]，外国新名词、欧化日化句子侵入汉语已是不可抗拒，中国传统文体势必要发生变革。梁启超以倡导"文界革命"与创造"新文体"及时而变，显示出敏锐、自觉的超前意识。而他与矢野文雄的诸多相像，特别是他与矢野相熟，且在《清议报》连载其《经国美谈》，有机会读到他书中附录的《文体论》一文，这样，断定在"文界革命"论和"新文体"的形成中，矢野文雄也有一份功劳，起码是潜在地影响了梁启超，应当是可信的。

---

① 《汗漫录》（即《夏威夷游记》），《清议报》第 35 册，1900 年 2 月。
② 《新民说·论进步》，《新民丛报》第 10 号，1902 年 6 月。

三

如果说，前面的影响分析在直接的实证材料上尚有不足，更多平行比较的成分，那么，下面将要展开的梁启超与德富苏峰的关系研究，则可以弥补这一欠缺。

可以这样说，在"文界革命"思想的产生与"新文体"的创行过程中，给予梁启超影响最大的日本文学家，非德富苏峰莫属。多年以后，1917 年德富苏峰漫游中国，人们仍然记得这一段文字上的姻缘。一位接待德富苏峰的中国官员即对他说：

> 您是日本的梁启超，而梁启超是中国的德富苏峰，
> 这是我等同人间的评判。[1]

这种类比不仅是因为德富苏峰与梁启超都是各自国家中最有名望的政论家，而且两人在许多方面，特别是文风上确实极为相似。试做比较：

内田鲁庵回忆德富苏峰初出茅庐的情景，说：

> 德富苏峰挈《将来之日本》从故乡上京，突入帝都
> 之论坛，续以创刊《国民之友》文名隆隆，势压天下。
> 当时青年之于苏峰皆望风倾倒，《国民之友》殆有号令天
> 下思想界之势。[2]

---

① 德富苏峰：《支那漫游记》，第 127 页，日本东京：民友社 1918 年版。
② 《回忆中的人们》，《日本近代文学大系》第 60 卷《近代文学回想集》，第 189 页，日本东京：角川书店 1971 年版。

高山樗牛也称赞：

> 苏峰之文乃才子之文也。以一介无名之书生，忽以文体风靡天下，非奇才无所能为也。[1]

这同孙宝瑄誉梁启超为"奇人"不谋而合：

> 梁一区区书生，当甲午乙未之交，不过康门小徒耳。自充《时务报》主笔，议论风行，名震大江南北。[2]

二人皆以文字一鸣惊人，声誉鹊起。

并且，二人的声望均是历久不衰。1932 年德富苏峰七十寿诞之时，人们仍称颂他：

> 苏峰德富先生，以言论文章风动天下，亘明治、大正、昭和三代，为我著述界之盟主，于今五十年。……天下之所以皆推先生为当代第一人，仰为文坛之泰斗，岂偶然哉！[3]

1929 年梁启超英年早逝后，人们也哀悼他：

---

① 《现代文章之我见》，《现代日本文学全集》第十三编《樗牛·嘲风·临风集》，第 278 页，日本东京：改造社 1928 年版。

② 《忘山庐日记》（上），第 563 页，上海古籍出版社 1983 年版。

③ 《〈苏峰先生古稀记念帖〉序》，《苏峰先生古稀记念帖》，日本东京：民友社 1932 年版。

就文章论，戊戌迄今三十年来，自士夫以至妇人孺
子，外薄四海，惟先生为能摄取其思想，而尽解其束缚，
一其视听，此诚诱导国人，迎吸世界新法第一步最有价
值之工作也。……要之，近世纪文章震力之大，应声之
远，谁则如之？ [1]

这些赞语都出自友朋之口，难免有溢美之处，但大体与事实相去
不远。

二人又不专以政论闻名，尽管使德富苏峰成名的《将来之日
本》、使梁启超成为"舆论界之骄子"的《变法通议》都是名传遐
迩的政论著作，可是，二人既以报人身份执笔为文，在各自所办
的报纸《国民新闻》、综合性杂志《国民之友》与《清议报》、《新
民丛报》上，便不限于发表政见，而旁涉哲学、教育、历史、文
学等广博的领域，其最终目的，又都在推进改良事业。德富苏峰
在 1890 年创办《国民新闻》，"是为了以此报纸达致改良之目的"；
自称："当时予最热心者：第一，政治改良。第二，社会改良。第
三，文艺改良。第四，宗教改良。" [2] 而梁启超"联合同志，共兴
《清议报》"，目的也在"为国民之耳目，作维新之喉舌" [3]，故倡导
"改良群治"（包括"新道德""新宗教""新政治""新风俗"等方
面）、"文学革命""史界革命"等。

---

① 黄任之《挽梁任公》诗自注。1929 年 2 月 18 日上海《新闻报》载《静安寺路公祭梁任
公先生记》（见《梁启超年谱长编》第 1207 页，上海人民出版社 1983 年版）及 1929 年中国宪
政党驻美国总支部印送之《梁卤会》，所记文字略有不同，此处参校二本而定。
② 《苏峰自传》，第 265 页，日本东京：中央公论社 1935 年版。
③ 《横滨〈清议报〉叙例》，《清议报》第 1 册，1898 年 12 月。

不但如此，两人在文风上也接近，甚至连缺点都相同。高山樗牛 1901 年评论说：

> 尔来，苏峰之文与时共进，尽管其冗漫渐变为简劲，其浮夸渐变为沉重，其稚气渐变为老成，但毕竟依然为才子之文也。①

而梁启超，批评家在赞誉其"文章骏发""才气横溢"之时，也大多指出其早年作文，"喜为浮夸空疏豪宕激越之语"②，"时有芜句累语"，"他的魔力足以迷惑少年人，一过了少年期，却未免要觉得他的文有些浅率"③；而且还承认，他中年以后的文风渐变，"已臻洁净，朴实说理"④，"归于恬淡平易"，这原因在"年龄"，在"时代"，也在"他本人的著作态度"⑤。

与德富苏峰文风的相似，有气质、时代、经历大致相同作基础，却也有有意识地效法、靠拢在里头。冯自由即尖锐地道破了这层关系：

> 苏峰为文雄奇畅达，如长江巨川，一泻千里，读之足以廉顽立懦，彼国青年莫不手握一卷。……其门人尝汇辑报上短评，分别印成小册数十卷，号国民小丛书，由民友社出版。各书店所刊各类小丛书以民友社为最风

---

① 《现代文章之我见》，《现代日本文学全集》第十三编，第 278 页。
② 胡先骕：《评胡适〈五十年来中国之文学〉》，《学衡》第 18 期，1923 年 6 月。
③ 郑振铎：《梁任公先生》，《中国文学论集》，第 168 页，上海：开明书店 1934 年版。
④ 钱基博：《现代中国文学史》，第 385 页，长沙：岳麓书社 1986 年版。
⑤ 郑振铎：《梁任公先生》，《中国文学论集》，第 145—146 页。

行，尤与中国文学之革新大有关系。盖清季我国文学之革新，世人颇归功于梁任公（启超）主编之清议报及新民丛报。而任公之文字则大部得力于苏峰。试举两报所刊之梁著饮冰室自由书，与当日之国民新闻论文及民友社国民小丛书——检校，不独其辞旨多取材于苏峰，即其笔法亦十九仿效苏峰。①

这样评说有因政见不同，过于贬低梁启超的地方，所谓"大部得力于苏峰"可以检讨，但这是"量"的问题；至于指明德富苏峰对梁启超影响很大，则是事实，梁启超本人也不讳言。

出于敬仰之情，梁启超给德富苏峰写过两封信，时间在1899年和1903年②，这正是"文界革命"主张和"新文体"实践的发轫期与成熟期。信中所述"日诵《国民新闻》，如与先生相晤对也"（《致德富苏峰书》[1903年2月5日]），正是德富苏峰文字对梁启超有潜移默化之功的实证。并且，梁启超首次提出"文界革命"的想法，便直接得力于德富苏峰著作的启示。在1899年底横渡太平洋、远游夏威夷的船上，梁启超随身携带了不少德富苏峰的书，并认真研读一过。从船上开始写的日记《汗漫录》（又名《夏威夷游记》）于12月28日有如下记载：

> 读德富苏峰所著《将来之日本》及"国民丛书"数

---

① 《日人德富苏峰与梁启超》，《革命逸史》第四集，第252页，北京：中华书局1981年版。

② 两信原件存日本同志社大学"德富文库"，承蒙河野仁昭先生惠寄影印件。又，前信未署年月，据坂出祥伸《梁启超著述编年初稿》，推定为1899年作。

种。德富氏为日本三大新闻主笔之一，其文雄放隽快，善以欧西文思入日本文，实为文界别开一生面者，余甚爱之。中国若有文界革命，当亦不可不起点于是也。苏峰在日本鼓吹平民主义，甚有功，又不仅以文豪者。①

梁启超对德富苏峰的书不仅读了，而且深有领会，对其文风的评语也与冯自由一般无二。更进一步，他还联系中国的文坛状况，思考起中国的"文界革命"问题。

这里，为了解释梁启超的话，也为了交代梁启超推崇德富苏峰的背景，补充说明其时在日本的中国知识分子对德富苏峰的熟悉程度，有必要再引两段冯自由的话：

在日本明治年间，东京各日报有三大权威：一为万朝报社长黑岩周六，二为二六新报社长秋山定辅，三即国民新闻社长德富苏峰。而苏峰物望尤有号召各级社会之能力。

考德富苏峰原名猪一郎，东京国民新闻社长。于明治维新初年即已藉藉有名，号称新文学界之权威。其宗旨在于提倡国民独立自主之精神，数十年如一日，与庆应义塾大学校长福泽谕吉同受彼国人士之景仰。日人对于所崇拜之本国人或外国人，惯以"翁"字尊之，如称华盛顿曰华翁，拿破仑曰拿翁，托尔斯泰曰托翁等是。日人之被称曰"翁"，亦只数人。维新功臣

---

① 《汗漫录》，《清议报》第 36 册，1900 年 2 月。

西乡隆盛曰南洲翁，福泽谕吉曰福翁，浪人派首领头
山满曰头山翁。德富苏峰亦在称翁之列，故曰苏峰翁。
笔者于民国前十四年戊戌留学东京时已熟耳其名。即
凡涉足彼都之留学生，亦少有不读过苏峰著之国民小
丛书也。①

证之以德富苏峰的《支那漫游记》，曹汝霖、张继都曾亲口对他
说，留学日本时，他们都是"'国民丛书'的爱读者"。"'国民丛
书'对支那新知识诸君有所贡献"，连德富苏峰也"颇为意外"②。
由爱读进而翻译，德富苏峰"国民丛书"中的《单刀直入录》，
在晚清便有了更名为《新国民谭》（汤济沧译，上海：开明书店
1903 年版）和《铁血主义》（王钝译，上海：通雅书局 1903 年
版）③的两种译本。德富苏峰的文章不仅风行日本，而且风行留
东的中国知识界，对包括梁启超在内的中国先进分子当然会有
影响。

　　爱读的缘故，受影响的方面，除了启人心智的明快议论外，
就是文章本身的独特风格了。德富苏峰对自己的文章自成一体很
自豪，晚年还在说"予之文体为予创成，予之文章为予之创作"④。
其文章特有的魅力便是从别具一格的文风中产生。因此，誉德富
苏峰为日本"新文学界之权威"的，就不只是日本人，也有爱读
其著作的中国知识者。由民友社大批出版的德富苏峰作品给人的
深刻印象，甚至使民友社的其他出版物也沾了光，都获得极高评

---

　　① 《日人德富苏峰与梁启超》，《革命逸史》第四集，第 253、252 页。
　　② 德富苏峰：《支那漫游记》，第 119 页，日本东京：民友社 1918 年版。
　　③ 此书误将原作者署为德富健次郎（即德富芦花，为德富苏峰的弟弟）。
　　④ 《苏峰自传》，第 265 页，日本东京：中央公论社 1935 年版。

价。如《新民丛报》推荐《十九世纪外交史》（平田久著，张相译）时，便以"原本为日本民友社出版"招徕读者，提高声价，并评论道：

> 民友社著译之书，其论断常有特识，其文体为日本文界之革命军，余最爱之。[1]

最后一句话透露出，这篇未署名的书评执笔人似是梁启超，我们都还记得他对德富苏峰之文有"余甚爱之"的赞语。上述对民友社著译之书的评断，自然包含了对德富苏峰著作的感受，表明梁启超已经感觉到，德富苏峰的文体是对日本传统文体的革新。从推许"其文体为日本文界之革命军"，便不难联系到中国的"文界革命"。借"日本文界之革命军"的力量推动中国的"文界革命"，以德富苏峰的文章为中国"文界革命"的样板，正是顺理成章的思考。这就是时论公推为"我国文界革命军之健将"的梁启超[2]，同时又荣膺"中国的德富苏峰"称号的一个原因。也正是通过梁启超，德富苏峰才与中国的文学革新发生了关系，对中国的"文界革命"产生了具体而深入的影响。

德富苏峰的书在居留日本的中国知识分子中大受欢迎，并影响于晚清的"文界革命"，还有一个与日本的爱读者完全不同的特殊缘由。议论、文风的欣赏是可以共同感受到的，而德富苏峰所采用的文体，却为初通日文门径的中国读者提供了专门的便利。周作人评《和文汉读法》以"颠倒钩转其位置"教读者学日文时

---

① 《绍介新著·十九世纪外交史》，《新民丛报》第 18 号，1902 年 10 月。
② 《新民丛报》第 25 号（1903 年 2 月）刊登《饮冰室文集》广告，云："饮冰室主人为我国文界革命军之健将，其文章之价值，世间既有定评，无待喋喋。"

即指出：

> 本来和文中有好些不同的文体，其中有汉文调一种，
> 好像是将八大家古文直译为日文的样子，在明治初期作
> 者不少，如《佳人之奇遇》的作者柴东海散史［士］，
> 《国民之友》的编者德富苏峰，都写这类的文章，那样的
> 钩而读之的确可以懂了，所以《和文汉读法》不能说是
> 全错。①

"和文汉读法"的适用范围仅限于仿汉文体，用于和文体、俗语俚
言体等便不灵通。创造此法的梁启超对此应是心中有数。而用这
种方法来寻找合适的读物，汉学修养深、使用汉文调的德富苏峰
的文章自然入选。冯自由也证实说：

> 苏峰长于汉学，其文辞只须删去日语之片假名而易
> 以虚字，便成一篇绝好之汉文。②

何况，其时在日本，德富苏峰的书正走红。既方便阅读，又与日
本的读书热合拍，何乐而不为！

　　不过，这只是中国人眼里的苏峰文体，在日本读者看来，感
觉却截然两样。仿汉文体在日本毕竟是由来已久，用者众多，不
足为奇，德富苏峰之成为"新文学界之权威"，原不靠此体，而是
另有创获。其实，在明治年间的日本，德富苏峰之为人称道，恰

---

① 《和文汉读法》，钟叔河编《知堂书话》（上），第360页，长沙：岳麓书社1986年版。
② 冯自由：《日人德富苏峰与梁启超》，《革命逸史》第四集，第253页。

恰是由于他采用了新兴的欧文直译体，并成为这一文体的代表作家。中江兆民在品评明治时期最优秀的时事评论家时，对德富苏峰的文体特点作了这样的概括：

> 德富苏峰的直译法，大概是他自己创造的，一时支配了日本全国的文坛。[①]

与后面讲到的朝比奈碌堂和陆羯南的"仿汉文的文体"相对照，此处的"直译体"，指的正是前面提到的"翻译（欧化）体"，也即是矢野文雄所说的"欧文直译体"。

客观说来，当时中日两国读者的感觉都不错，只是受了各自文化背景的制约，才出现了盲点。日本读者并非对德富苏峰的汉文调毫无意识，只是觉得不值一提，而被其欧文直译体的新奇吸引了全部注意力；梁启超等中国的爱读者也不一定对德富苏峰的欧化笔法全无认识，评"其文体为日本文界之革命军"，即已隐约透出个中消息，却是能借助汉文调解读其书乃当务之急。而超越了历史造成的短视，后来的日本评论家用"以欧文脉入汉文调"[②]评定德富苏峰的文体，中国的评论家也认识到，"他使用的文字，独创一格，能将从汉文得来的丰富的文字，巧妙应用，且以西文体为骨，成为一种民友社的新文学"[③]，便是一种较为准确的分析和鉴赏。

不管怎么说，这种以"欧文脉"为主的文体在当时还是很有新意。德富苏峰用这一新创的欧化文体，宣传以西方基督教为背

---

① 吴藻溪译：《一年有半、续一年有半》，第 38 页，北京：商务印书馆 1979 年版。
② 杉山平助：《文艺五十年史》，第 233 页，日本东京：鳟书房 1943 年版。
③ 谢六逸：《日本文学》，第 204 页，上海：开明书店 1929 年版。

景的平民主义，取得了很大成效。而论及他对梁启超的影响，在"文界革命"思想上主要是起了提示作用，并引发了梁启超对偏于内容改造的"欧西文思"的考虑，因而在文章的语体方面，梁启超要求的仍是"俗语文体"。但仅仅如此，还显示不出德富苏峰在晚清"文界革命"中的重要性，因为内容的改造固然是第一位的，却与政治革新联系更密切，而文体的改造在文学革新中更有意义，更值得重视。恰恰是在梁启超借助"新名词"创造"新文体"的过程中，德富苏峰"汉文调、欧文脉"的文体作为最佳范本，发挥了特殊的功效。说梁启超"笔法亦十九仿效苏峰"，正是这种自觉学习的表现。成为"文界革命"的具体实践、体现其成果的"新文体"既然从德富苏峰的文体借鉴良多，或者反过来说，德富苏峰"汉文调、欧文脉"的文体既已深深侵入梁启超的"新文体"，"此苏峰文学所以间接予我国文学之革新，影响至巨"① 的论断便完全可以成立了。

四

梁启超对德富苏峰文体的模仿，有一事最足以证明。其《饮冰室自由书》中有《烟士披里纯（INSPIRATION）》一篇，便是出自德富苏峰"国民丛书"第四册《静思馀录》② 中的同名文章。两相对勘，文字相差不多。不同之处主要在梁文对苏峰文有删节，另有个别处做了改动。如苏峰文引日本古歌，梁文改作引意思相近的中国古语；苏峰文举日本和尚文觉、西行为例，梁文统

① 冯自由：《日人德富苏峰与梁启超》，《革命逸史》第四集，第 252 页。
② 德富苏峰：《静思馀录》，日本东京：民友社 1893 年版。

一以玄奘事迹代之。这种更动无非是入乡随俗，把洋典故变成土典故，便于读者了解，不必作者饶舌作注。因此，充其量，梁文只是译述，算不上著作。但有意思的是，梁文并不注明出处，一般人也只认作梁启超自己的作品，如胡适在解释"烟士披里纯""直译有'神来'之意"时，便提到："梁任公以音译之，又为文论之，见《饮冰室自由书》。"[①]并不知道其为译文。革命派在与改良派进行政治论争时，也不忘抓住此点，顺便偶刺之，直斥之为抄袭。如一批倾向革命的留日学生创办的《大陆报》，便曾以"新民之旧友"的名义，发表《与〈新民丛报〉总撰述书》[②]，嘲讽梁启超：

> 足下之《饮冰室自由书》，如《烟斯披里纯》等，皆出自日本德富苏峰君之"国民丛书"中，振笔直书，一字不改，而自题曰任公著。其他各文中如此类者，不遑枚举。若是则足下不过为新闻记者中之一乞儿、一行窃者而已，竟敢厕身于当世著作之林耶！

在指出事实的同时，也夹带了不少意气用事的成分。

应该说，梁启超秘而不宣、偷抄德富苏峰之作确实不好，所以他对《大陆报》此文未作回答。然而，抄而使人不知、不疑（知情者除外），则证明了二人在文体、风格上的相近。在梁启超本人，读德富苏峰著作时，更多地倒可能是一种"先得我心"的感觉，不觉忘乎所以，移花接木，借用作自己的文章。抄袭或曰

---

① 《送梅觐庄往哈佛大学》自注，《尝试集》，第186页，上海：亚东图书馆1922年版。
② 《大陆报》第6期，1903年5月。

借用的行为，在当时也并非梁启超一人独有，实在是一种普遍的现象。如邹容的《革命军》，便有不少段落与梁启超及《国民报》的文章字句相似，观点的相同更是常事①。在一个新知识、新思想竞相输入的时代，许多知识分子往往以得风气之先为荣，一有新说，便争相传述，并不顾及"版权所有"。这在以普及为主的社会中，可说是一条不成文的法规。何况梁启超早已有言在先，其《饮冰室自由书·叙言》即声明，其中有"或抄书"②所得，充分体现了"自由书"的精神。

其实，梁启超在"或抄书"时还是有分别的，译述的可以算是自己的作品，而照译的则注明出处。点勘《饮冰室自由书》，《清议报》及《新民丛报》在此栏目下共刊文六十四篇③，其中标明译自德富苏峰的便有三篇，即《无名之英雄》、《无欲与多欲》和《机埃的格言》。而同时抄入的其他日人文章，仅有《草茅危言》篇中深山虎太郎之文与《自助论》篇中中村正直的序，以《饮冰室自由书》的篇数计，则远逊于德富苏峰。这个统计还不包括如《烟士披里纯》之类改头换面的译述以及受德富苏峰启发而另出己意的文章。后者如《忧国与爱国》④，在德富苏峰的"国民丛书"第十一册《单刀直入录》⑤中，也有同名短文一篇。二文在开头部分颇为相像，都采用了问答体。德富苏峰文作：

---

① 参阅隗瀛涛、李民：《邹容传论》，《邹容文集》，重庆出版社 1983 年版。

② 《饮冰室自由书·叙言》，《清议报》第 25 册，1899 年 8 月。原刊无小节标题。

③ 《清议报》第 25—26 册所刊十五则无题，据《清议报全编》断为八篇；又，《忧国与爱国》重出，《自助论》与《自助论序》分为二题，俱以一篇计。后收成《饮冰室自由书》一书时，篇目有增删。

④ 《清议报》第 33 册，1899 年 12 月；又，《新民丛报》第 1 号，1902 年 2 月。

⑤ 德富苏峰：《单刀直入录》，日本东京：民友社 1898 年版。

忧国家者曰："余忧国家之前途，故纵论国家之弊害。"既纵论矣，何为友［反］对于改善者乎？曰："余以忧国家故。"

爱国家者曰："余爱国家，故鼓吹国民之所长。"既鼓吹矣，何为自处于卑下乎？曰："余以爱国家故。"①

梁启超文作：

有忧国者，有爱国者。爱国者语忧国者曰："汝曷为好言国民之所短？"曰："吾惟忧之之故。"忧国者语爱国者曰："汝曷为好言国民之所长？"曰："吾惟爱之之故。"

虽然下文的发挥各自不同，但从文章作法看，梁文显然受到了德富苏峰文章的暗示。德富苏峰对梁启超《饮冰室自由书》的影响之大，于此可见。

由于偏爱而每每情不自禁抄译德富苏峰之文，在当时曾被人讥为"拾德富苏峰等一二唾馀，以实《自由书》"②，这种情况表明了一种可能性，即《饮冰室自由书》的写作，本身也借鉴了德富苏峰的著作。《饮冰室自由书》开始刊出是在 1899 年 8 月，《叙言》中讲到该书之作，是因"自东徂以来，与彼都人士相接，诵其诗，读其书，时有所感触"。而梁启超所接之彼都人士中，便有德富苏峰；所读之书，也有德富苏峰的"国民丛书"。梁启超

---

① 此处用汤济沧译《新国民谭》，上海：开明书店 1903 年版。
② 《敬告中国之新民》，《大陆报》第 6 期，1903 年 5 月。

在这一年给德富苏峰写信，叙及因"久仰高名"，特具馔邀见一叙，即可为证明。而"国民丛书"其时在日本读书界及居留日本的中国知识分子中受欢迎的情况又一如前述，加之德富氏汉学修养深，文中常引用中国古书典故，如《烟士披里纯》中即摘录了《史记·李将军列传》中李广射石、赵翼《廿二史札记》中论刘备以及苏辙《上枢密韩太尉书》中论文三段汉文，至于点到即止的用典还不算，这也为梁启超阅读、袭用其文提供了极大方便。以上种种缘由使我们有理由相信，梁启超读其书时所生发的"感触"，也正好可以顺便借用"国民丛书"不拘一格的杂文形式表达出来。本来从内容的接受转到形式的移用，其间并无困难，何况，德富苏峰的随感只有借用"国民丛书"类型的杂文，才能完美表现。其文章在日本文坛上独树一帜，影响于大众的，自然也就不单是精彩的议论，还包括新颖的文体了。因而，《饮冰室自由书》所选择的杂文形式与杂文风格，便与德富苏峰的"国民丛书"有很深的关系。

德富苏峰的"国民丛书"称得上真正意义上的杂文，其中有人物评论，如《人物管见》《人物偶评》；有读书感想，如《读书馀录》；有文学杂论，如《文学断片》《文学漫笔》；有山水游记，如《自然与人》；有时事批评，如《经世小策》；有修养之道，如《家庭小训》《处世小训》。与之同类的文章，我们在《饮冰室自由书》中几乎都可以找到。并且，"国民丛书"的写法也可以借用梁启超对其《饮冰室自由书》体例的说明来概括，是"或发论，或讲学，或记事，或抄书"（《饮冰室自由书·叙言》）。其中虽然有正经八百的长篇大论，但更有特色、更引人注目的却是像《单刀直入录》《寸铁集》这样耐人寻味的精制短文。前书是清末唯一译介进来的德富苏峰论说集，且有两种版本，正好能够表明中国知识界的欣赏口味。于是,《饮冰室自由书》中也就不但有了像《论强权》这样完全可以列入"本馆论说"栏目的正论,而且出现了在中国古代著作中很难见到的"片说"。

举例比较在给人以具体可感的印象方面往往是有益的。德富苏峰有《昔与今》一文,曰:

> 路途之上,往往闻旅馆之窗中,有尺八音、清乐调,是岂非衰世之声耶?
>
> 昔者旗下之士,着小纹羽织,语净璃[琉]璃,幕府遂亡。①

梁启超有《奴隶学》② 一文,曰:

> 偶读《颜氏家训》有云:"齐朝一士夫,尝谓吾曰:我有一儿,年已十七,颇晓书疏。教其鲜卑语,及弹琵琶,稍欲通解。以此伏事公卿,无不宠爱。吾时俯而不答。"呜呼!今之学英语、法语者,其得毋鲜卑语之类耶?今之学普通学、专门学者,其得毋弹琵琶之类耶?吾欲操此业者一自省焉,毋为颜之推所笑。

两文比较,虽然经过翻译,德富文仍保留着日本文学特有的清幽韵味,梁文则摧刚为柔,仍露筋节。但在这些小小不同之外,二文都以精警见长,则是最大的相似处。

---

① 此处用汤济沧译《新国民谭》,上海:开明书店 1903 年版。
② 《新民丛报》第 17 号,1902 年 10 月。

中国古代固然也有一字千金的短章，如王安石的《读孟尝君传》，被人称作"语语转，笔笔紧，千秋绝调"（沈德潜《唐宋八大家读本·读孟尝君传》评语），然而此类文章大多为结构完整的古文，只是用了浓缩术，更加讲究文章作法，故而显得精练、紧凑。梁文则随意性较大，似乎是乘兴而来，兴尽则止，不大顾及全篇的整体布局，因而更像是以片断面目出现的论说的一部分。无可否认，《饮冰室自由书》中有中国古代笔记的影子，可作短论非笔记文之长。倒是德富苏峰的《单刀直入录》等将其发挥到极致，并且三言两语成文，只从一点切入，不求全面立论，或者是按而不断，留下大片空白给读者回味。梁启超既称对"国民丛书""甚爱之"，对此特点也必然深有领会，以致影响到《饮冰室自由书》的行文。于是，以"下笔不能自休"[1] 著称的梁启超，在写作《自由书》时却一反常态，尽量长话短说，含蓄凝炼，在自由想的同时，相对限制了自由写的权利。

《饮冰室自由书》与梁启超的政论文之间又有难以分割的联系。散见于《自由书》各篇以雏型出现的思想，在其政论文中得到了系统的组织和充分的发挥，这就使德富苏峰对梁启超的影响得以从杂文扩展到政论文。

还是以《烟士披里纯（INSPIRATION）》为例。该文初刊于1901 年 12 月《清议报》第 99 册。同期在《饮冰室自由书》题下刊出二文，另一即《无欲与多欲》，注明为"德富苏峰氏所著论"，"录之而演其义"，而《烟士披里纯》一篇却只当是己作，未予说明。当然可能因同时登载的两文如均署德富苏峰名，未免显得滥竽充数，梁启超本人只做了文抄公，不够光彩，但还有其

---

[1]《严几道与熊纯如书札节钞》（十八），《学衡》第 8 期，1922 年 8 月。

他的原因存在。梁启超把德富苏峰在此文中表达的思想确确实实当成了自己的思想，因而在1902年4月发表于《新民丛报》第5号的《新民说》之一章《论进取冒险》中，又再次挪用了《烟士披里纯》中的话。梁启超论冒险精神的产生根源有四，曰生于希望，生于热诚，生于智慧，生于胆力。其论"生于热诚"的一段文字，开头便引《史记·李将军列传》中李广射石文字，随后发论道：

> 而深知夫天下古今之英雄豪杰、孝子烈妇、忠臣义士以至热心之宗教家、政治家、美术家、探险家，所以能为惊天地泣鬼神之事业、震宇宙而昭苏之者，其所得皆有由也。西儒姚哥氏有言："妇人弱也，而为母则强。"夫弱妇何以能为强母，唯其爱儿至诚之一念，则虽平日娇不胜衣，情如小鸟，而以其儿之故，可以独往独来于千山万壑中，虎狼吼咻，魍魉出没，而无所于恐，无所于避。大矣哉！热诚之爱之能易人度也。

后面又说：

> 若是者，莫之为而为，莫之致而至，岂惟不见有人，并不见有我焉。无以名之，名之曰"烟士披里纯"Inspiration。"烟士披里纯"者，热诚最高潮之一点，而感动人、驱迫人使上于冒险进取之途者也。

这些话在梁启超译述的《烟士披里纯》中大体都可找到，很多句子（引文中划线部分）还是一字不改地照搬，德富苏峰的文章与梁启超所论述的问题倒也自然地融为一体。

至于袭其句意、变换词句的例证也不少。如德富苏峰论英雄，以为是无数无名英雄所造成：

> 彼英雄者，恰如金刚石，观来虽仅一块，分拆之则实由多数之同质、同角度、同分子的阿屯体而成者也。①

梁启超指称"泰西政治之美"，在于国民文明程度普遍较高，"常不待贤君相而足以致治"，也用了大致相近的比喻：

> 譬诸盐有咸性，积盐如陵，其咸愈釀。然剖分此如陵之盐为若干石，石为若干斗，斗为若干升，升为若干颗，颗为若干阿屯，无一不咸，然后大咸乃成。②

这种稍加变化的袭用虽不一定出于高度自觉，但总有潜移默化的因子在③。

其文体也受到德富苏峰的濡染。如田口卯吉评德富氏《十九

---

① 《无名之英雄》，《清议报》第 37 册，1900 年 3 月。

② 《新民说·论新民为今日中国第一急务》，《新民丛报》第 1 号，1902 年 2 月。

③ 顺便提一下，一些德富苏峰感兴趣的问题，梁启超也饶有兴致。其荦荦大者，如《单刀直入录》中文译者汤济沧注意到："是书于公德上反覆注意，诚我国民之药石也。"（《新国民谭·例言》）梁启超的《新民说》中便专有一节《论公德》（《新民丛报》第 3 号，1902 年 3 月），认为："我国民所最缺者，公德其一端也。""知有公德，而新道德出焉矣，而新民出焉矣。"因而其《新民说》以下各节即以此为纲，展开论述。"苏峰在日本鼓吹平民主义，甚有功"（梁启超《汗漫录》），梁启超到日本后，也逐渐由先前的纵论以圣君贤相为本位的"变法维新"，转向阐释以国民思想为主体的"新民之道"。其论英雄也多仿德富苏峰之意，呼唤"先用力以造出此无名之英雄"（《无名之英雄》），下断语曰"英雄者不祥之物也，人群未开化之时代则有之，文明愈开，则英雄将绝迹于天壤"（《文明与英雄之比例》，《新民丛报》第 1 号，1902 年 2 月），都是平民主义思想的流露。

世纪之青年及教育》一书"文辞活动,比喻艳绝"①,中江兆民评其
《将来之日本》"文辞亦婉宕,大与世估屈难句者异科"②,而梁启
超的新体政论文也以善用譬喻、平易畅达为特点。德富氏文中好
引用英文诗,梁启超尽管英文程度不佳,在《新民说·论进取冒
险》中却也抄录了一段英文的《少年进步之歌》。尤其是德富苏峰
"汉文调、欧文脉"的文体格局,对梁启超有更多启示。以《变法
通议》与《新民说》这两篇分别作于去国前、后的名文互相比照,
李肖聃曾有颇为中肯的评议。他评《变法通议》:

> 其文出入魏晋,工丽大类范蔚宗,亦效龚自珍为幼
> 眇自喜之词,旁出陈同甫、叶水心、马贵与诸人之风,
> 指陈世要,一归平实,间杂激宕之词。

评《新民说》:

> 词艳而气雄,语长而意重,论锋所至,杂以谈嘲,
> 间用日本俗语入文。③

其文风改变的取向,在对梁启超有影响的日本作家中,显然是贴
近德富苏峰。一些形式上的革新,如黄遵宪在"变文体"要求中
所列举的"最数"(即以数目字标清论点)、"倒装语""附表附

---

①《〈将来之日本〉序》,《现代日本文学全集》第四编《德富苏峰集》,第55页,日本东京:
改造社 1930 年版。

②《〈将来之日本〉再版序》,《现代日本文学全集》第四编《德富苏峰集》,第53页。

③《星庐笔记》,第37页,长沙:岳麓书社 1983 年版。

图"① 等，在梁启超赴日后的论文中也俯拾即是。虽不必全盘归功于德富苏峰，却也有他的一份功绩。即如长比的运用，胡适、钱玄同等人曾深刻地指出八股文对梁启超的影响②，诚为确论。可是，另一方面的情况也不可忽视：在国学根底之上，也掺合进若干外来成分。德富苏峰的文章即好用长对。如《嗟乎！〈国民之友〉诞生矣》中的一连串对句：

> 所谓破坏的时代渐去，建设的时代将来；东洋的现象渐去，泰西的现象将来；旧日本之故老乘去日之车渐退出舞台，新日本之青年驾来日之马渐进入舞台：是实可谓明治二十年之今日，我社会于冥冥之中而一变。③

这种来自日本的新刺激，对于梁启超的选择也不无助益。

除杂文与政论文外，"新文体"运用的另一重要领域为传记文。梁启超居日后，其传记的写作也面目一新，新式评传取代了旧体纪传。改变开端于写于 1901 年的《李鸿章》(一名《中国四十年来大事记》)与《南海康先生传》二作。恰恰在著者自称"此书全仿西人传记之体"④的《李鸿章》中，我们又发现了德富苏峰无所不在的踪影。

既作评传，在人物生平的事实叙述外，还要有评议，才是正格。梁启超在说明何谓"全仿西人传记之体"时，即明言其书

---

① 《致严复书》(1902 年)，《严复集》第 5 册，第 1573 页，(北京)中华书局 1986 年版。
② 如胡适在《中国新文学大系·建设理论集》(上海良友图书印刷公司 1935 年版)的《导言》中评"新文体"，"其体势颇像分段写的八股文的长比"(导言第 4 页)；钱玄同在《寄陈独秀》信中也说，梁文"亦未能尽脱帖括蹊径"(同书，第 52 页)。
③ 《现代日本文学全集》第四编·德富苏峰集，第 540 页。
④ 《李鸿章·序例》，《李鸿章》，日本横滨：清议报馆 1902 年版。

"载述李鸿章一生行事，而加以论断"（《李鸿章·序例》）。这"论断"部分便是与旧式传记文体相区别而最具特色的地方。因而，考察一下《李鸿章》一书的论断文字与德富苏峰的关系，也是有意义的工作。

《李鸿章》第十二章《结论》中，译录了德富苏峰评李鸿章其人的一篇短论，并称扬"其品评李鸿章有独到之点"，"确能摹写李鸿章人物之真相，而无所遗，褒之不过其当，贬之不溢其短，吾可无复赞一辞矣"。果然，书中论点便有许多可与德富苏峰之说互相映照、发明处。如第一章《绪论》提出：

> 然要之李鸿章为中国近四十年第一流紧要人物，读中国近世史者，势不得不口李鸿章；而读李鸿章传者，亦势不得不手中国近世史：此有识者所同认也。

德富苏峰亦云：

> 彼一生之历史，实支那帝国衰亡史也，如剥笋皮，一日紧一日。

并说：

> 彼可谓支那人之代表人也。彼纯然如凉血类动物，支那人之性也；彼其事大主义，支那人之性也；其容忍力之强，支那人之性也；其硬脑硬面皮，支那人之性也；其词令巧妙，支那人之性也；其狡狯有城府，支那人之性也；其自信自大，支那人之性也。

梁启超对德富苏峰"以李鸿章为我国人物之代表"深有感慨，谓"吾四万万人不可不深自反也"，并概论"李鸿章有才气而无学识之人也，有阅历而无血性之人也"，"谚所谓做一日和尚撞一日钟，中国朝野上下之人心，莫不皆然，而李亦其代表人也"（第十二章《结论》）。德富苏峰以"中日之役是彼一生命运之转潮也"评李鸿章，说：

> 使彼而卒于中日战事以前，则彼为十九世纪之一伟人，作世界史者必大书特书而无容疑也。

梁启超也肯定：

> 中国维新之萌蘖，自中日之战生；李鸿章盖代之勋名，自中日之战没。惜哉！李鸿章以光绪十九年，七十赐寿，既寿而病，病而不死，卒遇此变。祸机重叠，展转相缠，更阅八年之至艰极险殊窘奇辱，以死于今日。（第七章《中日战争时代之李鸿章》）

甚至《李鸿章》一书《结论》中的"李鸿章与古今东西人物比较"，也极可能是从德富苏峰文中的人物比较引发出来。德富苏峰论李鸿章，既与中国古代政治家相比，批评"彼无管仲之经世的识量，彼无孔明之治国的诚实"，"彼非如王安石之学究"，又把他放在东西洋英雄之列比看，说：

> 彼非如格兰斯顿有道义的高情，彼非如俾士麦有倔

强的男性，彼非如康必达①有爱国的热火，彼非如西乡隆
盛有推心置腹的至诚。

无独有偶，梁启超在确定李鸿章之位置和价值时，也举出了诸葛
亮、王安石、俾士麦、格兰斯顿等十六人作为参照系。这种论断
方式在中国传记文中实为创格。而读了德富苏峰的文章，我们也
不难悟出其来历。

梁启超的新体传记虽云"全仿西人传记之体"，但实在说来，
应是日人学西人传记之体的再模仿。明治二十三年（1890）以后，
日本文学界曾出现一股创作历史传记的热潮，民友社在其中扮演
了一个重要的角色。当时著名的传记作品有德富苏峰的《吉田松
阴》、德富芦花的《格兰斯顿》、民友社出版的《十二文豪》等。
其中《吉田松阴》一书，1903 年由王钝译成中文出版，可见中国
读书界对它的重视。梁启超初到日本时，也有机会接触此书。1898
年 11 月在致品川弥二郎信中，梁启超即询问："松阴先生著述及行
状，尚有他刻否？能惠赐一二种，不胜大幸。"②而品川所能提供的
吉田松阴行状最佳、最合用的文本，即为当时享誉正高的德富苏
峰之作，并且，照德富苏峰的说法：

> 本书原不待翻译，文章及其体裁对于熟悉日文之邻
> 邦人士，具有易读易解之特色。③

① 即曾任法国总理的甘必大。
② 《上品川弥二郎子爵书》，《民报》第 24 号，1908 年 10 月。
③ 《〈吉田松阴〉序》（1930 年），《吉田松阴》（普及版），第 9 页，日本东京：明治书院
1934 年版。

即使梁启超那时日文水平不高，也完全可以解读。以后，梁启超在文中常常称述吉田松阴的事迹，对其生平甚为熟悉，正不足为怪。

德富苏峰的《吉田松阴》采用了输入日本不久的西方评传形式，出版以后，很受欢迎。自明治二十六年（1893）初版本刊行，到明治四十一年（1908）重新改订以前，该书印行了十三版之多。这本书最突出的特点是，叙述人物一生的重要事迹时，注意考察时代风潮的变迁。德富苏峰自言：

> 题云《吉田松阴》，其实不过是以松阴为中心，观察其前后之大势、潜移默化之现象而已。若使其名实相副，或者改为《维新革命前史论》亦无不可。①

书中还抓住几个重要问题作专门的研究，如《攘夷》《松阴与玛志尼》《作为革命家之松阴》等章节。这种作评传的基本方式，梁启超在他的新体传记中也用上了。如《李鸿章》一书，又名《中国四十年来大事记》。在第一章《绪论》中，梁启超还说：

> 故吾今此书，虽名之为《同光以来大事记》可也。

原因即在于，作者也是有意以一个人物写出一个时代。《南海康先生传》不仅有人物生平的阶段性评述，而且有《教育家之康南海》《宗教家之康南海》《康南海之哲学》等专章分析。《吉田松阴》第

---

① 《〈吉田松阴〉绪言》（1893 年），《吉田松阴》，第 7 页，日本东京：岩波书店 1981 年版。

十九章《人物》中，在对传主做全面评价时，还记述了得之于维新前故老之口的有关吉田松阴的遗闻轶事；而《李鸿章》的《结论》一章，既有"李鸿章之人物"的总评部分，也有"李鸿章之轶事"的记述，"以观其人物之一斑"。《南海康先生传》第九章《人物及其价值》，写法与之相近。评传作法上的诸多相似应非偶然，除了以梁启超的善于模仿解之，便不可解。

　　指出梁启超的各类新体散文大有得益于德富苏峰之处，并不是为了像当年的革命派一样，贬梁启超为"文丐"。倒是学而能像，学而能化，使德富苏峰的"欧文直译体"借助梁启超的移植、创造，在"新文体"中发扬其精神，并影响于中国的文坛，从而为古文体的解体和欧化的白话文的建立，为现代散文的发展，切切实实做了必要的预备工作。这正是梁启超的功劳所在，也是笔者的关注之点。

第十章

结语:"但开风气不为师"

一

  "时代出英雄",已经是一句被人说滥的老话,问题在于是什么样的时代,产生了何等样的英雄。我们承认近代中国社会造就了梁启超,而梁启超对自己生活的这个时代的特性以及自身所负的使命也有清醒认识,这就使他能够自觉地进入角色。

  梁启超在其名文《过渡时代论》[①]中,为近代中国下了个定语:

    今日之中国过渡时代之中国也。

这是相对于"中国自数千年以来,皆停顿时代也"而言。过渡时代的特性在近代中国有种种表现:

    ……人民既愤独夫民贼愚民专制之政,而未能组

---

  ① 《清议报》第83册,1901年6月。

织新政体以代之，是政治上之过渡时代也；士子既鄙考据词章庸恶陋劣之学，而未能开辟新学界以代之，是学问上之过渡时代也；社会既厌三纲压抑虚文缛节之俗，而未能研究新道德以代之，是理想风俗上之过渡时代也。

处在过渡时代，中国社会的形态未定型，社会发展的速率可快可慢，"故过渡时代者，实千古英雄豪杰之大舞台也"，时势所造之英雄，亦可以其"主动"，加快社会的进步。这就是梁启超提出"过渡时代之英雄"这一概念的要义。

有此觉悟，"崛起于新旧两界线之中心的过渡时代之英雄"梁启超，对风云变幻的时代动向便有高度的敏感与感应。梁启超以"善变""屡变"闻名，突出表现在政治上的屡易宗旨；即使在文学观念上，他也是随时变迁。无论是革命派还是保守如其师的康有为，对其变化无定都一再痛加斥责，或曰"反复无常"，或曰"无所不为"①，视之为人格的卑劣。他们都以传统的节操观念要求梁启超，恰恰是忽略了近代中国的过渡时代特点。置身于新旧嬗变之际的人物，能变正是美德。还是郑振铎说得好：

> 他（按：指梁）如顽执不变，便早已落伍了，退化了，与一切的遗老遗少同科了；他如不变，则他对于中国的供献与劳绩也许要等于零了。他的最伟大处，

① 如同盟会会员谭人凤称梁氏"反复无常，甚至卖朋友，事仇雠，叛师长，种种营私罔利行为，人格天良两均丧尽。近康有为对人言，愿世人毋以我与某并称，我有所不为，某无所不为也。诚哉斯言！"（《石叟牌词》，第19页，兰州：甘肃人民出版社1983年版）

最足以表示他的光明磊落的人格处便是他的"善变"，他的"屡变"。①

观其同时代人，"太有成见"、自称"吾学三十岁已成，此后不复有进，亦不必求进"的康有为，终于因坚持保皇而为历史所抛弃；固守古文传统的严复、林纾、章太炎、章士钊等，也全都一个个成了五四文学革命的对立面，纷纷落马。只有"太无成见"、"不惜以今日之我，难昔日之我"②的梁启超一直追随着时代不断进步。虽不免从大步前行的领路人降为步履蹒跚的随行者，然而，终其一生，梁启超与过渡时代自旧趋新的方向毕竟保持了一致。

五四文学革命兴起，国内的旧人物纷纷翘首西望，盼望正在欧洲访游的梁启超归国，能与新文学一决胜负③。不料，梁启超却改弦更张，用白话写起《欧游心影录》来，引得章士钊大骂"梁任公献媚小生，从风而靡"④，胡适却又对"任公这几年来颇能努力跟着一班少年人向前跑"⑤大为赞赏。这一骂一赞，倒也揭示出梁启超之所以善变的一个根由，即其人的少年心态。梁启超有个笔名，就叫"少年中国之少年"。他还写过一篇脍炙人口的《少年中国说》⑥，以人之老少，喻国之老少，宣称"制出将来之少年中国者，则中国少年之责任也"。其中论及少年人的性格特征，如"常思将来"，"故生希望心"，"故进取"，

---

① 《梁任公先生》，《中国文学论集》，第 152—153 页，上海：开明书店 1934 年版。

② 《清代学术概论》第 26 节，《专集》第 9 册，上海：中华书局 1936 年版。

③ 李肖聃：《星庐笔记》，第 38 页。长沙：岳麓书社 1983 年版："是时绩溪胡适教授北京大学，力主以语体代文言，号新文化，群士方望梁归，有以正之。"

④ "通讯"栏中《东西文化及其哲学》附识，《甲寅周刊》第 3 期，1925 年 8 月。

⑤ 《老章又反叛了!》，《国语周刊》第 12 期，1925 年 8 月。

⑥ 《清议报》第 35 册，1900 年 2 月。

"故日新"；又"常好行乐"，"故盛气"，"故豪壮"，"故冒险"，"故能造世界"。处于过渡时代的中国，其命运即掌握在中国少年手中：

> 使举国之少年而果为少年也，则吾中国为未来之国，其进步未可量也；使举国之少年而亦为老大也，则吾中国为过去之国，其渐亡可翘足而待也。

真正的"过渡时代之英雄"，也就必然兼为"中国之少年"。就是因为梁启超能同时保有这两重身份，他才常有进取心，常冒险，常更新，不断过渡到新世界。更可贵的是，即使到晚年，他仍能保持这种少年人求新开放的心态，不固执己见，从善如流，热忱奖掖后进，不曾和新青年们正面冲突，从而与同辈人的因留恋心、保守性而远远落伍形成鲜明对比。

锐意求进的少年心态使梁启超常能得风气之先，采择域外之长，而不默守中国传统。加以兴趣广泛，因而在人文科学的许多领域，他都有开创之功。《变法通议》《新民说》的创立完整的中国资产阶级政治学说，《论中国学术思想变迁之大势》之于中国学术史首次科学的研究，《新史学》之于中国现代史学的建立，《中国地理大势论》的引进文化地理学，都是最显著的例子。其他如经济学、法学、佛学、文字学、图书目录学等等，大到文化史，小到历史统计学，梁启超也都有所建树。当然，与我们的论题有关并且影响最普遍的，还是文学。

二

梁启超的"善变"表现在文学思想上，即从前期的"文学救国"论转向后期的"情感中心"说。其间有得有失。就实践效果看，"情感中心"说限于纯文学领域，对于时人影响不大；而"文学救国"论则成为中国近代文学的主导思想，无可争议地影响了整整一代作家和读者。

在晚清文坛上，梁启超首开风气，用明确、极端的语言强调文学变革的必要性，呼唤"诗界革命""文界革命"和"小说界革命"。而这一切，又是基于文学尤其是小说在改良群治中有决定作用的理解，并以此为核心，形成了他的"文学救国"思想；更推而广之，使之成为晚清文学改良运动的理论支柱，促进了这个运动的形成与全面展开。可以毫不夸张地说，梁启超的声音笼罩了整个近代文学界，其回声既广且长。仅以在晚清文学改良中成绩卓著、蔚为奇观的小说理论与创作为例，稍一浏览便不难发现，一大半小说论文都在重复论证梁启超的小说改良群治论、小说新民论，而大多数作家也自觉地以之为创作宗旨。既是小说论者又是小说家、一身而兼二任的吴趼人说得最明白：

> 吾感夫饮冰子《小说与群治之关系》之说出，提倡改良小说，不数年而吾国之新著新译之小说，几于汗万牛、充万栋，犹复日出不已而未有穷期也。[1]

---

[1]《〈月月小说〉序》，《月月小说》第 1 年第 1 号，1906 年 11 月。最初刊载时未署名。

晚清文学的启蒙色彩，作家高度的社会责任感，无一不与梁启超的"文学救国"论密切相关。

无可否认，晚清文学改良运动是五四文学革命的前奏，而梁启超的文学思想也同样影响及于五四作家。五四文学革命的领袖，后来大都谈到过梁启超早年给予他们的启示。胡适说：

> 我个人受了梁先生无穷的恩惠。

> 梁先生的文章，明白晓畅之中，带着浓挚的热情，使读的人不能不跟着他走，不能不跟着他想。①

郭沫若说得更透彻：

> 平心而论，梁任公的地位在当时确是不失为一个革命家的代表。……在他那新兴气锐的言论之前，差不多所有的旧思想旧风习都好像狂风中的败叶，完全失掉了它的精彩。二十年前的青少年——换句话说：就是当时的有产阶级的子弟——无论是赞成或反对，可以说没有一个没有受过他的思想或文字的洗礼的。②

周作人也记述过鲁迅读梁启超编刊的《新小说》大受影响的往事③；鲁迅的弃医从文，想从文艺入手改变国民精神④，翻译《月界

---

① 《四十自述》，第 101、100 页，上海：亚东图书馆 1941 年版。
② 《少年时代》，第 125—126 页，上海：海燕书店 1947 年版。
③ 《关于鲁迅之二》，《鲁迅先生纪念集》，鲁迅先生纪念委员会 1937 年版。
④ 《〈呐喊〉自序》，《鲁迅全集》第 1 卷，北京：人民文学出版社 1981 年版。

旅行》，提倡科学小说①，也无不透出梁启超思想的折光。

即使在五四文学革命中，被新青年们超越的梁启超，其文学思想在某种意义上仍为新一代作家所继承和发展。五四文学中"为人生的艺术"的口号，应该说是梁启超"文学救国"论的回音。周作人即曾挑明其间的联系：

> 梁任公的《论小说与群治之关系》当初读了的确很有影响，虽然对于小说的性质与种类后来意见稍稍改变，大抵由科学或政治的小说渐转到更纯粹的文艺作品上去了。不过这只是不看重文学之直接的教训作用，本意还没有什么变更，即仍主张以文学来感化社会，振兴民族精神，用后来的熟语来说，可以说是属于为人生的艺术这一派的。②

说的虽是鲁迅或者还包括周作人自己的个人经历，却带有普遍性。从注重政治到注重人生，不但区划出两代作家的不同追求，而且这一转换更切近文学的本质，显示出五四作家对于文学本身已有更深刻的理解。

鸦片战争以来一百年，中国社会始终处在风雨飘摇之中。尽管从王国维开始，即不断有人提出"唯美主义"、"为艺术而艺术"，可是难得有人能真正静心坐下来，一门心思地躬行实践。

---

①《〈月界旅行〉辨言》："故掇取学理，去庄而谐，使读者触目会心，不劳思索，则必能于不知不觉间，获一斑之智识，破遗传之迷信，改良思想，补助文明，势力之伟，有如此者！……故苟欲弥今日译界之缺点，导中国人群以进行，必自科学小说始。"（《鲁迅全集》第10卷，第152页）与梁启超的《论小说与群治之关系》对照，从立论到语言都极其相似。
②《关于鲁迅之二》，《鲁迅先生纪念集》悼文第一辑，第28页。

不是别的原因，中国之大，放不下一张安静的书桌，作家又如何能关进艺术的象牙之塔！何况，"天下兴亡，匹夫有责"的传统观念也深入中国知识者的心灵，作家不能忘情于神圣的历史使命，便总是徘徊在文学与政治之间。因而，以文学服务于政治不仅是政治家一厢情愿的要求，它也成为许多作家自觉的行动。近现代中国特定的社会背景，使得梁启超的"文学救国"论香火不断。

不过，理论的变异也很明显。五四作家正是看到了"文学救国"论把文学沦为政治的附庸对创作的不良影响，才起而纠偏，突出强调文学独立的艺术价值。这就使他们与梁启超不同，在履行作家的社会责任的同时，又尽力追求艺术的完美。

三

理论与创作齐头并进，创作成为理论的验证，是梁启超文学活动的特点。其创作倾向从前期到后期虽有变化，然而，以对于文学史的贡献来说，还是前期创作更值得重视。因此，这里对其后期创作存而不论。

梁启超的前期创作种类齐全，从自来属于正统文学的诗、文，到卑之为"小道"的小说、戏曲，无一不有。花精力最多的固然是散文，可在其他文学体裁上，梁启超也都起到了开一代新风的作用。

在梁启超的"新文体"盛行时期，同时并存着晚清白话文运动。从"新文体"所用的语言并非白话而是浅近文言看，"新文体"似乎是一种退步。但问题并非这样简单。土生土长的白话文还不能适应表现现代生活的需要，这就必须靠"杂以外国语法"

的"新文体"①来补救。而"新文体"对于现代语文最大的贡献，即在输入新名词。借助一大批来自日本的新名词，现代思想才得以在中国广泛传播。"新文体"的半文半白，也适应了过渡阶段的时代要求。古文家严复在翻译时深感：

> 实则精理微言，用汉以前字法句法，则为达易；用
> 近世利俗文字，则求达难。②

即使在五四以后，梁启超也仍然表示：

> 我们若用纯白话体做说理之文，最苦的是名词不够。
> 若一一求其通俗，一定弄得意义浅薄，而且不正确。③

采用介乎文、白之间的语体，有减少流通阻力的考虑，更有迫不得已的苦衷在。实在说来，晚清的白话文不可能直接转变为现代白话文，只有经过梁启超的"新文体"把大量文言词汇、新名词通俗化，现代白话文才超越了语言自身缓慢的自然进化过程而加速实现。钱玄同先生断定：

> 鄙意论现代文学之革新，必数梁君。

就是因为他注意到梁启超"输入日本新体文学，以新名词及俗语入

---

① 《清代学术概论》第 25 节。
② 《〈天演论〉译例言》，《严复集》第 5 册，第 1322 页，北京：中华书局 1986 年版。
③ 《晚清两大家诗钞题辞》，《文集》第 15 册。

文"① 等嘉惠后人之处。他还特别论到"东洋派之新名词","既然 Language 里采用了,则已成为口头常语,又何妨用到 Literature 里去呢?"② 梁启超对于现代文学的功劳已是事实昭彰。现代白话文没有在梁启超手中产生,也许可视为憾事;但从文言到半文半白的第一步既已迈出,当历史提出新的要求时,五四作家自然能继武前行,将"文界革命"推进到"文学革命",从而在更高意义上完成"文界革命"以"俗语文体"写"欧西文思"的基本任务。

仅成五回的"小说界革命"代表作《新中国未来记》,采用了半说部半政论的政治小说形式发抒作者的救国热忱与政治思想,以期瀹导国人,灌输新思想于民众。作为中国第一部政治小说,它以"新小说之意境",突破了"旧小说之体裁"③的局限,在形式上有诸多创新。技巧的更新还比较容易接受;最大的突破表现在对中国古代小说以讲故事为主的传统的漠视,这是对中国读者欣赏口味最严峻的挑战。梁启超以其满腔热情与纵横奔放的议论征服了读者,迫使读者认可:情节不一定是小说的中心。在此基础上,从"发表政见,商榷国计"④的政治小说,直接衍变出五四以后专以探讨种种社会问题为特征的问题小说;而抛开"政治小说"的形式,其他不以情节为中心的抒情小说、哲理小说等也都站稳了脚跟。一个异彩纷呈的小说创作新时代真正到来了。

"以旧风格含新意境"⑤是梁启超对"诗界革命"精神的精粹概括,也是其前期诗作汲汲追求的目标。尽管传统诗歌流派的影响越

---

① 《通信·寄独秀》,《新青年》第 3 卷第 1 号,1917 年 3 月。

② 《新文学与今韵问题》,《新青年》第 4 卷第 1 号,1918 年 1 月。

③ 《〈新小说〉第一号》,《新民丛报》第 20 号,1902 年 11 月。

④ 《新中国未来记·绪言》,《新小说》第 1 号,1902 年 11 月。

⑤ 《饮冰室诗话》第 63 则,北京:人民文学出版社 1959 年版。

来越强烈，着重"古风格"也使他始终不曾真正越过旧形式的羁绊，但其诗歌仍有可珍视处。古典诗歌不能适应近代生活，关键在于题材的陈陈相因。从黄遵宪起，继之以梁启超，他们对诗歌的创新便一以贯之地集中在拓宽诗歌的表现范围上。这就是梁启超明白表述的"以诗界革命之神魂，为斯道别辟新土"[①]。努力表现新意境，即意味着对新思想、新知识、新事物以及新的观察视角的重视，由此造成了梁启超诗歌的新面目。而广泛的域外游历与见闻，也有助于酿成其诗的近代气息。注入新内容，不仅是古体诗求得新生的唯一途径，也是从古体诗向白话诗过渡的必要阶段。内容更新后，形式与内容的矛盾愈显突出。五四作家便可以集中精力于形式的革新，以白话诗取代"新派诗"，全面完成对古体诗的革命。

戏曲在梁启超眼中，有时归于小说，有时归于诗歌[②]，被认为兼备二者功能。梁启超对传统小说与传统诗歌的革新，也因此带入他的戏曲创作。夹杂广东方言的"通俗精神教育新剧本"《班定远平西域》[③] 情节极为简单，用心处全在宣扬尚武精神，这与传统戏曲以情节曲折动人吸引观众明显异趣。《新罗马传奇》虽未完稿，也不曾搬上舞台，但"此本镕铸西史，捉紫髯碧眼儿，被以优孟衣冠，尤为石破天惊"[④]，第一次在中国戏曲中搬演外国故事，

---

① 《本馆第一百册祝辞并论报馆之责任及本馆之经历》，《清议报》第100册，1901年12月。

② 《小说丛话》之起，即因梁启超作《桃花扇》笔记十馀条；而《小说丛话》中，又将孔尚任等人所作文人戏曲归入广义的诗。

③ 此剧刊《新小说》1905年8—10月第19—21号，署名"曼殊室主人"；而据《饮冰室诗话》，"客岁横滨大同学校生徒，开音乐会，欲演俗剧一本以为徐兴，诸诸余。余为撰《班定远平西域》六幕"（《新民丛报》第78号，1906年4月），可知实为梁启超所作。

④ 扪虱谈虎客（韩文举）《新罗马传奇》楔子一出批语，《新民丛报》第10号，1902年6月。

大大开拓了戏曲的题材范围。其后，在新剧界出现的化装演说，以及春柳社的演出据外国小说改编的话剧，走的似乎还是梁启超这条路。

四

梁启超是以政治家身份从事文学创作，这一点很容易被人看透；而在"政治家—文学家"之外，梁启超还兼有"作家—学者"这两重身份，则常常被人忽略。实际上，在前期创作中，梁启超的学者眼光常常促使其创作有意阐发"最新最确之学理"[①]。文章、小说、戏曲不必说；即使是诗歌，也颇有以"新语句"输入新思想的成功之作[②]。而后期搞学术研究，梁启超的作家感受又大有助益于他对文学作品深入、独到的体味。正因为他作诗作文曾广泛取法前人，鉴赏起古代诗文才会如此深有心得、精细准确。

"作家—学者"的身份使得梁启超的文学研究不拘一格。他谈过一点外国文学，也对当代文学创作发表过批评，不过这主要集中在热心创作、偏向于政治家一边因而对现实更感兴趣的前期。后期则以古代文学研究为主，真正体现了学者风范。

梁启超旧学根底深，又有过乾嘉考据训诂学方面的训练，研究古代诗文可谓驾轻就熟。但他的古代文学研究成绩斐然可观，主要不是靠传统治学方法；他在接受外来影响的基础上糅合中外，另辟新路，才有了新的创获。因此，梁启超研究古代诗文得出的

---

① 平等阁主人（狄葆贤）：《新中国未来记》第三回批语，《新小说》第 2 号，1902 年 12 月。

② 如《二十世纪太平洋歌》概述世界进化史，宣扬民族竞争意识，洋洋大作，直可代一篇政论。

具体结论固然值得注意，而他带有开创意义的文学研究方法使后人受益更多。

从纷纭万象的西方文化中，剥离、提炼出科学精神，是梁启超对中国文艺理论建设的重要贡献。按照梁启超的定义：

> 可以教人求得有系统之真智识的方法，叫做科学精神。①

这种科学精神恰恰可补我国传统治学方法之欠缺。梁启超认为，中国古代文论的最大毛病在笼统含混（或曰含蓄），批评中国自汉以后，"一切学术，俱带灰色"②，并总结中西研究方法的不同：

> 我国学者，凭瞑想，敢武断，好作囫囵之词，持无统系之说，否则注释前籍，咬文嚼字，不敢自出主张；泰西学者，重试验，尊辩难，界说谨严，条理绵密，虽对于前哲伟论，恒以批评的态度出之，常思正其误而补其阙。③

所论确是鞭辟入里，搔着痒处。就思维方式来说，观点、用语的笼统，体现了中国古代文人长于形象把握而短于抽象思辨、重视直觉感受而轻视系统分析的总体特点。为纠偏补阙，梁启超在其研究中，首先从西方文论中引进了一些基本的科学概念，如以"写实派""理想派"代替"诗""骚"之类传统说法，力求理论语

---

① 《科学精神与东西文化》，《文集》第 14 册。
② 《翻译文学与佛典》，《专集》第 14 册。
③ 《国民浅训》，《专集》第 8 册。

言的科学化；进而运用系统的分析与清晰的表述，对对象世界做科学解剖，对直觉作理性考察。后期论文反复强调"主意在根据科学方法"①，"为有系统的研究"②，即显示了这种努力的高度自觉。古代诗文一向被认为"只可意会，难以言传"的微妙处，经梁启超一一点破，大大提高了其研究的精确度。

研究文学，自然可以从各种不同的观察角度进行。不过，梁启超所选取的广阔的文化史视角，超越了具体学科的限制，从高一层次上考察文学，无疑更有利于准确把握对象，也促使中国文学研究的格局更合理。早在 1902 年作《新史学》时，梁启超即以"徒知有史学，而不知史学与他学之关系"为旧史家之弊，而主张：

> 取诸学之公理公例，而参伍钩距之，虽未尽适用，而所得又必多矣。③

这一主张移之文学，同样适用。而多学科互相渗透，将各门知识综合运用于文学研究，便是梁启超从文化史角度研究文学的重要表征。因此，他对国外的边缘学科尤为注意。他借用过文化地理学原理考察中国文学，做出了饶有新意的论述④。梁启超对国民性问题的关注，也有利于他从民族性格与民族心理的角度揭示中国文学的特性，同时也把他对国民性的批判带进文学研究中⑤。在这

---

① 《作文教学法》第 1 节，《专集》第 15 册。

② 《中国韵文里头所表现的情感》识语，《文集》第 13 册。

③ 《新史学》第二章《史学之界说》，《新民丛报》第 3 号，1902 年 3 月。

④ 参见《中国地理大势论》《近代学风之地理的分布》等文。

⑤ 如分析中国历代描写女性的诗歌，梁启超便肯定早期文学"以容态之艳丽和体格之俊健合构而成"的美反映了健康的民族心理，而严厉批评后期文学"大半以'多愁多病'为美人模范"的病态心理（见《中国韵文里头所表现的情感》第 8 节）。

些综合研究中，贯注着深刻的历史意识。梁启超认为：

> 欲治文学史，宜先刺取各时代代表之作者，察其时代背景与夫身世所经历，了解其特性及其思想之渊源及感受。[①]

这种从动态、多维的复杂结构中确定具体作家的历史地位及某一文学现象的历史意义的作法，不仅对于古代文学史的研究，而且对于当代文学批评，同样是一种行之有效的良方。

处于中西文化交汇的时代，梁启超一贯强调吸收外来文化对促进本民族文化发展有重要意义：

> 大抵一社会之进化，必与他社会相接触，吸受其文明而与己之固有文明相调和，于是新文明乃出焉。[②]

对于大一统所造成的思想禁锢、停滞的弊病，他认识得十分清楚，因此渴望借助外来文化的冲击，改变中国的旧文学。而从探究佛教对中国文学艺术的深刻影响中，梁启超看到了两种文化融合的光明前景。现实的要求赋予梁启超的文学研究以敏锐、自觉的比较眼光。梁启超以域外文学反观中国传统，在对比中常能清晰地认识到两种文学各自的长处与短处，从而为经过审慎选择建立新文学提供正确的指导。前期鼓吹"小说界革命"，从日本引进"政治小说"，以纠中国旧小说"诲盗诲淫"之弊，还包含着明显的

---

① 《陶渊明·自序》，《专集》第 22 册。
② 《莅广东同乡茶话会演说辞》，《文集》第 11 册。

政治功利；后期研究中国古代诗文，以西方文学为参照系，则更多从扩大文化积累考虑①。这种中外比较的眼光不但使其研究具有补我之短的实用价值，而且以其双向互补型使文学交流成为事实。把中华民族的优秀文学奉献给世界，鲜明地表现出梁启超以中国文化为世界文化一部分的全球意识。并且，随着研究范围的扩大，新问题的提出，在多种文学的比较中，也有可能发现某些为世界文学所共有的规律。

当然也应当承认，梁启超半新半旧的知识结构与思想观念，也在一定程度上限制了新方法的运用，往往因心有馀而力不足，使其研究流于浅率。

"但开风气不为师"，梁启超曾经引用龚自珍的这句诗，说："吾夙以其语有妙谛而服膺之。"② 这话很能表现出梁启超作为"过渡时代之英雄"的自觉意识。他确实无愧于"过渡英雄"的称号，十分尽责地完成了所应负的历史使命。他在中国文学界开创了一种新风气以沾丐后人，而又不是尽善尽美，堪为百代师表。很快被后来者超越，是他的不幸，更是他的大幸：他的目的总是达到了。用龚自珍的诗句为梁启超一生的文学活动做总结，实在非常恰当。

---

① 如写作《中国韵文里头所表现的情感》，目的是为便于读者"和西洋文学比较"第2节，以扬长补短。

② 《莅同学欢迎会演说辞》，《文集》第11册。

附录一

梁启超学术年表

1873 年（同治十二年）一岁

2 月 23 日（清同治十二年正月二十六日）出生于广东省新会县（今属江门市）茶坑村。

1877 年（光绪三年）五岁

始读《四书》与《诗经》。

1878 年（光绪四年）六岁

修完中国略史与《五经》。始就外傅。

1880 年（光绪六年）八岁

始学为文。

1881 年（光绪七年）九岁

能作千字文。

1882 年（光绪八年）十岁

初就童子试。

1883 年（光绪九年）十一岁

得张之洞《輶轩语》、《书目答问》，始知天地间有学问一事。

1884 年（光绪十年）十二岁

取为生员。治帖括之外，嗜唐诗。读完《史记》、《汉书》、《纲鉴易知录》与《古文辞类纂》。

1885 年（光绪十一年）十三岁

始习乾嘉训诂考据之学。

1887 年（光绪十三年）十五岁

肄业于广州学海堂，弃帖括之学。

1888 年（光绪十四年）十六岁

为学海堂正班生。

1889 年（光绪十五年）十七岁

中举，主考为李端棻，以从妹许婚。

1890 年（光绪十六年）十八岁

春，入京会试，下第过上海，购《瀛环志略》，始知五大洲各国，又见上海制造局所译西书。9 月，初谒康有为，决舍去旧学，退出学海堂，间日请业康门。

1891 年（光绪十七年）十九岁

始受业于广州万木草堂，从康有为习《春秋公羊传》《宋元学案》《明儒学案》《朱子语类》《文献通考》《资治通鉴》"二十四史"及诸子书、佛经、清儒经注、西书译本。康有为著《新学伪经考》成，任校勘；《孔子改制考》，分任纂述；受《大同书》。11 月，入京与李端蕙（蕙仙）女士结婚。

1892 年（光绪十八年）二十岁

3 月入京会试，识夏曾佑。学于万木草堂。

1893 年（光绪十九年）二十一岁

为万木草堂学长。冬，讲学于东莞。

1894 年（光绪二十年）二十二岁

3 月入京，广交名士，治算学、地理、历史等。11 月归。冬，作《读书分月课程》。

1895 年（光绪二十一年）二十三岁

3 月入京会试，出万木草堂。4、5 月，参与"公车上书"。8 月，协助康有为创办《中外纪闻》）（初名《万国公报》）。强学会成立，任书记员。识谭嗣同。

1896 年（光绪二十二年）二十四岁

4 月，离京至上海，识黄遵宪。交游益广。与夏曾佑、谭嗣同创作"新学之诗"。8 月，《时务报》创刊，任主笔，发表《变法通议》。10 月，著成《西学书目表》（附《读西学书法》）。从马建忠习拉丁文。当月下旬返粤，留三月，协助筹办《知新报》。

1897 年（光绪二十三年）二十五岁

见谭嗣同《仁学》一书，与治佛学。5 月，辑《西政丛书》。10 月，创办大同译书局。其间，又为不缠足会与上海女学堂发起人之一。11 月，离沪抵长沙，任时务学堂中文总教习。

1898 年（光绪二十四年）二十六岁

春，因病就医上海，随即入京。4 月，助康有为创立保国会。5 月，公车上书请变科举。6 月，"百日维新"开始，参与新政。7 月，光绪帝命办理译书局事务。9 月 21 日，政变发生，入日本使馆，随即乘大岛舰赴日。12 月，于横滨创办《清议报》，发表《戊戌政变记》初稿及所译日本政治小说《佳人奇遇》。

1899 年（光绪二十五年）二十七岁

春，读书箱根，学日文，著《和文汉读法》。译德国伯伦知理《国家论》。始刊《饮冰室自由书》。8 月，创办东京高等大同学校。9 月，创办神户同文学校。12 月，赴檀香山，著《夏威夷游记》，倡"诗界革命""文界革命"。

1900 年（光绪二十六年）二十八岁

联络勤王之役。8 月，因自立军起义急归国，居沪十日，转道新加坡。10 月，抵澳洲。

1901 年（光绪二十七年）二十九岁

著《中国积弱溯源论》。5 月，复返日本。欲撰《中国通史》，先成《中国史叙论》。始刊诸多西方思想家学案。12 月，著《南海康先生传》与《李鸿章》。《清议报》停刊。开办广智书局于上海。

1902 年（光绪二十八年）三十岁

2 月，于横滨创办《新民丛报》。发表《新民说》《新史学》、《保教非所以尊孔论》《论中国学术思想变迁之大势》《中国地理大势论》《论佛教与群治之关系》等文，始刊《饮冰室诗话》及西方政治家传记数种。11 月，于横滨创办《新小说》，发表《论小说与群治之关系》，倡"小说界革命"；创作政治小说《新中国未来记》。12 月，作《三十自述》。与黄遵宪恢复联系。

1903 年（光绪二十九年）三十一岁

《饮冰室文集》出版。2 月，出游美洲，开办各地保皇分会。著《新大陆游记》。12 月，返日本。

1904 年（光绪三十年）三十二岁

3 月，经香港潜返上海，筹办《时报》。4 月，复归日本。发表《子墨子学说》及《墨子之论理学》。著《国史稿》二十馀万言。

1905 年（光绪三十一年）三十三岁

《（分类精校）饮冰室文集》出版。辑成《德育鉴》与《（节本）明儒学案》。

1906 年（光绪三十二年）三十四岁

与《民报》就立宪与革命问题论战，发表《开明专制论》等文。为研究宪政问题，著《中国法理学发达史论》诸文。6、7月间，代端方与戴鸿慈草拟考察宪政、奏请立宪等五份奏折。

1907 年（光绪三十三年）三十五岁

3月，著成《国文语原解》。10月，于东京创办政闻社与《政论》杂志。11月，《新民丛报》停刊。

1908 年（光绪三十四年）三十六岁

8月，本部迁上海的政闻社被查禁。著《王荆公》。

1909 年（宣统元年）三十七岁

专心读书著述，学书作诗。4、5月，著《管子传》。

1910 年（宣统二年）三十八岁

2月，《国风报》于上海发刊，撰文甚多。《财政原论》积稿百万言。

1911 年（宣统三年）三十九岁

3月，游台湾一月。辛亥革命发生。11月，匆促归国，由大连至奉天，旋返日本。

1912 年（民国元年）四十岁

10月归国，定居天津。在京出席各界欢迎会，发表演讲。12月，《庸言》杂志于天津出版，任主编。

1913 年（民国二年）四十一岁

2月，入共和党。5月，当选进步党理事。9月，出任司法总长。

1914 年（民国三年）四十二岁

2月，改任币制局总裁。12月，准辞职。冬，假馆清华学校，著《欧洲战役史论》。

1915 年（民国四年）四十三岁

1 月，《大中华》杂志出版，任主任撰述，撰文多篇。8 月，筹安会成立，发表《异哉所谓国体问题者》攻之。12 月，南下，参加倒袁运动。

1916 年（民国五年）四十四岁

3 月，辗转入桂，参加护国军，途中于越南撰写《国民浅训》。5 月，军务院成立，任政务委员长兼抚军。随即赴上海。9 月，《盾鼻集》出版。

1917 年（民国六年）四十五岁

1 月，入京。7 月，通电反对张勋拥清帝复辟，参加段祺瑞所组"讨逆军"。段氏内阁成立，任财政总长。11 月，辞职，退出政界。

1918 年（民国七年）四十六岁

撰书籍跋、碑帖跋数十篇。春夏间，专力著《中国通史》，成十馀万字。夏秋间，为家人讲国学源流。11 月起，在《国民公报》《大公报》与《时事新报》发表多篇主要谈人格修养的系列"讲坛"文章。12 月底，出游欧洲。

1919 年（民国八年）四十七岁

2 月，抵巴黎。先后游历法国、英国、比利时、荷兰、意大利、德国。反对政府在"巴黎和约"签字，所发电报促发了五四运动。著《欧游心影录》。

1920 年（民国九年）四十八岁

1 月，离法国。3 月，经沪至津。识胡适。4 月，成立共学社。5 月，承办上海中国公学。9 月，《解放与改造》杂志改刊，易名《改造》。组织讲学社。春夏间，撰《中国佛教史》数万言。10 月，著《清代学术概论》。12 月起，于清华学校讲"国学小史"，积稿盈尺。

1921年（民国十年）四十九岁

2月，作《墨经校释》。春，整理"国学小史"讲稿，成《老子哲学》与《墨子学案》。秋，于南开大学讲"中国文化史"，撰成《中国历史研究法》。10月后，应京、津各校、团体之邀讲演多次。

1922年（民国十一年）五十岁

春，于清华学校讲国史，课外为文学社讲"中国韵文里头所表现的情感"。4月起，应南北各校、团体之请做学术讲演二十馀次，先后至济南、南京、上海、南通、长沙、武汉、天津、苏州各处。7月于南开、8月于东南大学讲"中学以上作文教学法"。10月，著《大乘起信论考证》成。下旬，赴南京，于东南大学讲"中国政治思想史"（即《先秦政治思想史》）。

1923年（民国十二年）五十一岁

1月，返津。3月，驻英代办公使朱兆莘荐为万国著作家俱乐部名誉会员。《陶渊明》成书。4月，撰《国学入门书要目及其读法》。辑《清儒学案》。5月，参加"人生观与科学"论战。7月，于南开大学暑期学校讲学。8、9月，为商务印书馆撰写函授教材《读书法讲义》。9月起，于清华学校讲"群书概要"（《要籍解题及其读法》）与"中国近三百年学术史"。10月，发起戴东原生日二百年纪念会。11、12月，抽取《中国近三百年学术史》中颜元、李塨部分，成《颜李学派与现代教育思潮》。

1924年（民国十三年）五十二岁

1月，作戴东原研究论文三篇。2月，作《近代学风之地理的分布》。春，撰《中国近三百年学术史》中《清代学者整理旧学之总成绩》。4、5月，为泰戈尔来华做演讲。5月起，恢复在清华学校讲"中国近三百年学术史"。9月，夫人李蕙仙去世。读词自遣。

1925 年（民国十四年）五十三岁

1—3 月，撰碑帖、书籍、画跋一百馀篇。6、7 月，作白话词多首。7 月下旬，赴北戴河月馀，注《桃花扇》。9 月，任清华学校研究院国学门导师，讲"中国文化史"。12 月，兼任国立京师图书馆馆长。

1926 年（民国十五年）五十四岁

1 月，作《先秦学术年表》。2 月，同时兼任北京图书馆馆长。春，著《中国之美文及其历史》。病剧，3 月，入协和医院，割右肾。9 月始，于清华大学讲"历史研究法"（《中国历史研究法补编》）与"儒家哲学"。任司法储才馆馆长。12 月，作《王阳明知行合一之教》。

1927 年（民国十六年）五十五岁

2 月始，于清华大学续讲"历史研究法"。于燕京大学讲"古书真伪及其年代"。7 月起，主持编纂《中国图书大辞典》。

1928 年（民国十七年）五十六岁

9 月，著《辛稼轩先生年谱》，至 10 月 12 日，病重搁笔。

1929 年（民国十八年）五十七岁

1 月 19 日，于北平协和医院逝世。

附录二

梁启超著述要目

一、著作

1.《读书分月课程》,收入《饮冰室合集·专集》第 15 册(上海:中华书局,1936 年)。

2.《变法通议》,载《时务报》1896 年 8 月至 1897 年 10 月第 1—43 册、《清议报》1898 年 12 月至 1899 年 1 月第 1—4 册;收入《(分类精校)饮冰室文集》(上海:广智书局,1905 年)。

3.《西学书目表》,上海:时务报馆,1896 年。

4.《戊戌政变记》,日本横滨:清议报馆,1899 年。

5.《饮冰室自由书》,载《清议报》1899 年 8 月至 1901 年 12 月第 25—100 册、《新民丛报》1902 年 2 月至 1905 年 4 月第 1—67 号;横滨:清议报馆,1902 年;收入《(乙丑重编)饮冰室文集》卷四十五、四十六(上海:中华书局,1926 年)。

6.《南海康先生传》(一名《康南海》),载《清议报》1901 年 12 月第 100 册;上海:广智书局,1903 年。

7.《李鸿章》(一名《中国四十年来大事记》),日本横滨:清议报馆，1902年。

8.《新民说》，载《新民丛报》1902年2月至1906年1月第1—72号；收入《（乙丑重编）饮冰室文集》卷十二—十四。

9.《论中国学术思想变迁之大势》，载《新民丛报》1902年3月至1904年12月第3—58号；收入《（分类精校）饮冰室文集》。

10.《饮冰室诗话》，载《新民丛报》1902年3月至1907年11月第4—95号；收入《饮冰室全集》（上海：中华书局，1916年；北京：人民文学出版社，1959年。二者均不全，所遗部分刊《古代文学理论研究》第7辑，上海古籍出版社，1982年）。

11.《意大利建国三杰传》，载《新民丛报》1902年6月至12月第9—22号；上海：广智书局，1903年。

12.《新大陆游记》，新民丛报临时增刊本，1904年。

13.《子墨子学说》（一名《墨学微》），载《新民丛报》1904年6月至12月第49—58号；收入《（分类精校）饮冰室文集》。

14.《开明专制论》，载《新民丛报》1906年1月至3月第73—77号；其中第八章第一节《论中国今日万不能行共和制之理由》与《申论种族革命与政治革命之得失》合刊为《中国存亡一大问题》，1906年；全文收入《（乙丑重编）饮冰室文集》卷三。

15.《国文语原解》，载《学报》1907年4月第1年第3号；日本横滨：新民社，1907年。

16.《王荆公》，上海：广智书局，1908。

17.《管子传》，编为《中国六大政治家》第一编，上海：广智书局，1910年。

18.《梁任公先生演说集》第一辑（张嘉森、蓝公武辑），北京：正蒙印书局，1912年。

19.《欧洲战役史论》，上海：商务印书馆，1914年。

20.《国民浅训》，上海：商务印书馆，1916 年。

21.《盾鼻集》，上海：商务印书馆，1916 年。

22.《中国通史》（《太古及三代载记》《春秋载记》《战国载记》《志语言文字》《志三代宗教礼学》等篇），收入《饮冰室合集·专集》第 12 册。

23.《欧游心影录》，载《晨报》1920 年 3 月 6 日至 8 月 17 日；修订后编入《梁任公近著第一辑》上卷，上海：商务印书馆，1922 年。

24.《清代学术概论》，上海：商务印书馆，1921 年。

25.《国学小史》（《老子哲学》《孔子》《墨子学案》《老孔墨以后学派概观》等），收入《饮冰室合集·专集》第 10、11 册。

26.《墨经校释》，上海：商务印书馆，1922 年。

27.《中国佛学史》（《印度佛教概观》《中国佛法兴衰沿革说略》《佛教之初输入》《佛教教理在中国之发展》《佛教与西域》《中国印度之交通》《佛典之翻译》《翻译文学与佛典》等篇），收入《饮冰室合集·专集》第 14 册。

28.《中国历史研究法》，上海：商务印书馆，1922 年。

29.《梁任公先生最近讲演集》（杨维新编），天津：协成印刷局，1922 年。

30.《五千年史势鸟瞰》（《地理及年代》《中国历史上民族之研究》），前文载《改造》1922 年 3 月第 4 卷第 7 号，收入《饮冰室合集·专集》第 12 册；后文收入《梁任公近著第一辑》下卷（上海：商务印书馆，1923 年）。

31.《中学以上作文教学法》，载《改造》1922 年 5 月第 4 卷第 9 号（不全），收入《饮冰室合集·专集》第 15 册。

32.《大乘起信论考证》，载《东方杂志》1922 年 10 月至 12

月第 19 卷第 19—23 号；上海：商务印书馆，1924 年。

33.《先秦政治思想史》，上海：商务印书馆，1923 年。

34.《陶渊明》，上海：商务印书馆，1923 年。

35.《国学入门书要目及其读法》，载《清华周刊》1923 年 5 月第 281 期《书报介绍附刊》第 3 期；收入《（乙丑重编）饮冰室文集》卷七十。

36.《中国近三百年学术史》，"清华学校讲义"本，1923—1924；上海：民志书店，1926 年。

37.《朱舜水先生年谱》，收入《饮冰室合集·专集》第 22 册。

38.《要籍解题及其读法》（初名《群书概要》），载《清华周刊》1923 年 10 月至 1924 年 3 月第 288—305 期《书报介绍副刊》第 5—9 期；北京：清华周刊丛书社，1925 年。

39.《中国之美文及其历史》，收入《饮冰室合集·专集》第 16 册。

40.《桃花扇注》，收入《饮冰室合集·专集》第 20、21 册；北京：文学古籍刊行社，1954 年。

41.《中国文化史》（社会组织篇），"清华学校讲义"本，1925 年。

42.《先秦学术年表》，收入《饮冰室合集·专集》第 18 册。

43.《中国历史研究法补编》（初名《历史研究法》），载《清华周刊》1926 年 10 月至 1928 年 5 月第 384—439 期；上海：商务印书馆，1930、1933 年。

44.《古书真伪及其年代》，收入《饮冰室合集·专集》第 24 册。

45.《儒家哲学》，载《清华周刊》1926 年 10 月至 1927 年 3 月第 384—402 期；收入《饮冰室合集·专集》第 24 册。

46.《中国图书大辞典》（簿录之部），收入《饮冰室合集·专集》第 18 册。

47.《辛稼轩先生年谱》，收入《饮冰室合集·专集》第 22 册。

二、文集（仅录版本重要者）

1.《饮冰室文集》（何天柱编），上海：广智书局，1903 年。

2.《（分类精校）饮冰室文集》，上海：广智书局，1905 年。

3.《饮冰室丛著》，上海：商务印书馆，1916 年。

4.《饮冰室全集》，上海：中华书局，1916 年。

5.《梁任公近著第一辑》，上海：商务印书馆，上卷，1922 年；中、下卷，1923 年。

6.《梁任公学术讲演集》，上海：商务印书馆，第一、二辑，1922 年；第三辑，1923 年。

7.《（乙丑重编）饮冰室文集》（梁廷灿编），上海：中华书局，1926 年。

8.《饮冰室合集》（林志钧编），上海：中华书局，1936 年。有北京中华书局 1989 年影印本。

9.《〈饮冰室合集〉集外文》（夏晓虹辑），北京大学出版社，2005 年。

后　记

我开始研究近代文学、研究梁启超，是很偶然的。

大学期间，我的兴趣在中国古代文学研究，对唐诗着力更多。不过，这只是相对而言。我从来就不是一个勤奋的人，因为学问以外的嗜好太多，人又太懒散，这也注定了我的研究很难有大成就。由于多读了几本唐人诗集，写过几篇谈李白、杜甫等人的文章，颇得老师们的好评，后来竟也发表了，于是，我觉得，我的志向就是搞唐诗研究了。

大学毕业，考上研究生。由于导师们是联合招考，所以第一次召集我们见面，便是自报志愿，以便分配导师。我当然想搞唐诗，但那年隋唐五代段不招生；而除此之外，我都没有太多准备，本也无所谓。宋代文学方向最热门，我就表示愿意考虑两头。先秦文学研究毕竟需要大学问，也有人报，我就自动到了近代段，季镇淮先生便成了我的导师。

三十多年来，近代文学研究一直不景气。研究古代文学的，嫌它缺乏古典的魅力；研究现代文学的，又嫌它缺少现代的气息。在灿烂辉煌的古代文学与生气勃勃的五四文学的光芒交映下，近代文学显得黯然失色。不过，初入此门的我倒是心中暗喜。既然这是一片生荒地，我即使捡出个破砖烂瓦，也算我的考古新发现。

抱着这种念头，我开始接触近代文学。

需要补的课太多了。我对于近代文学的所有了解便是"四大谴责小说"，馀者都未读过。补课当然要从"大家"读起。龚自珍、曾国藩的集子看过了，没有很多的感触，近代文学区别于古代文学的特色在他们那里表现并不明显。直至读到黄遵宪的诗歌，特别是梁启超的文集，我才对于近代文学的特质有了感性认识。

梁启超吸引我的不完全是他的创作。老实说，他的作品艺术水平并不高，不成熟和随意性处处可见。最引起我的兴趣的，其实还是梁启超这个人。梁启超很喜欢研究自己，表现自己，特别是他口吐狂言时，让我觉得很开心。辛亥年，他宣称：

> 吾数年来早有一宣言在此矣：若梁某某者，除却做国务大臣外，终身决不做一官者也；然苟非能实行吾政见，则亦终身决不做国务大臣者也。……数年以后，无论中国亡与不亡，举国行当思我耳。（《与上海某某等报馆主笔书》）

今天若有人如此倡言，难保不落个"政治野心家"的恶名（当年即有人以此视梁启超）。不管梁启超是否真正实行他的宣言，他敢于这样讲，已使我感觉此人活得自在，活得磊落，因而大为钦佩。读他的文集，卷册虽多，然而精言伟论，常能给人以愉悦。

我通读了四十册《饮冰室合集》，也浏览了同时代人以及后学们对他的评论、回忆，对于我的导师季镇淮先生所说的"梁启超是个跨时代的人物"才有了深刻体会。特别是当我在钱基博1930年所写的《现代中国文学史》中发现了这样一段话：

迄今六十岁以下三十岁以上之士夫，论政持学，殆无不为之默化潜移者！可以想见启超文学感化力之伟大焉！

　　我便意识到，研究梁启超，其实是研究近代文学的"捷径"。从李白诗歌的研究中，我已经感觉到，准确把握住一个时代的代表作家，对于从总体上认识这个时代的文学多么重要。而梁启超恰恰是这样一位代表人物，他的文学活动能够全面反映近代文学作为过渡时代文学的特性。他发动和领导的文学改良运动，是这一时期文学发展的主流。研究近代文学，不可能绕过梁启超。研究透了梁启超，也就可以说是了解了近代文学的基本面貌。

　　我本来期望的是捡到一截"破砖烂瓦"，没想到找到的是一座"金矿"。我得承认，其中的含沙量比较大。近代距离现在时间较近，资料保存较多，可说是看不胜看；不比经过历史淘汰的古代文学，精品占了很大比重。搞近代文学的人，常常需要沙里淘金。而金矿的开采又相当费力。近代文学在资料的搜集与利用上存在着诸多限制和困难，常使研究者处于欲看不能的窘境。想详尽占有资料后再发言，实际上根本做不到。梁启超的情况相对好些，《饮冰室合集》收集了他的绝大部分作品，《梁启超年谱长编》中保存了他的许多珍贵信件，为我的研究提供了极大便利。

　　写作此书，我的准备显然是不充分的。资料的积累虽尽力而为，仍有欠缺，尚可以客观条件所限为托词；而我的不长于思辨，则使我在概括、总结时常感理论贫乏、力不从心。近代文学研究无疑更需要理论的阐释，而不是艺术的鉴赏。于是，我常常怀疑我之选择近代文学研究是否明智。以我的气质，我并不是研究梁启超的最佳人选。但我既已开始，凭着我对梁启超的兴趣，也总得把这桩事办完。我所能做的，只是尽可能发挥我在资料工作方面的耐心和细致，以求弥补理论把握上的不足。因而，此书更侧重于从文学史的角度描述梁启超的文学活动。

我注意到，梁启超是个充满矛盾的人物。他的屡变、善变，可以说是他的矛盾心态最集中的反映。他的文学创作与研究也呈现出极不稳定状态，而这正好是处在传统与现代之间的近代文学的典型形态。我力图较为充分地展现出梁启超的文学观念与文学创作中的基本矛盾，对造成这种矛盾状况的传统与外来文化的影响也尽力准确揭示。本书各章便是依据这一构想安排的。

如果以全面研究来要求，本书还应补入"梁启超戏曲研究"和"梁启超与日本明治诗歌"两章。梁启超的戏曲作品虽有四种，不过，除《班定远平西域》是足本外，其他均未完成，或者说仅开了个头。主要考虑到他的戏曲创作对国内的演剧界影响不大，故虽有若干创新可以阐扬，还是割爱了。至于日本明治时期的"新体诗"，对梁启超提出"诗界革命"论固然有启发，但限于梁启超的日文水平，他接触较多的还是日本的汉诗。我所掌握的有关梁启超与明治诗歌的材料很少，使我无法作专章研究。我注重的是直接影响，所以也放弃了平行比较。这也许有点可惜。

在我写作此书时，得到了许多真诚的帮助。我的导师季镇淮先生悉心指导了我的硕士论文《梁启超的"文界革命"论与"新文体"》，这成为本书写作的契机。

在其后的研究中，我也不断得到了他的鼓励和支持。季先生对自己的著作非达到"毫发无遗憾"不肯拿出，对我则很宽容。当我表示担心此书不成熟时，他却认为即使存在不足，以后还有机会补充、修正。这令我非常感激。

我要特别感谢日本同志社大学社史资料室主任河野仁昭先生。我通过在日本东京大学讲学的孙静老师打听到他的地址，便贸然写信索要珍藏在该校"德富文库"中的梁启超致德富苏峰两封信的复印件，河野先生迅速满足了我的要求。对比国内的资料封锁，来自素不相识的河野先生的帮助弥足珍贵。我还要感谢我的同学宋红，她为我校正过书中的大部分日文引文；感谢所有关心、帮助过我的老师和朋友。

　　以我的懒惰，这本书的完工本来会旷日持久地拖下去。所以我要衷心感谢我的丈夫陈平原，他耐心的督促、不断的肯定，增强了我的信心，才使此书终于完稿。并且，在整个写作过程中，从章节的确定，到语句的斟酌，他都帮我仔细推敲。很难想象，没有他的信任和支持，这本书会顺利完成。

　　写完此书，我有一种如释重负的轻松感，也有一种捉摸不定的惶惑感。我知道我的浅陋，书中有不少未尽如人意的地方：为了各章的完整性，有些论述的材料、观点出现重复，尽管我尽量注意有详有略；文字上也稍嫌繁芜，缺少与梁启超的文笔相当的气势。我不知道读者会怎样看这本书。我期待着批评。

夏晓虹

1988 年 4 月 8 日

图书在版编目（CIP）数据

阅读梁启超．觉世与传世 / 夏晓虹著．— 北京：东方出版社，2019.7
ISBN 978-7-5207-0686-5

Ⅰ．①阅…　　Ⅱ．①夏…　　Ⅲ．①传记文学—中国—当代
Ⅳ．① I25

中国版本图书馆 CIP 数据核字（2018）第 268001 号

阅读梁启超：觉世与传世
（YUEDU LIANGQICHAO: JUESHI YU CHUANSHI）

作　　者：夏晓虹
责任编辑：闫　妮　葛　畅
特约编辑：白华昭
装帧设计：张　军
出　　版：东方出版社
发　　行：人民东方出版传媒有限公司
地　　址：北京市朝阳区西坝河北里 51 号
邮　　编：100028
印　　刷：北京联兴盛业印刷股份有限公司
版　　次：2019 年 7 月第 1 版
印　　次：2019 年 7 月第 1 次印刷
开　　本：880 毫米 × 1230 毫米　1/32
印　　张：11.25
字　　数：261 千字
书　　号：ISBN 978-7-5207-0686-5
定　　价：56.00 元
发行电话：（010）85924663　85924644　85924641
